S. H. Foulkes
Praxis der gruppenanalytischen Psychotherapie

S. H. Foulkes

Praxis der gruppenanalytischen Psychotherapie

Verlag Dietmar Klotz

Die Deutsche Bibliothek – CIP Einheitsaufnahme
Ein Titeldatensatz für diesen Band ist bei der
Deutschen Bibliothek / Frankfurt am Main erhältlich

ISBN 978-3-88074-490-5

Titel der Originalausgabe :
Group Analytic Psychotherapy: Method and Principles by S.H. Foulkes
Authorised translation from the English language edition published by
Rutledge, a member of the Taylor and Francis Group
All Rights Reserved

Titel der deutschen Ausgabe:
S.H. Foulkes, Praxis der gruppenanalytischen Psychotherapie
Copyright für die deutsche Übersetzung © 1978 by Ernst Reinhard Verlag
München/Basel

Aus dem Amerikanischen von Uta Schwarz und Jackson Shaw

2. unveränderte Auflage 2007

Verlag Dietmar Klotz GmbH
Krifteler Weg 10
65760 Eschborn bei Frankfurt am Main
www.verlag-dietmar-klotz.de

Alle Rechte vorbehalten. Nachdruck oder
Vervielfältigung in keiner Form gestattet.

Vorwort

Es ist nicht zu übersehen: Analytische Gruppentherapie gewinnt im deutschen Sprachraum in den letzten zehn Jahren als psychotherapeutisches Instrument gegenüber der Einzeltherapie bzw. der Einzelanalyse zunehmend an Bedeutung. Sie wird wohl von den meisten Psychotherapeuten bzw. Analytikern praktiziert.

Inzwischen besteht bei uns kein Mangel mehr an einführenden Werken in die analytische Gruppentherapie[1]. Auch eine sehr gute, zusammenfassende Darstellung der wichtigsten Richtungen liegt vor[2]. Was bislang fehlt – und das macht sich in der praktischen Arbeit schmerzlich bemerkbar –, ist eine konkrete *Anleitung für die gruppentherapeutische Praxis.*

Das vorliegende Werk von *S. H. Foulkes,* das 1975 auf Englisch erschien, füllt diese Lücke. Der Autor ist sicherlich neben *W. R. Bion, S. R. Slavson, Walter Schindler* und *Alexander Wolf* einer der Klassiker der analytischen Gruppentherapie, wenn nicht gar *der* Klassiker (vgl. hierzu den Nachruf auf *S. H. Foulkes* S. 156 ff).

Das Buch bietet eine Fülle von technisch-praktischen Gesichtspunkten zu Fragen der Auswahl der Patienten, dem therapeutischen Rahmen (setting), der sich für die gruppenanalytische Arbeit als besonders bedeutsam herausgestellt hat, über eine umfassende und ausführliche Behandlung der Funktionen, Aufgaben und Interventions-

---

[1] Vgl. die einführenden Texte von *H. Argelander:* »Gruppenprozesse« (Hamburg 1972), *P. Kutter:* »Elemente der Gruppentherapie« (Göttingen 1976) sowie *H. Walton:* »Kleingruppen-Psychotherapie« (Hamburg 1975) sowie die Aufsatzsammlungen von *G. Ammon:* »Gruppenpsychotherapie« (Hamburg 1973), *H. G. Preuss:* »Analytische Gruppenpsychotherapie – Grundlagen und Praxis« (Hamburg 1972) und *S. de Schill:* »Psychoanalytische Therapie in Gruppen" (Stuttgart 1971).
[2] Vgl. *Anneliese Heigl-Evers:* »Konzepte der analytischen Gruppenpsychotherapie« (Göttingen 1978, 2. Aufl.).

technik des Gruppentherapeuten bis hin zu der so wichtigen Frage der Ausbildung in analytischer Gruppentherapie.

S. H. Foulkes bietet nicht nur eine Sammlung vielfältiger – in 40 Jahren praktischer Arbeit gesammelter – Erfahrungen. Diese Erfahrungen werden vielmehr konsequent auf einen explizit *gruppenanalytischen Standpunkt* bezogen. Der Autor betont, daß Gruppenanalyse, wiewohl sie in der Psychoanalyse gründet, mehr und etwas anderes ist als Einzelanalyse in einer Gruppe oder gar ein Mittel zum Zwecke der billigeren und rascheren Versorgung von Patienten. *Foulkes* möchte zeigen, daß eine Gruppe ganz spezifische Möglichkeiten der Wiederbelebung unzureichend bewältigter Kindheitserlebnisse im Hier und Jetzt der Gruppe bietet, die als solche therapeutisch genutzt werden sollten: in Gruppen konstellieren sich zwischen den Teilnehmern erneut spezifische frühkindliche Konflikte, an denen die Gruppenmitglieder in ihrer Gesamtheit teilhaben, wiewohl jedes Mitglied das *auf seine spezifische Weise* tut.

Dabei arbeitet *Foulkes* konsequent psychoanalytisch und hat sich zeitlebens als orthodoxer Freudianer verstanden: In seinen Ausführungen wird deutlich, daß es vor allem um die Bewußtmachung und Klärung *unbewußter gemeinsamer Beziehungen und Konflikte* zwischen den Teilnehmern geht.

Im vorliegenden Werk wird diese grundsätzliche gruppenanalytische Orientierung durchgängig erkennbar, wobei allerdings die zugrundeliegende gruppenanalytische Theorie *als bekannt vorausgesetzt* wird. Wer sich hierfür interessiert, sollte sich mit der Aufsatzsammlung von *Foulkes* über „gruppenanalytische Psychotherapie" (München 1974)[3] vertraut machen oder meine von *Foulkes* autorisierte zusammenfassende Darstellung seines theoretischen Ansatzes zu Rate ziehen[4].

Bezüglich des theoretischen Fundamentes der Gruppenanalyse von *Foulkes* ist anzumerken, daß dieser Autor leider nicht mehr in der Lage war, selbst eine *systematische Darstellung* seines Ansatzes zu verfassen, die er geplant hatte[5]. Das zeigt sich auch im vorliegenden

---

[3] Bezüglich der wichtigsten Arbeiten von *Foulkes*: vgl. Literaturangaben am Ende des Buches.
[4] Vgl. *Sandner, Dieter*: Der Beitrag von S. H. *Foulkes* zur Entwicklung einer analytisch fundierten Gruppendynamik. In: Gruppenpsychotherapie und Gruppendynamik, Bd. 10, 203–219 (1976).
[5] Ein erster Versuch der Entwicklung einer systematischen und umfassenden Theorie des psychodynamischen Geschehens in Therapiegruppen unter Einbeziehung der psychoanalytischen und sozialpsychologischen Theorieansätze liegt jetzt vor: vgl. *Sandner, Dieter*:»Psychodynamik in Kleingruppen. Theorie des affektiven Geschehens in Selbsterfahrungs- und Therapiegruppen (selbstanalytischen Gruppen)«, UTB Bd. 828, Ernst Reinhardt Verlag, München 1978.

Buch in einer Reihe von widersprüchlichen Äußerungen bzw. Unklarheiten und in der Schwierigkeit, die vom Autor verwendete Begrifflichkeit ins Deutsche zu übersetzen. Der Leser sollte sich davon nicht irritieren lassen. Wer sich bei der eigenen praktischen Arbeit und theoretischen Reflexion von einer konsequent *gruppenanalytischen Einstellung* und *Arbeitsweise* anregen lassen möchte, der wird in dem vorliegenden Werk eine Fülle von Hinweisen finden.

Und nicht nur das: In den Ausführungen von *Foulkes*, besonders zum Verhalten des Gruppentherapeuten, wird deutlich, daß es bei der gruppenanalytischen Arbeit nicht nur um eine therapeutische Technik geht, sondern darüber hinaus um die ständige Bereitschaft, auch des erfahrenen Gruppenanalytikers, sich dem gruppenanalytischen Prozeß auszusetzen, zu lernen, sich selbst weiterzuentwickeln und zu einem immer tieferen Verständnis der Vorgänge zu gelangen.

München, September 1978   *Dieter Sandner*

Inhaltsverzeichnis

I. Die gruppenanalytische Richtung innerhalb der Psychotherapie ... 11

1. Was ist gruppenanalytische Psychotherapie? ... 11
   1.1. Allgemeine Grundsätze ... 13
   1.2. Verschiedene Gruppenarten ... 14
   1.2.1. Große Gruppen und Einrichtungen ... 14
   1.2.2. Kleine Gruppen ... 16

2. Die Behandlung der Lebensgruppe ... 18
   2.1. Vernetzung – Plexus ... 18
   2.2. Familienbehandlung und Diagnose ... 20
   2.3. Die gruppenanalytische Behandlungsmethode der Familie oder des Plexus ... 22
   2.4. Die Stammfamilie ... 23
   2.4.1. Einleitendes Interview bei einem Ehepaar ... 26
   2.5. Gruppen von Ehepaaren ... 32

II. Die gruppenanalytische Gruppe ... 33

3. Diagnostik ... 33
   3.1. Bildung von Gruppen für die Behandlung ... 33
   3.1.1. Anwendung von Tests und Fragebögen ... 34
   3.1.2. Das einleitende persönliche Gespräch ... 36
   3.1.3. Beurteilung nach der Behandlung ... 44
   3.1.4. Einleitendes Gespräch in einer Gruppe ... 44
   3.1.5. Psychodiagnostische Arbeitsberichte ... 51
   3.1.5.1. Fragebögen zum Ausfüllen nach der Gruppendiagnose ... 58

4. Therapie 68
4.1. Indikation, Kontraindikation und Auswahl für bestimmte Gruppen 68
4.2. Arten der gruppenanalytischen Gruppe 71
4.3. Gesamtdauer der Therapie 76
4.4. Beendigung der Behandlung 76
4.4.1. Beendigung der Gruppenbehandlung 76
4.4.2. Beendigung der Behandlung des Einzelpatienten 77
4.5. Ausfälle 78
4.6. Abwesenheit und Feiertage 79
4.7. Gebühren in der Privatpraxis 80

5. Die gruppenanalytische Situation 80
5.1. Einleitende Bemerkungen 80
5.1.1. Feste Bestimmungen 81
5.1.2. Grundsätze des Verhaltens 87
5.1.3. Kulturelle Atmosphäre 94

III. Der Gruppenleiter 96

6. Der Leiter bei der Arbeit 96
6.1. Organisatorische Aufgaben 96
6.1.1. Aufzeichnungen und Notizen 97
6.1.2. Hilfsmittel 101
6.1.3. Co-Leiter und Beobachter 102
6.1.4. Aufzeichnungen 102
6.2. Die Arbeit als Gruppenanalytiker 103
6.2.1. Ziele der Behandlung 104
6.2.2. Deutungen 108
6.2.2.1. Beispiel einer Deutung: Das alte Haus 109
6.2.3. Deutung in der Gruppenanalyse 112
6.2.3.1. Seitens der Patienten 112
6.2.3.2. Unbewußte Deutungen seitens der Gruppe 114
6.2.3.3. Deutung seitens des Leiters 116
6.2.3.4. Hauptsächliche Bereiche der Deutung 117
6.2.4. Analysieren 122
6.2.5. Orientierung 123
6.2.5.1. Lokalisation 123
6.2.5.2. Resonanz 124
6.2.5.3. Die analytische Haltung 125
6.3. Beobachtungen und Maximen 125
6.3.1. Randereignisse 126
6.3.2. Interaktionen außerhalb der Gruppensituation 127

6.3.3. Deutungen über die Gruppe als Ganzes 130
6.3.4. Unerwartete Wirkung einer Äußerung des Leiters 133
6.3.5. Übertragungsdeutungen: Richtig aber abwehrend 135
6.3.6. Der Anfang einer Gruppe 138
6.4. Leitsätze 143

7. Die Person des Leiters und seine Ausbildung 145
   7.1. Die Ausbildung von Gruppenanalytikern 148
   7.1.1. Auswahl von Kandidaten 148
   7.1.2. Medizinisches Wissen 148
   7.1.3. Psychoanalytische Ausbildung 149
   7.1.3.1. Ausbildungsweg für künftige Gruppenanalytiker
           und Gruppenpsychotherapeuten 150

8. Über das Lehren von Psychotherapie 152
   8.1. Lehre und Psychotherapie 152
   8.2. Widerstände 153

S. H. Foulkes 1898–1976 (von Dieter Sandner) 156

Weiterführende Literatur 159

I. Die gruppenanalytische Richtung innerhalb der Psychotherapie

1. Was ist gruppenanalytische Psychotherapie?

Gruppenanalytische Psychotherapie ist eine Methode der Gruppenpsychoanalyse, die ich von 1940 an selber in der privaten psychiatrischen Praxis und in Kliniken für ambulant behandelte Patienten eingeführt habe. Sie ist meinen Erfahrungen als Psychoanalytiker entwachsen und von ihnen angeregt worden, aber sie ist weder Psychoanalyse der Individuen in einer Gruppe noch ist sie die psychologische Behandlung einer Gruppe durch einen Psychoanalytiker. Sie ist eine Art Psychotherapie *der* Gruppe *durch* die Gruppe; einschließlich ihres Leiters. Daher die Bezeichnung: Gruppenanalytische Psychotherapie.

Der Therapeut hilft in diesem Prozeß und stellt der Gruppe seine Fachkenntnisse und Lebenserfahrungen als Mensch zur Verfügung. Seine Aufgabe als verantwortlicher Leiter sollte er auf eine flexible, dynamische und schöpferische Weise erfüllen. Für ein solches Vorgehen sind seine Persönlichkeit und Methode die wichtigsten Einzelfaktoren, und doch leitet er die Gruppe nur peripher.

Wie Nachkriegserfahrungen bewiesen, existierte zu der damaligen Zeit weder hierzulande noch auf dem europäischen Kontinent noch sonstwo, einschließlich der USA, eine solche Art der Gruppenpsychotherapie. In den USA hatte es Ansätze zur Behandlung von Gruppen kranker Menschen gegeben. Zu jener Zeit wurde der Verfasser in den Staaten von einer von *Trigant Burrow* inspirierten gegenseitigen Analyse einer Gruppe von Psychiatern angeregt. Das war damals in den 20er Jahren. Die beiden einzigen Analytiker, die zur gleichen Zeit, oder vielleicht ein oder zwei Jahre früher, angefangen hatten, eine psychoanalytische Methode mit Gruppen zu praktizieren, waren *Louis Wender* und *Paul Schilder*. Ihre Verfahrensweise ist dennoch, auch in den sehr frühen Stadien, mit der meinigen nicht zu vergleichen.

Gruppenanalytische Psychotherapie hat sich bis auf den heutigen Tag nicht nur weiterentwickelt und verbreitet, ihre Charakteristika, ihre Grundsätze in Theorie und Praxis, und selbst viele ihrer Fachausdrücke sind – manchmal mit anerkannter Quellenangabe, meist anonym – von der zeitgenössischen Literatur und von den mehr oder weniger neuen Richtungen auf dem sich noch rapide ausdehnenden Gebiet übernommen worden.

Diese Darstellung beschränkt sich auf gruppenanalytische Psychotherapie, oder, um es kürzer und zusammenfassender zu bezeichnen, die »Gruppenanalyse«. Sie kann aber auch als ein nützliches Modell für alle Formen der tiefgreifenden Gruppenpsychotherapie dienen, wenn diese nicht bloß Leiden durch freie Erörterung und Verständnis lindern und die Befreiung des Individuums von übermäßigen sozialen und sexuellen und, leider, aggressiven Hemmungen erwirken wollen, sondern zusätzlich unbewußte Konflikte aufdecken und den Weg für ihre Lösung ebnen, also letztlich auf verbale Kommunikation und nicht auf Handeln beruhen.

Den interessantesten Teil dieser Arbeit bilden vielleicht die theoretischen Grundlagen, auf denen sie beruht, und welche sie ihrerseits fortentwickelt hat. Diese Grundlagen sind ein Teil einer totalen Revolution in der Psychiatrie und Psychotherapie und beeinflussen sogar allmählich die Psychoanalyse, was die rasche Veränderung der zwischenmenschlichen Entwicklung in der ganzen Welt widerspiegelt. Diese neuen theoretischen und klinischen Konzepte werden in einem seperaten Band abgehandelt werden. Hier werden wir uns mit Methoden und Praxis beschäftigen. Das vorliegende Thema wird in gewisser Weise persönlich behandelt, insofern es sich auf meine eigenen Erfahrungen als Kliniker, Lehrer und Gruppenleiter beschränkt. Es mag sein, daß die Darstellung ein wenig ungleichmäßig und unausgeglichen erscheint. Was heute bekannt (freilich nicht gut genug bekannt) ist muß, auch wenn es sich um Grundlegendes handelt, kurz behandelt werden. Relativ mehr Platz wird den methodologischen Aspekten eingeräumt, die weniger bekannt oder bisher unveröffentlicht blieben. Alles in allem ist dies eher als ein praktisches Handbuch als ein zusammenfassender Text; mit ausreichendem Abbildungsmaterial für den unmittelbaren Gebrauch gedacht.

Wie man sehen wird, können die Grundsätze, die in ihrer reinen Form für die Standardtypen der therapeutischen *gruppenanalytischen Gruppe* entwickelt und beibehalten wurden, auf alle Arten

Menschengruppen angewendet werden, selbst wenn sie nicht primär
therapeutisch sind, sondern sich eher mit lebendigem Lernen (living
learing) und Problemlösungen beschäftigen. Es ist wichtig zu vermerken,
daß obwohl die allgemeinen Grundsätze gültig bleiben, die
Parameter einer jeden Situation präzis definiert werden können, um
dann die Anwendung dieser Grundsätze auf die jeweils vorhandene
Aufgabe und Situation deutlich zu bestimmen.

1.1. Allgemeine Grundsätze

(1) Die Gesamtsituation ist der Bezugsrahmen für alle Unternehmungen
und für die Deutung (Verständnis) aller bemerkbaren Ereignisse.
In diesem Zusammenhang umfaßt die *Situation* alle realitätsbezogenen
Umstände und die Regeln, explizit und implizit, die man
bei der Begegnung beobachtet.

(2) Alle an dem Unterfangen, der Einrichtung oder dem Projekt beteiligten
Personen, seien sie Direktoren, Abteilungsleiter, Techniker,
Arbeiter oder Kunden in der Industrie, Verwalter, Lehrer oder Studenten
an Universitäten oder Ärzte, Pflegepersonal, Patienten und Verwandte,
falls es sich um ein Krankenhaus handelt, müssen zusammengebracht
werden und sich regelmäßig zu einer ausführlichen und
offenen Besprechung treffen, um Informationen und Meinungen auszutauschen.
Dieses Verfahren muß durch freie Diskussionen in kleinen,
nach Teilfunktionen ausgesuchten Gruppen, sowie auch in spontan
aus besonderen Gründen entstehenden Ad-hoc-Gruppen, ergänzt
werden. Äußerste gegenseitige Bewußtheit und Kommunikation bilden
das Ziel; sie sollten soweit wie möglich von allen Beteiligten geteilt
werden und so der ganzen Gruppe zu aktiver Teilnahme am Prozeß
verhelfen.

(3) Der Leiter, oder das Team von Leitern – im Falle der therapeutischen
Gruppe der Gruppenleiter – ist vielleicht die wichtigste Variable,
weil er vorherrschendes Niveau und Geist der Gruppe bestimmt.
Er muß seine Fähigkeiten zum Besten der Gruppe einsetzen; er ist deren
erster Diener. Er muß der Gruppe folgen, sie an ihr legitimes Ziel
führen und ihr helfen, mit zerstörerischen und selbstzerstörerischen
Tendenzen fertig zu werden, idealerweise sie ganz ausschalten. Was
die Funktion des Leiters anbetrifft, ist es von äußerster Wichtigkeit,
daß er die dynamischen Grenzen der Situation erkennt und innerhalb
dieser bleibt, und das umstandsgebundene Machbare im Auge behält
als Grundlage und Abgrenzung seiner Aufgabe.

(4) Es ist wesentlich, daß die Situation nicht nach dem äußeren Anschein gedeutet wird, sondern daß verborgene Reaktionen ans Licht gebracht werden. Das heißt, die Situation soll nicht nach dem *Schein* beurteilt werden, sondern nach ihrem eigentlichen *Sein*.

1.2. Verschiedene Gruppenarten

Die oben umrissenen Grundsätze sind auf alle Menschengruppen anwendbar. Ihre Anwendung muß sich gemäß den unterschiedlichen Bedingungen gestalten. Die Situationen, bei denen ein gruppenanalytischer Ansatz anwendbar ist, können insbesondere in zwei Grundkategorien eingeteilt werden:

(1) *Die operative Gruppe, oder Lebensgruppe* – das heißt die Gruppe, in der die Probleme oder Konflikte entstehen.

(2) *Aus besonderen Gründen gebildete Gruppen von sonst nicht zusammengehörigen Personen.* Solche Gruppen können groß oder klein sein und ihren Charakter je nach den zu berücksichtigenden Problemen ändern. Man kann sie auf einem Kontinuum ansiedeln, das von therapeutischen Prozessen bis hin zu Lernprozessen reicht. In diesem Buch konzentrieren wir uns bei unseren Beispielen meist auf die Therapie.

Anhand ein paar kurzer, meiner Erfahrung entnommener Beispiele wollen wir verdeutlichen, wie diese Grundsätze in den verschiedenen Gruppenarten funktionieren. Wir wollen uns, sozusagen, bis zur gruppenanalytischen Gruppe in ihren verschiedenen Erscheinungsformen hinaufarbeiten. Es wird dem Leser auffallen, wie unbewußte Prozesse, als eine der wichtigsten Variablen, zuerst als bloße Beobachtungen und Überlegungen behandelt und dann als Merkmale der gruppenanalytischen Gruppe erforscht werden.

1.2.1. Große Gruppen und Einrichtungen

Beispiel: Die Therapeutische Gemeinschaft Northfield

Heute wird das Konzept eines Krankenhauses als *therapeutische Gemeinschaft* in weiten Bereichen akzeptiert und praktiziert. Es wurde zuerst auf experimenteller Basis während des Zweiten Weltkrieges im Northfield Military Centre in der Nähe von Birmingham entwickelt. Das Krankenhaus wurde mit der Zeit zu einer zusammenhängenden, wenngleich zu keiner »organisierten«, Körperschaft: zu einer Gemeinschaft insofern, als eine ungezwungene Kommunikation unter den Patienten selbst und unter den Patienten und dem Personal bestand. Stationstreffen, Gesellschaftsabende, Gruppentätigkeiten, spezifischere Behandlungsgruppen oder individuelle Psychotherapie, Sitzungen des Ärztepersonals, Ärztekonferenzen, usw. wurden als Teile eines zusammenhängenden Prozesses angesehen. Die Wechselwirkung zwischen allen diesen Gelegenheiten zur Kontaktaufnahme und Kooperation und ihre gegenseitige Abhängigkeit wurden deutlich. Die Behandlung begann mit, wenn nicht schon vor der Ankunft des Soldaten. Der Kontakt zu den Militäreinheiten wurde noch lange nach der Entlassung des Patienten aufrechterhalten, was eine nachträgliche Überprüfung der Ergebnisse ermöglichte. Ein Wandel der Symptome, der Einstellung und des Verhaltens – manchmal in erheblichem Maße – wurde auf diese Weise der besten aller Prüfungen, der des Lebens unterworfen. Unabhängige Zeugen, die nichts voneinander wußten und die sicherlich nicht zugunsten des Psychiaters voreingenommen waren, berichteten. Dasselbe galt im Krankenhaus selbst. Die Patienten waren aktive, verantwortliche Teilnehmer an ihrer eigenen »Besserung«. Man räumte ihnen die größtmögliche Freiheit bei der Wahl ein, was sie tun wollten und wie sie ihren Aufenthalt im Krankenhaus gestalten wollten. Mit nur ganz wenigen Ausnahmen mißbrauchten sie die außerordentliche Freiheit nicht, ihre Gefühle, Sorgen, Ängste, Kritik oder ihren rebellierenden Zorn mit vollkommener Offenheit äußern zu können, ohne Vergeltung befürchten zu müssen. Die Ärzte, das Krankenschwesterpersonal und die Patienten erkannten die Zusammenhänge und bemühten sich, ihr Verhalten aufeinander abzustimmen.

Soweit also die flüchtige Beschreibung einer Erfahrung, die mich ungefähr drei Jahre lang Tag und Nacht beschäftigte. Ich hoffe, sie wird als eine Erläuterung der Grundsätze dienen, die sich seitdem in psychiatrischen und anderen Krankenhäusern bewährt haben, sowie in Gefängnissen, in der Industrie und in allerlei Einrichtungen, besonders auch in pädagogischen. Von noch größerer Bedeutung sind die Methoden und Grundsätze, die den weit subtileren Beobachtungen in kleineren Gruppen entwuchsen, und die letztlich der von der psychoanalytischen Untersuchungsmethode inspirierten Gruppenpsychotherapie zugrundelagen. Es ist nicht zuviel behauptet, daß diese neuen Methoden und Grundsätze, wenigstens im Westen, das gesamte Gesellschaftsleben zunehmend verwandeln.

1.2.2. Kleine Gruppen

Alle diese Gruppen, ob groß oder klein, die einen Bestandteil der betreffenden großen Gruppe, Gemeinschaft oder Einrichtung bilden, weisen gemeinsame Merkmale auf, die sie scharf von der eigentlichen analytischen psychotherapeutischen Gruppe unterscheiden, die den Kern dieses Buches bildet. Die Mitglieder dieser Gruppen kennen einander und begegnen sich im normalen Leben, obwohl ihre Zusammenkünfte und Kontakte sich im ganzen mehr oder weniger auf organisierte gemeinsame Tätigkeiten beschränken. Dabei kann es sich um ihre Arbeit, gemeinsame Interessen an der Literatur, Wissenschaft, Philosophie, ihre Religion, Politik, oder um Freizeitgestaltung, sei es Musik, Tanzen oder Sport, handeln. Wenn sie zusammen als eine Gruppe, eine »Mannschaft«, fungieren und handeln, ist das bessere Funktionieren der ganzen Gruppe das Ziel. So tritt die Gruppe in den Vordergrund und die Einzelperson in den Hintergrund. Außer durch künstliche Abstraktion kann man Gruppen und die zu ihnen gehörenden Individuen nicht trennen, und wenn die Gruppe sich verbessert, profitieren auch die Einzelnen.

Sehr häufig aber bestehen solche Gruppen aus Menschen mit abweichenden Interessen. Ihre einzige Gemeinsamkeit besteht z. B. darin, daß sie in derselben Fabrik oder Abteilung einer größeren Einrichtung arbeiten. Im übrigen können sie Konkurrenten sein, sich mißtrauen, neugierig oder sonstwie feindlich sein. Mitglieder einer solchen Gruppe können auch ähnliche Tätigkeiten ausüben, wie z. B. getrennt voneinander arbeitende Manager.

Das Prinzip ist deshalb das einer »freien Diskussion« ihrer gemeinsamen Probleme. In diesem Zusammenhang sollen sie offen sein, aktiv teilnehmen und sich mit unnötigen Reibungen und negativen Emotionen auseinandersetzen. Gewisse Merkmale der Psychotherapie treten dabei auf und die Teilnehmer können ihre eigenen Konflikte bewältigen, an Freiheit gewinnen und geistig reifer werden. Es ist dennoch wichtig, eine solche Gruppe nicht zu leiten, als ob sie eine psychotherapeutische wäre. Die Grenzen sind *eng umrissen* und es ist nicht wünschenswert, und könnte sogar schädlich sein, vertrauliche Dinge aus dem Geschlechts- und Familienleben der Einzelnen zu behandeln.

Eine besondere Art einer solchen Gruppe, das Seminar für Supervision, das ich viele Jahre mit Beobachtern im Maudsley Krankenhaus leitete, wird im Abschnitt III beschrieben, wenn wir den Leiter und seine Ausbildung behandeln. Vorausgesetzt wir respektieren die uns von der Lage und den besonderen Umständen auferlegten Einschränkungen, so sind diese Gruppenarten nichtsdestoweniger psychotherapeutische Gruppen. Man kann sie entweder an ihrem Arbeitsplatz oder in einer Umgebung finden, die besonders zu diesem Zweck reserviert ist.

Beispiel: *Die Gruppe eines Geistlichen*

Ich verdanke Prof. *David R. Hawkins*, der jetzt an der Universität von Virginia ist, diese Beobachtung. Damals war er an einer anderen nordamerikanischen Universität, wo ich Gastprofessor war, und er die Gruppe mit mir besprach. Einige Jahre später übergab er der Group-Analytic Society (London) einen höchst interessanten Bericht über seine Beobachtungen. Da er das Material selber noch nicht veröffentlicht hat, lege ich hier einige wichtige Punkte der Methode dar.

Dies ist der Prototyp einer Gruppe, die bereits existierte; die Therapie war als vorbereitende Therapie für die Gruppe als solche gedacht. Die Mitglieder waren Universitätsgeistliche oder Pfarrer verschiedener Glaubensbekenntnisse, die mit den Studenten an dieser amerikanischen Universität arbeiteten. Die Gruppe ermöglichte es dem Therapeuten, auch einen Einblick in die besonderen Merkmale zu gewinnen, die für den Beruf selbst charakteristisch zu sein schienen. Ein wichtiger Teil der Pflichten des Geistlichen war die Betreuung der Studenten. Sie waren also gewissermaßen zu ihrem eigenen Nutzen Studenten dieser Gruppe.

Dr. Hawkins gibt eine höchstinteressante Schilderung der Entwicklung dieser Gruppe und macht viele wichtige Beobachtungen. Über die Technik schreibt er:

Im nachhinein war ich mit meinen Deutungen zu angriffslustig. Sie waren richtig, aber zu tiefgreifend und zu diesem Zeitpunkt in der Geschichte der Gruppe zu direkt.

Es darf erwähnt werden, daß unter den Gegenübertragungseinflüssen persönliche Verhältnisse mit verschiedenen Gruppenmitgliedern in dieser Situation unvermeidbare Schwierigkeiten verursachten. Trotz dieser Komplikationen war die Gruppe offenabr sehr erfolgreich und verbesserte ohne Zweifel ihre eigene und die Funktion der Mitglieder. Die besondere, auf den ständigen Kontakt unter den Mitgliedern und manchmal sogar mit dem Therapeuten außerhalb der Gruppensitzungen bezogene Situation wurde voll erkannt. Man beschloß, einen Mittelweg zwischen der Behandlung der Gruppe auf einer bloß unterstützenden Ebene und der Möglichkeit zur intensiven Einsichtstherapie zu suchen. Der Therapeut behielt die analytische Haltung konstant bei. Er ging analytisch vor, aber beschränkte die Analyse auf einige Bereiche. Um Professor Hawkins zu zitieren: ». . . es gab eine Tiefentherapie, aber auf einem besonderen Sektor . . .« Es wurde vorgeschlagen, diese Untersuchungsmethode als eine »gezielte Analyse« (»focussed«) oder als eine »sektorale Gruppenanalyse« zu bezeichnen.

Hier ist Professor Hawkinsens eigene Zusammenfassung:
(1) Eine Gruppe von Universitätsgeistlichen, die sich regelmäßig einmal in der Woche trafen, baten um und erhielten zwei Jahre lang Gruppenpsychotherapie.
(2) 12 von 13 Mitglieder nahmen im ersten Jahr teil. 8 von 12 nahmen im zweiten Jahr teil.
(3) Eine Hauptzielrichtung der Therapie war die Verbesserung der gesamten Gruppenfunktion.
(4) Es wurde eine modifizierte Form des analytischen Ansatzes angewandt. Gewisse Bereiche wurden ausgeklammert. Auf bestimmten Gebieten ging die Therapie in die Tiefe. Dieser Ansatz könnte als eine »gezielte oder sektorale Gruppenanalyse« bezeichnet werden.
(5) Beobachtungen wurden über die Wechselwirkung zwischen der Persönlichkeitsdynamik und der gesellschaftlichen Rolle, wie sie die Gruppenfunktion berührte, gemacht.

Dies ist ein gutes Beispiel für eine Gruppe, die in diesem Fall hauptsächlich bezüglich ihrer Funktion als Gruppe behandelt wurde.

2. Die Behandlung der Lebensgruppe

2.1. Vernetzung – Plexus

Wir beschäftigen uns hier mit Problemen, die bei der bestehenden Vernetzung der Beziehungen im Leben vorkommen. Im Gegensatz zum vorherigen Kapitel sind diese Menschen sehr eng miteinander verbunden, und die interaktionellen Vernetzungen betreffen die Zentralbereiche ihres Lebens.

Die Familie selbst ist der Prototyp einer solchen Gruppe, aber ich habe schon betont, daß, psychologisch gesehen, eine derartige Vernetzung auch Personen umfaßt, die keine Familienmitglieder sind.

Ursprünglich gebrauchte ich sowohl den Begriff *Vernetzung* (network) und auch *Nexus*. Seitdem diese Begriffe mit verschiedenen Bedeutungen großzügig verwendet werden, möchte ich eine besondere

Bezeichnung für dieses Konzept der engen dynamischen Vernetzung, die uns beschäftigt, gebrauchen: *Complexus* oder, gekürzt, *Plexus*. (Darunter versteht sich, daß eine relativ kleine Anzahl von Menschen, z. B. die Familie, sich während des Fortschreitens der Behandlung dynamisch um die Zentralperson gruppieren – den Patienten –, besonders im Zusammenhang mit seinen Konflikten, die für die Störung bedeutsam sind, wegen deren er zwecks Beratung zu uns gekommen ist.)

Vernetzungen sind mannigfaltig. In unserer Kultur gibt es immer eine Anzahl von solchen Beziehungen, an denen jeder Einzelne teilhat. Wie diese Gruppen untereinander in Beziehung stehen, und wie jeder Einzelne seine Zugehörigkeit zu verschiedenen Gruppen in Beziehung setzt, bzw. das nicht tut, ist höchst charakteristisch.

Von dem Standpunkt der *Methode* her ist es für uns in diesem Stadium wichtig, daß wir keinen solchen Complexus von Menschen konstruieren oder vorwegnehmen und ihn dann zur Behandlung zusammenrufen. Wir bauen von einem Zentralpatienten aus auf. Wir gehen dann der Psychodynamik nach, wenn uns bewußt wird, daß sie sich auf eine Gruppe von Menschen um ihn bezieht, die einen wesentlichen Zusammenhang mit seinen Grundkonflikten, Symptomen und Problemen darstellt. Die Grundlage der Methode ähnelt sehr derjenigen, die bei der gruppenanalytischen Familientherapie angewandt wird. Die Mitglieder des Plexus werden in verschiedenen Konstellationen beobachtet, wie es der psychodynamische Fortschritt der Behandlung verlangt. Die große Bedeutung eines solchen Ansatzes liegt in den theoretischen Konsequenzen, die er für unsere Auffassung der Psychopathologie und der gesellschaftlichen Natur der Geistesprozesse hat, auf die ich später kommen werde.

Der Begriff *Vernetzung* wurde gebraucht, um die Tatsache auszudrücken, daß unser Einzelpatient im Grunde genommen nur ein Symptom einer Störung des Gleichgewichts in der engen Vernetzung ist, von der er ein Teil ist. Ich für meine Person benutzte den Begriff Vernetzung absichtlich und ähnlich wie mein damaliger Lehrer, der Neurobiologe *Kurt Goldstein*, in Frankfurt, Mitte der 20er Jahre. Er war ein Bahnbrecher mit der Ansicht, daß das Nervensystem in Theorie und Praxis nicht als eine komplizierte Summe von Einzelneuronen am besten verstanden werden kann, sondern daß es im Gegenteil konsequent als ein Ganzes reagiert. Er bezeichnete dies als eine Vernetzung und nannte die Einzelneuronenzelle einen *Knotenpunkt* (nodal point). Aus diesem Grund bezeichne ich das Gesamtsystem von Menschen, die bei ihren Reaktionen zusammengehören, als eine Vernetzung und die *Einzelmenschen* als *Knotenpunkte*. So erscheint es angemessen, den engen Kreis von Beziehungen als *Plexus* zu bezeichnen. Dieser Gesichtspunkt führt zu einer neuen Orientierung in der Psychotherapie und Psychopathologie. Er gehört zur Theorie der Gruppenanalyse und wird an dieser Stelle nicht behandelt. Die praktischen Konsequenzen sind erheblich und werden uns hier beschäftigen. Bei der systematischen Untersuchung solcher Beziehungen konnte ich an nicht ausgesuchten Patienten demonstrieren, daß jeder Einzelne von einem solchen Plexus umgeben oder Teil eines solchen Complexus war. In der Praxis, und das ist methodologisch der wichtigste Punkt, handelt es sich nur um eine Handvoll Menschen, wenn man nur diejenigen in die Behandlung einbezieht, die eine direkte Bedeutung für die Konflikte des Patienten und ihre mögliche Lösung haben, oder irgendeiner Lösung im Wege stehen.

2.2. Familienbehandlung und Diagnose

Nichts kann in stärkerem Maße psychische Instabilität hervorrufen als die Familie. (anonymer Psychotherapeut)

Als Psychoanalytiker ist man sich der Tatsache bewußt, daß jeder Patient eng mit denjenigen verbunden ist und interagiert, die ihm am nächsten stehen. Als Psychoanalytiker aber würde man es strikt ablehnen, die Mitglieder der Familie des Patienten zur gleichen Zeit zu behandeln und es auch vermeiden sie überhaupt zu sehen. Bei der psychoanalytischen Methode, die versucht, die Probleme gänzlich auf ihre innere Bedeutung für den isolierten Einzelpatienten zurückzubeziehen, ist das verständlich. Der Grund hierfür liegt in der Entwicklung und im Umgang mit der Übertragungssituation, die sich entschieden ändert, sobald der Therapeut neben dem Patienten auch andere Personen in die Behandlung einbezieht. Deswegen war es für mich ein wesentlicher Schritt, die Gesamtfamilie als eine Vernetzung von Menschen zu akzeptieren und sie zusammen in demselben Zimmer zur gleichen Zeit zu behandeln. Es war für mich ein großer Schritt, als ich zum ersten Mal dieser Situation gegenüberstand.

Der Bereich, dem man die größte Aufmerksamkeit gewidmet hat, liegt bei Familien mit schizophrenen Mitgliedern. Bei psychotischen Zusammenbrüchen, besonders bei Schizophrenie, ist die Wechselwirkung mit der Familie auf horizontale und vertikale Weise besonders leicht zu erkennen. In diesem Zusammenhang möchte ich insbesondere die Arbeit von *T. Lidz, R. D. Scott, R. D. Laing, A. Esterson* und vielen anderen hervorheben, die diesem Gebiet und seinen theoretischen Konsequenzen viel Aufmerksamkeit gewidmet haben. Hinsichtlich der Familienbehandlung von Neurosen, sind vielleicht die Arbeiten von *J. Ehrenwald, Nathan Ackermann* und *Martin Grotjahn* am nennenswertesten. Ich habe Familien lediglich ab und zu behandelt, manchmal mit erheblichem Erfolg und, relativ gesehen, binnen sehr kurzer Zeit.

Die Untersuchung der Familie im psychodiagnostischen Verfahren hat mich besonders beeindruckt. Eine solche Erforschung enthüllt oft, daß der Patient, der als Hauptziel der Behandlung gilt, nur eine geringe Chance und einen beschränkten Spielraum hat, sich zu verändern. Als diagnostisches Verfahren scheint mir dies eine sehr wichtige neue Behandlungsmethode zu sein, da sie viele Jahre relativ zweckloser intensiver psychoanalytischer Behandlung erübrigen kann, die für den Patienten kostspielig ist. Ich habe einige Kollegen unter dem Gesichtspunkt der Gruppenanalyse eingeführt, sowohl am Maudsley Hospital wie in der Group-Analytic Society (London). Einige, wie z. B. *David Madison* in Sydney, haben ihre Erfahrungen veröffentlicht. Unter meinen näheren Mitarbeitern widmet sich gegenwärtig *A. C. R. Skynner* dieser Methode mit großer Aufmerksamkeit, sowie Mrs. *Sheila Thompson,* letztere eher vom Standpunkt eines psychiatrischen Sozialarbeiters her, als eines Psychotherapeuten.

Das Entscheidende der Methode liegt darin, daß wir bereitwillig die verschiedenen Familienmitglieder zusammen in mannigfaltigen Beziehungen betrachten, manchmal allein, wobei sich das Problem oder die Probleme präsentieren, wie sie im Kernbereich entstehen. Wie ich erwähnte, habe ich Familien, wenn sie zur Behandlung kamen, aufgenommen, und den Personenkreis bei der Behandlung erweitert, wie es die natürliche psychodynamische Entwicklung verlangte. Es kommt natürlich vor, daß das Kernproblem im Schwerpunkt garnicht bei dem ursprünglich überwiesenen Patienten liegt. Trotz des engen Zusammenlebens einer solchen Familie darf nicht vergessen werden, daß der gemeinsame Besuch eines Therapeuten ein außergewöhnliches Ereignis in ihrem Leben darstellt. In dieser Hinsicht ist die Familiengruppe das genaue Gegenteil von der gruppenanalytischen Standartgruppe, die im Mittelpunkt dieses Buches steht. Wenn man behauptet, daß solch eine Familie automatisch eine ganze Gruppe, ein Ganzes, bildet, bedeutet das nicht unbedingt, daß wir sie die ganze Zeit als ein Ganzes ansprechen und behandeln. Im Gegenteil behandeln wir hier wie zu jeder Zeit die Einzelmenschen, aus denen sich diese Gruppe zusammensetzt, innerhalb des Gruppenkontextes.

2.3. Die Gruppenanalytische Behandlungsmethode der Familie oder des Plexus

Insofern es um die Methode geht, können beide Begriffe zusammengefaßt werden, weil die Behandlung der Familie und die des Plexus, der sehr oft die Familie einschließt, im wesentlichen ähnlich sind.

Es ist wichtig sich vor Augen zu halten, daß wir unmöglich das Ganze einer Vernetzung behandeln können, sondern nur diejenigen, die, wie in einer Familie, einen engeren und bedeutenderen Anteil an den vorliegenden Problemen haben. Diese Menschen sind um den Patienten gruppiert, der ursprünglich als Patient zur Behandlung zu uns kam. Es ist offensichtlich, daß nicht alle Mitglieder an jedem Vorkommnis anteilhaben, aber daß alles, was zwischen irgendwelchen Mitgliedern geschieht oder mitgeteilt wird, mit dem Arzt ausgetauscht werden kann. In dieser Hinsicht gibt es keine Geheimnisse. Diese Behandlung besteht gewöhnlich nicht aus einer regelmäßigen Reihe von Sitzungen, etwa ein- oder zweimal wöchentlich, sondern aus mehreren Sitzungen gefolgt von längeren Pausen. Einige Personen stehen sozusagen am Rande, deren Anwesenheit, obwohl wichtig, nur ein- oder zweimal überhaupt unbedingt notwendig ist.

Die Intensität dieser Behandlung ist frappierend, wo sie gelingt oder wo sie gelingen kann. Das liegt teilweise daran, daß die Menschen so eng verbunden sind, daß sie die empfangenen Reize sehr intensiv verarbeiten. Die Sitzung dient hauptsächlich als Auslöser für die im Begriff befindlichen Veränderungen. Trotz der gelegentlich durch diese Behandlung erzielten Erfolge, scheint es mir deutlich, daß sie in vielen Fällen nicht gelingen kann. Es war nötig, sich mit dem Problem anders auseinanderzusetzen als mittels der individuellen oder gruppenanalytischen Behandlung.

Der psychodiagnostische Wert dieser Sitzungen kann kaum hoch genug eingeschätzt werden; sie sind theoretisch faszinierend und auch vom methodisch-praktischen her von großer Bedeutung. *In der Praxis* kann man unter günstigen Umständen Lösungen und erhebliche Verbesserungen mit relativ wenigen Sitzungen erzielen. Das Handhaben der Übertragung ist anders als bei der individuellen Situation, aber im wesentlichen nicht anders als bei unseren gruppenanalytischen Gruppen. Weil wir mit einem zusammenhängenden Organismus zu tun haben, gestaltet sich die Aufgabe leichter; das Interesse aneinander und die gegenseitige Abhängigkeit voneinander sind starke natürliche Faktoren. Bei der gruppenanalytischen Standardsituation ist das Gegenteil der Fall. Der *Therapeut* soll *unparteiisch* sein und versuchen, bei den Mitgliedern der Gruppe eigenes

Verstehen für Motivation und gegenseitige Abhängigkeit von Reaktionen zu wecken. Mittels seiner Hilfe sollen die Mitglieder der Gruppe sich gegenseitig erkennen. Er muß es vermeiden, Schiedsrichter und Gerichtshof zu sein; genau wie bei jeder anderen Art Psychotherapie soll er sich jeder Werturteile oder Anordnungen enthalten.

Ein anderer Vorteil dieses Ansatzes liegt darin, daß man vermeidet, den »falschen Patienten« oder überhaupt einen einzelnen zu behandeln, wenn die Vernetzung der Gruppe, der Plexus, einer Heilung bedarf. Des öfteren können eng miteinander verbundene Menschen miteinander nicht offen sein. Sie haben Lebensgeheimnisse, die sie auf gar keinen Fall preisgeben wollen.

2.4. Die Stammfamilie

Bei der Stammfamilie läßt sich besonders gut die chronologische Vernetzung beobachten: wie sie von Eltern auf Kinder, von Großeltern auf Eltern, usw. über viele Generationen übergeht. Dieses sehr eng verkette System von Wechselwirkung und Austausch betrachtet man am besten als eine komplexe Wechselwirkung von *Prozessen*, die die Einzelmenschen *durchdringen* und dadurch eine Vernetzung aufbauen. Ich habe diese deshalb als *transpersonelle Prozesse* bezeichnet.

Nach meiner Meinung kann man diese primäre Familie am besten in einem späteren Stadium studieren, wenn die Kinder heranwachsen oder schon erwachsen sind. Man kann sich veranschaulichen, wie sie geformt wurden und wie die herrschenden Umstände in der Familie, in der sie geboren wurden und von der sie einen Teil bilden, diese Form bestimmten. Später äußert sich dieser Einfluß als Transfer und Repetitionszwang. Diese bilden einen Teil der sich ständig vollziehende Interaktionen und stellen gleichzeitig die in die Gegenwart eingeflossene Vergangenheit dar. In der Sprache der Theorie des internalisierten Objekts, die ihre eigene, wenngleich beschränkte Gültigkeit besitzt, ist die Stammfamilie latent; sie tritt in einer neuen Lebensform in Erscheinung und das besonders bei analytischer Behandlung in der Übertragungssituation.

Um zu verdeutlichen, was ich unter solchen Prozessen verstehe, und weswegen sie für mich eine transpersonelle Wechselwirkung haben, nehmen wie ein sehr einfaches Beispiel. Eine Mutter z. B. kann auf ihr Kind so reagieren, wie sie gerne von ihrer eigenen Mutter behandelt worden wäre; oder wider alle ihre bewußten Vorstellungen genau so, wie ihre Mutter oder ihr Vater sie tatsächlich behandelten, obschon sie sich damals dagegen auflehnte. Das Kind kann seinerseits natürlich auf diese Behandlung reagieren oder Reaktionsweisen zeigen, wie Ablehnung, Entwicklung entgegengesetzter Eigenschaften oder eines starken Ambivalenzkonfliktes oder sich ganz zurückziehen und absondern. Wir sind durch das psychoanalytische Studium über diese Prozesse gut unterrichtet. Der Psychoanalytiker betrachtet diese komplexen Reaktionen, wie sie im Falle eines jeden Einzelmenschen allein für sich erscheinen. Er deckt dann Mechanismen wie Identifikation, Projektion, projektive Identifikation und Introjektion auf. Von einem gruppenanalytischen Standpunkt sind das Wechselwirkungen, die nur als solche verstanden werden können.

Jetzt zu einem anderen Beispiel: Ein Vater, vielleicht ein sehr gut angepaßter Mann, verhält sich in bezug auf sein inneres Leben sehr reserviert, was es unmöglich macht, an ihn über eine bestimmte Grenze hinaus heranzukommen. Die Wirkung auf seine Frau oder Kinder bringt beunruhigende Reaktionen mit sich: Sie können ihre Gefühle gegenüber dem Vater nicht zeigen; oder sie müssen ihm ständig widersprechen oder sich gegen ihn auflehnen. Er widerum kann sehr unzufrieden mit dem Verhalten seines Sohnes, dessen Mangel an Erfolg oder anderer seiner Eigenschaften sein. Dabei kann er unbewußt und sehr unbeabsichtigt zur Unfähigkeit des Sohnes beitragen, indem er ihn geringschätzig behandelt. Von dem, was er von den Tatsachen weiß, hat er vielleicht einen guten Grund, so zu handeln. Er ist überzeugt davon, daß er es gut meint; er reagiert nur auf das, was er für die Schuld des Sohnes hält. Wenn man Gelegenheit hat, seine individuelle Psychopathologie zu studieren, kann es sich herausstellen, daß derselbe Vater die Liebe und das Verständnis seines eigenen Vaters und seiner Mutter nicht zu finden vermochte, als er sie als Kind brauchte. Er kann so erzogen worden sein, daß jeglicher Ausdruck der Gefühle unterdrückt wurde. So geht es weiter, von Generation zu Generation, ununterbrochen durch die Jahrhunderte hindurch.

Man muß begreifen, daß dieses keine isolierten Reaktionen von Person zu Person, von Vater zu Sohn, Mutter zu Sohn, Mutter zu Tochter usw., sondern stets im gesamten Geschehen in der Familie eingebettet sind. In diesem Sinne haben keine zwei Kinder die gleichen Eltern, noch hat jemand dieselben Geschwister wie der andere.

Hoffentlich verdeutlicht dies ausreichend, was unter einer chronologischen oder vertikalen Vernetzung oder einer Längsvernetzung verstanden wird. Wir sind gewohnt, dies in den späteren Familien und Vernetzungen, mit denen wir dann zu tun haben, als Übertragung zu erleben, als etwas, das der Einzelmensch als Resultat seiner Natur und der früheren Konstellation mitbringt.

Ich gebe nur ein paar Skizzen von Beispielen solcher Erfahrungen. Um der Einfachheit willen beschränken sich meine Beispiele auf die diagnostischen Interviews. Im ganzen lasse ich Kinder und andere, die in die Fällen verwickelt waren, aus und erwähne nur die wichtigen Punkte, um die Hindernisse zu erläutern, die einer erfolgreichen Behandlung im Wege stehen.

Im ersten Fall handelte es um ein schizophrenes Mädchen, das nach Meinung ihres Psychiaters nach vielen Jahren und ausgedehnten Aufenthalten in Nervenkliniken jetzt in der Lage war, zu Hause bei ihren Eltern zu wohnen. Bei *einem Interview mit den Eltern* konnte ich feststellen, daß es sich um eine Ehe mit vielen Problemen handelte. Beide Eltern waren sich nur darin einig, daß sie das Kind nicht zu Hause tolerieren konnten, weil es zu störend wäre. Dieses Kind hatte die grundlegenden und sehr akuten Probleme der Eltern wie ein Schwamm aufgesogen und ihre Anwesenheit in der Familie wirkte als Auslöser der Unruhe. Trotz des guten Kontakts zu dem Mädchen konnte man von ihr bei der Behandlung keine Hilfe erwarten. Der Versuch, die ganze Familie wegen dieser Probleme zusammen zu behandeln, wurde aus vorgeschützten finanziellen Gründen abgelehnt.

In einem anderen Fall entwickelten sich Kontakt und Behandlung während einiger Stunden anscheinend gut, aber der Ehemann behauptete ständig, daß er keine Behandlung brauche – er sei sich im klaren über seine Probleme. Es darf erwähnt werden, daß diese pseudogesunden oder anscheinend gesunden Glieder einer solchen Konfliktsituation gewöhnlich gerade die Menschen sind, die sich verändern müßten, aber es am wenigsten tun. Wenn das nicht gelingt, muß die Behandlung scheitern. Was soll man tun, wenn z. B. ein Ehemann, in einer Besprechung mit ihm allein, sein Liebesleben und Interesse an einer anderen Frau erläutert, mit der er ein Verhältnis fortsetzen und sogar verstärken will? Aber andererseits will er seine Ehe nicht stören; ferner, wenn dieser Ehemann sehr deutlich zu verstehen gibt, daß er unter keinen Umständen von seiner Frau über seine Affäre sprechen will?

Hier stimme ich vollkommen mit Dr. Hans Preuß überein, der über eheliche Gruppentheorie in *Group Analysis: International Panel and Correspondence* (GAIPAC) Bd. IV/1 schrieb; er äußert die gleiche Meinung.

Mein nächstes Beispiel möchte ich etwas umfassender wiedergeben, obwohl ich einige Faktoren aus Gründen der Diskretion weglassen muß. Wie gewöhnlich leidet der überzeugende Charakter dieses Beispiels darunter, aber ich hoffe, es veranschaulicht einige der Punkte, die zur Debatte stehen.

2.4.1. Einleitendes Interview bei einem Ehepaar

Dr.: ... was ist das Problem zwischen Ihnen?
A.: ... mm ...
Dr.: Wir können offen sprechen ...
A.: Sie wissen ohne Zweifel, daß ich hier schon sehr erfolgreich behandelt worden bin ...
Dr.: Ja.
A.: Meine Frau ... äh ... kann ich offen sprechen?
Dr.: Ja, gewiß ...
A.: Ich erzähle es so, wie es mir vorkommt. Ich könnte mich irren ... als ich das erste Mal behandelt wurde, als ich wirklich krank war, tat meine Frau ihr Bestes, mir beizustehen. Sie ... war ... wirklich erstklassig ... und als es mir wieder besser ging, wurde sie depremiert, ängstlich usw. ... und dann suchte sie Hilfe bei jemanden, der Analytiker war ... das mochte ich nicht ... irgendwie entstand eine Atmosphäre, die das Leben sehr schwer machte ... schließlich durch Nachforschungen, die ich machte ... und ich bat meine Frau recht heftig mir zu sagen ... als Resultat ist meine Frau deswegen erheblich belastet gewesen ... das sehe ich ein ...
Dr.: Ja ... sagen Sie mir, was vermuten Sie?
A.: Weil niemand meinen Jungen oder mich jemals erwähnte ... und die größte Schwierigkeit in der Familie ist mit meinem ältesten Jungen gewesen ... insofern es sich um meine Frau handelte ... war das der Anfang ... dann kamen andere Sachen vor, kleine ... sehen Sie ...
Dr.: In ihrer Analyse wurde nichts erwähnt ... woher wußten Sie das?
A.: Weil ich sie fragte ...
Dr.: Ich verstehe ... im übrigen darf ich Sie fragen ... wie lange dauerte die Behandlung, und wie oft ...?
Frau A.: ... Dreimal in der Woche ... ich fing damit an ... Anfang März letzten Jahr ...
Dr.: Letztes Jahr?
Frau A.: Nun, ja ... dreimal in der Woche ... ich brach sie ab, als Dr. X ins Ausland ging ...
Dr.: Sind Sie gut ausgekommen?
Frau A.: Ausgezeichnet ...
Dr.: Zu gut für Ihren Mann? Er mochte das nicht ...?
A.: Nein, na, ich drücke es mild aus, wenn ich sage, es verursachte ... große Schwierigkeiten ... meine Frau fing an, sich zurückzuziehen ... ich sehe ein, das geschieht manchmal ... aber es geschah mehr als zulässig war ... und da geschah endlich etwas ... ich bat sie, mich mit der Analytikerin in Kontakt zu bringen ... zuerst sagte diese zu, natürlich würde sie mich empfangen, aber sie ließ mich zwei Tage warten ... dann rief sie mich an, fünf Minuten bevor sie in Urlaub fuhr ... da sagte sie, sie könnte doch nicht ... deswegen wurde ich ziemlich sauer ... was mir am meisten auffiel, war die Tatsache, daß sie zwei Wochen oder so im Urlaub verschwand ... und ließ meine Frau ganz im Stich, das ist vom Standpunkt meiner Frau, sie machte kei-

nen Versuch, meine Frau zu erreichen und ihr zu sagen ›machen
Sie sich keine Sorgen ... ich werde alles erklären, wenn ich
zurückkehre‹ ... dann wußte ich ...
Dr.: Ich weiß, Sie verstehen eine Menge von diesen Sachen ...
Sie sind einsichtig ... Sie müssen entschuldigen, wenn ich mit
Ihnen sehr offen bin ... wir sind nicht da, um schmeichlerisch
zu sein ... ich begreife Ihre Bemerkungen und man kann sehen,
daß Sie tödlich eifersüchtig sind ... oder nicht? ... und es scheint
hier wieder aufzutauchen ...
A.: Ja ... ach, ja ...
Dr.: Nun, sehen Sie nicht, das ist auch für Sie eine Übertragungssituation. Glauben Sie nicht, es ist nur Eifersucht ... Sie können
es nicht ertragen ... man sagt Ihnen, das Beste wäre, Sie würden
sich heraushalten ... es liegt auf der Hand, Sie konnten das
nicht ertragen ... man erwähnt Sie nicht, man erwähnt Ihren
Sohn nicht ... ich merke im übrigen, Sie sagen ›mein‹ Sohn,
nicht ›unser‹ Sohn ...
A.: Ich verstehe das ...
Dr.: Natürlich, es war Ihnen zuviel ... wollte Ihre Frau Sie verlassen ...?
Frau A.: Gar nicht ... da irrt sich mein Mann tatsächlich. Dr. X.
und ich besprachen mehrmals die Frage meines Sohnes ... die
sehr wichtig ist ... ich habe mit meinem älteren Sohn immer
Schwierigkeiten gehabt ... nicht so sehr mit den jüngeren, son-
dern mit dem älteren ...
Dr.: Ja ...
Frau A.: Auch die Frage meines Mannes ...
Dr.: Das tauchte auf? Selbst wenn es, sozusagen, Ihren Mann
nichts anging ... aber natürlich ist es psychologisch, sehen Sie
...
Frau A.: Ja ...
Dr.: ... Wenn irgendeiner von Ihnen behandelt wird, entsteht für
den anderen ein sehr akuter Konflikt ... (zu Frau A) ... Sie sprachen viel über ihn ...
Frau A.: Ja, es kam immer von mir, niemals von ... so soll es auch
sein ... ich schnitt das Thema an ... nach der Besserung meines
Mannes wurde ich aus verschiedenen Gründen sehr depremiert
... na, ängstlich ...
Dr.: Warum denn? ... Wenn es einem von Ihnen besser geht, geht
es dem anderen anscheinend schlechter ... nicht wahr ...?
Frau A.: Ja ... nun, ich sage es in knappster Form, wir können
hier offen darüber reden ... mein Mann wollte heiraten ... wir
schlossen einige Freundschaften, wir lernten einige Leute kennen, mit denen wir uns anfreundeten ... sie waren viel jünger
als wir und ein bestimmtes Mädchen zog ihn besonders an ...
nachdem er sich hundertprozentig auf mich während seiner
Krankheit verließ, lief er mehr oder weniger davon und klammerte sich an dieses Mädchen ... das depremierte mich natürlich ... wurde dadurch immer ängstlicher ... und es ging mir
schrecklich ...
Dr.: Weil ... hm ... Sie eifersüchtig waren?
Frau A.: Eifersüchtig, ja ...

Dr.: Haben Sie Ihren Mann gern? Würden Sie sagen, Sie hätten einander gern?
Frau A.: Natürlich ... ich habe ihn immer liebgehabt ...
Dr.: Auch jetzt? Das ist wichtig für eine mögliche Behandlung ...
Frau A.: Ich habe ein Auseinandergehen unserer Ehe nie erwogen ... nie ... und meine einzige Absicht, zu Dr. X. zu gehen, lag darin, daß ich mich auf einen höheren Stand der Erkenntnis bringen wollte, um etwas aus meiner Ehe zu machen, weil ich durch diese Analyse feststellte, daß ich die Ehe wörtlich als ein Bollwerk benutzte, oder benutzt hatte, nicht nur meine Ehe, sondern auch die Kinder ... um etwas zu verbergen ... Ich hab's noch nicht herausgefunden was es ist ...
Dr.: Ja ...
Frau A.: ... Gleichwohl, ganz am Anfang der Behandlung hatte ich die Vorstellung, daß ich nicht mehr freundlich zu meinem Mann sein könne ... ich war mürrisch, deprimiert ... ich haßte mich selber ... und das war der eigentliche Anfang der ganzen Sache ...
Dr.: Mmmm ...
Frau A.: ... Wie wir aber im Laufe der Analyse herausfanden, entstand dieses Problem nicht durch die Ehe ... wenn die Ehe die Lösung gewesen wäre, hätte das Problem sich von alleine gelegt ...
Dr.: Ja ...
Frau A.: ... meine Herkunft ist eine unglückliche ... mein Vater und meine Mutter wurden geschieden, als ich vier war, ich erinnere mich nicht sehr gut an meinen Vater ... nach der Scheidung traf ich ihn einmal ...
Dr.: Mmmm ...
Frau A.: ... Ich wurde folglich Zeit meines Lebens von einer Reihe von Frauen erzogen ...
Dr.: Ja ...
Frau A.: ... und Frauen sind für mich immer eine Gefahr gewesen ...
Dr.: Ja ...
Frau A.: ... da glaubte Dr. X, daß mein Problem zweifellos bei Frauen liegt ... und mein Mann schlug diese Idee in den Wind und sagt, mein Problem liegt nicht bei Frauen, sondern bei Männern ...
Dr.: Wahrscheinlich bei beiden ...
Frau A.: ... Vielleicht bei beiden ...
Dr.: Er will nicht ausgeschlossen bleiben ... Jetzt übertreibe ich ein wenig ...
A.: ... Ich habe kein Vertrauen zu Dr. X.
Dr.: Wie wollen Sie das mit einem Wort rechtfertigen? Es ist wirklich sehr schwierig ...
A.: Ich versuche zu erklären, weshalb ich so sehr gegen sie bin ...
Frau A.: ... Mein Mann hat immer gegen sie gesprochen und über sie gelacht, aber ich weiß, es ist eine Tatsache ... bei jedem gibt es eine männliche und eine weibliche Seite ... und meine männliche Seite ist krankhaft ...

Dr.: Ja ... man kann es so im Sinne von Jung ausdrücken ...
Frau A.: Ja ... und ich verstehe bis zu einem gewissen Grad, was es bedeutet ... Ich bin schwach, ich kann Entschlüsse nicht fassen, ich kann zu dem nicht stehen, was ich sage ... ich wurde immer mitgetragen ... Ich konnte niemals auf eigenen Füßen stehen ... meine Gefühle gegenüber den Kindern sind keine natürlichen, sondern forcierte ...
Dr.: Und Sie liegen mit Männern im Wettstreit?
Frau A.: Es ist etwas Wahres daran, es ist etwas sehr Wahres daran ... ganz sicherlich ... etwas kommt zum Teil von meinem Vater her ...
Dr.: Ja ...
Frau A.: ... aber mein Mann behauptet, ich sehe mehr Probleme als es tatsächlich gibt ... natürlich durch eine Analyse wird man sich vieler Probleme bewußt ...
Dr.: Und wie ist die Situation jetzt ... haben Sie das aufgegeben?
Frau A.: Ich habe Dr. X seit Weihnachten nicht gesehen ...
Dr.: Wollen Sie weitermachen?
Frau A.: Ja, ein Teil von mir will es offensichtlich, weil ich einen sehr starken Bezug zu ihr habe ...
Dr.: Nun, wollen Sie, können Sie, können Sie es sich leisten, usw.?
Frau A.: Ja, wir haben es durchgesprochen ... meine Mutter bezahlt die Analyse.
Dr.: Mmmm ...
Frau A.: Und jetzt habe ich mich seit längerem sehr, sehr schuldig gefühlt ...
Dr.: Mmmm ...
Frau A.: ... weil das etwas ist, das ich selber tun sollte ...
Dr.: Das ließe natürlich Ihren Mann seine Eifersucht spüren, wenn Sie dreimal in der Woche eine Privatanalyse haben, zu der er nicht mitkommen darf ...
Frau A.: Es tut mir furchtbar leid, Sie zu unterbrechen, aber da gibt es die schrecklich, schrecklich wichtige Sache, die ...
Dr.: Ja ...
Frau A.: ... sich vor Weihnachten ereignete, die diese ganze Spannung wortwörtlich verursachte ... daß mein Mann wörtlich ein Machtwort sprach und sagte, wenn ich die Analyse fortsetzen würde, würde er mich verlassen ... das ist wirklich die harte Nuß ... ich brach sie ab und deswegen ging ich hauptsächlich nicht mehr hin ...
Dr.: Ich verstehe ...
Frau A.: ... weil ich nicht will, daß er weggeht ...
A.: Das sehe ich ein, aber Sie sehen, diese Belastung wurde unbeschreiblich ... nicht nur für mich, sondern auch für den älteren Jungen ... der auch hier in Behandlung war, obwohl ich sagen darf mit Erfolg ... ich gewann den Eindruck, daß meine Frau immer mehr Probleme sah ...
Dr.: (zu Frau A.) ... was sagen Sie dazu ...?
Frau A.: Nun, was mich störte ... ich kam nach Hause und wir pflegten zu diskutieren, was vor sich ging ... das war offenbar falsch, denn ich wurde festgelegt ...
Dr.: Mmmm ... dasselbe sagte ich in einem Ärzteseminar hier,

29

daß ich strikt dagegen bin, wenn Leute mit ihren Gatten sprechen und bald ...

Frau A.: Genau das sagte Dr. X vor einigen Monaten. Sie sagte: ›Sie müssen sich von Ihrem Mann psychologisch trennen‹. Alles war in mir aufgestaut ... dann entstand natürlich das Problem, und dies ist ein Teil davon. Ich schaltete psychologisch ab und fing an, mich deswegen schuldig zu fühlen ...

Dr.: Es ist für Sie beide furchtbar schwierig, monatelang darüber nicht sprechen zu können ... der Analytiker kann sagen was ihm gefällt und Sie das Gegenteil ... aber was kann man dagegen unternehmen? In Ihrem Falle ist das Problem so einschneidend ...

A.: ... mit irgendjemanden, den Sie empfehlen könnten, wäre ich durchaus zufrieden ... das besondere Problem entsteht, wenn wir auf diese bestimmte Frau zu sprechen kommen ...

Frau A.: Ursprünglich ging ich zu meinem Anwalt, der ein sehr guter Freund der Familie war, weil die Situation mir über den Kopf wuchs ... und er sagte, er würde mir jemanden empfehlen ... der mir seinerseits Dr. X empfahl ...

Dr.: (zu Herrn A.) Ihre Frau kann unmöglich objektiv sein ... selbst wenn diese Dame nicht die richtige Person war ...
(zu Frau A.) ... könnten Sie eine Kritik Ihres Analytikers ertragen? ...

Frau A.: Na, wenn die Kritik berechtigt wäre ...

Dr.: Nun, wenn ...

Frau A.: Na, das ist ein anderes Problem, das ich habe, ich konnte ihr nie richtig entgegentreten und ihr meine Zweifel anvertrauen usw. ... Sie sehen, die Übertragung ist sehr stark ... sie ist auch besonders sexuell stark hervorgetreten ... jetzt sitze ich in der Klemme ...

Dr.: Wie wäre es, wenn Sie sich auf ein Jahr trennen und sich auf keinen Fall sehen würden ...?

A.: Wenn das passierte, glaube ich nicht, daß wir wieder zusammenkämen ... ich bin davon überzeugt.

Dr.: Wären Sie traurig?

Frau A.: Nun, mein Hauptziel, mein Lebensziel ist es, mich soweit zu finden, daß ich meinem Mann eine gute Frau sein kann ... ich will meinen Mann nicht verlassen oder die Familie auseinandersprengen ...

A.: ... Von Anfang an war die Ehe nie die stärkste ... ich glaube, meine Frau würde mit mir übereinstimmen ... es gelang uns eine Kameradschaft aufzubauen ... und in vielen Hinsichten doch eine erhebliche Zuneigung ... aber wegen dieses Unglücks, seitdem es akut wurde ... wielange ist es her, vier Monate? ... es hat uns voneinander entfernt ... es gibt wahrhaftig eine Trennwand zwischen uns, wie Sie sehen ... seitdem sie zu dem bestimmten Analytiker nicht mehr geht, haben die Dinge sich beträchtlich verbessert, ich glaube, sie würde mir recht geben ...

Dr.: Ja, aber das genügt offensichtlich nicht ...

A.: Ich kann nur sagen ... es liegt nicht an mir zu sagen, es liegt an Ihnen zu sagen, Herr Doktor ... was meine Frau vielleicht

braucht, ist etwas, wie ich beschrieben habe, irgendwelche starke Psychotherapie ... ich weiß nicht, ob sie sich für die Analyse überhaupt eignet, ich kann es nur intuitiv beurteilen, und ich weiß, ich bin voreingenommen ... aber das ist mein ehrliches Gefühl ... ich bis sicher, es wäre ganz anders, wenn ihr Analytiker jemand wäre, zu dem ich Vertrauen hätte ...
Dr.: Sicherlich, aber *Sie* brauchen kein Vertrauen zu ...
A.: Herr Doktor, es sind zwei Menschen, drei Menschen ... meine Frau kommt mit meinem jüngeren Sohn sehr gut aus ... mit meinem älteren Sohn, nun, das ist die unglücklichste Sache ... beträchtlicher Neid und Eifersucht zwischen meiner Frau und meinem älteren Jungen ... er war ernsthaft versucht, das Elternhaus zu verlassen ... diese Geste, glaube ich, galt mir ... weil er damit sagte ›nun, wenn ich es schaffe, warum kannst du es nicht auch, Vati?‹ ... Es sind also drei Beteiligte ... und die Situation ist immer wieder schlechter geworden ... und ich kann es nicht tolerieren ... ich bin positiv überzeugt, daß wenn meine Frau durch Psychotherapie behandelt würde ...
Dr.: (zu Herrn A.) Ich glaube nicht, Sie können Ihre Frau unter Ihr Kommando stellen, weg von diesem Analytiker zu einem anderen ... nur weil Sie wollen, können Sie sie nicht wie ein Paket von einem Analytiker zum anderen befördern ...
Frau A.: ... sie forcierte, bis ich schrecklich irritiert wurde. Einmal sagte sie mir ›Sehen Sie, Aggressionen gehören hierher – nicht ins Heim ...‹
Dr.: Ja ...
Frau A.: Das konnte ich nicht einsehen ...
Dr.: Sie haben recht, wenn Sie unterbrechen, aber ich sagte, *er* meint, Ihr Mann meint ...
Frau A.: Ja ... ja ...
Dr.: ... daß sie (der Analytiker) seine Frau gegen ihn aufhetzt oder von ihm wegtreibt ...

(In der weiteren Unterhaltung sagt der Mann, daß er seine Frau verlassen werde, wenn die Behandlung bei Dr. X fortgesetzt wird.)

Dieses Beispiel zeigt deutlich die enge Wechselbeziehung der Störung der ganzen Familie und den Grund, warum wir besser die Verflechtung (Plexus) als eigentliches Feld der Konflikte ansehen sollten. Unter anderem demonstriert dieses Paar besonders:

(1) Wie die Besserung eines Partners, des Mannes, eine Depression bei seiner Frau verursacht,
(2) die Abneigung gegen und starke Reaktion seitens des Mannes auf die Veränderung bei seiner Frau während ihrer Behandlung,
(3) daß individuelle Psychotherapie die prekäre eheliche Harmonie untergrub,
(4) wie enorm die Schwierigkeiten jetzt sind, das Paar mit seiner Hoffnung auf Erfolg zu behandeln.

Der diagnostische Wert dieses einen Interviews ist beeindruckend und typisch.

2.5. Gruppen von Ehepaaren

Ich bespreche diese Gruppen an dieser Stelle, obwohl sie eigentlich zu den Gruppen gehören, die, aus spezifischen Gründen zur Behandlung gebildet, keinen weiteren Kontakt im Leben haben, wie das im 3. Abschnitt bei den verschiedenen Arten der gruppenanalytischen Gruppe dargestellt wird. Gruppen von Ehepaaren gehören wirklich zu Gruppen, die auf Grund ihrer gemeinsamen Probleme gebildet werden. Da das betreffende Problem hier sich mit der Familie befaßt, führe ich es hier an.

Eine ähnliche Art Gruppe mit gemeinsamen Problemen, die ich vor Jahren in den USA sah, bestand aus Eltern mit schizophrenen Kindern. Diese Paare trafen zusammen, um die Probleme zu diskutieren, wie sie in ihrer gemeinsamen Situation entstanden und wie sie sie betrafen. Zu seinem Erstaunen erzählte mir der Therapeut, daß diese Eltern, Mitglieder der Gruppe, eine Anzahl eigener neurotischer Symptome abgelegt hätten, obgleich die Behandlung garnicht ihretwegen stattgefunden hatte. Ich war wegen des Ergebnisses weniger überrascht als er.

Gruppen von Ehepaaren sind in unserem Sinne Lebensgruppen, insofern jedes Paar zusammenlebt und an seinen Problemen Anteil hat. Auf der anderen Seite sind die verschiedenen Paare Fremde, die im Leben keine Verbindung miteinander haben und solche nicht suchen. Damit sind sie eine Mischung aus einer gruppenanalytischen Gruppe und einer Familiengruppe. Eine derartige Gruppe wird vom Therapeuten gemeinsam ins Sprechzimmer gerufen. Sie trifft sich regelmäßig für eine festgesetzte Zeit, anderthalb Stunden, und sie ist in vielen Hinsichten der geschlossenen gruppenanalytischen Gruppe durchaus gleichwertig. Einige besondere Bemerkungen darüber: Ich denke, diese Paare müssen die ernsthafte Absicht haben, ihre Ehen aufrechterhalten zu wollen; sie müssen, wie andere Gruppen, Diskretion üben, und sich nicht woanders treffen oder sich kennen. Sie sind statt Einzelpersonen einfach Ehepaare, die sich zwecks Behandlung treffen. Meine eigene Erfahrung bei der Leitung solcher Gruppen ist sehr günstig gewesen und ich habe erfahren, daß sie im allgemeinen sehr behilflich sind. Im Gegensatz hierzu könnte Gruppenbildung mit Ehepaaren auch sinnvoll sein, wenn eine Scheidung erwogen wird, oder nach den Umständen erwogen werden sollte, aber ohne psychologische Hilfe offenbar kein Entschluß hierüber gefaßt wird.

II. Die gruppenanalytische Gruppe

3. Diagnostik

3.1. Bildung von Gruppen für die Behandlung

Wenn eine Gruppe zwecks Behandlung gebildet wird, werden Patienten, die im Leben nicht in Verbindung stehen, zusammengebracht. Sie sollten während der Behandlung keine Beziehung untereinander aufnehmen oder später entwickeln, unter dem Gesichtspunkt einer Behandlung. In diesen Gruppen behandeln wir also Menschen *außerhalb* deren Lebenssituation, die sonst Fremde sind und nur an der therapeutischen Situation teilhaben. Wir sprechen unser Modell, die gruppenanalytische Gruppe, in ihren verschiedenen Arten durch.

Der Patient kommt entweder von sich aus oder wird uns von einem anderen Arzt zugewiesen, oft einem Psychiater. Wir begegnen ihm zuerst allein oder in einer Gruppe. Anschließend behandeln wir detailliert beide Methoden des einführenden Interviews.

Bevor wir den Patienten sehen, können wir eine Anzahl von Tatsachen durch Fragebögen aufhellen. Das spart Zeit und erlaubt uns, uns auf die wichtigsten Merkmale und Eindrücke während des ersten Interviews zu konzentrieren.

3.1.1. Anwendung von Tests und Fragebögen

In diesem Stadium kann getestet werden. Es gibt viele Tests, mit denen ich nicht ausreichend vertraut bin, um sie zu beurteilen, aber ich bin vom MMI-Test* günstig beeindruckt worden. Der Thematische Apperzeptionstest ist auch wertvoll, besonders um Ergebnisse nach einer Behandlungszeit mit den früheren zu vergleichen. Persönliche Erfahrungen habe ich mit dem Rorschach-Test gemacht.

Ich weiß, daß der Rorschach-Test vom Standpunkt der statistischen orientierten Psychologen in Verruf ist, weil er zu unzuverläßlich oder zu sehr vom Interpreten abhängig sei. Ich halte das persönlich für unvermeidlich. Auf dem ganzen Gebiet der Psychotherapie und Psychopathologie können wir niemals ganz frei von Interpretationen sein. Meines Erachtens liegt der große Verdienst des Rorschach-Testes darin, daß er interpretiv ist und doch objektive Daten verschafft, die die individuelle Interpretation kontrolliert und leitet. Das besonders interessante Merkmal des Rorschach-Tests ist seine Betonung der formellen Elemente: ob der zu Testende von kleinen oder großen Figuren beeindruckt wird, ob er das Augenfällige wahrnimmt, ob er von Farben und Bewegungen angezogen wird, usw. In der psychotherapeutischen Situation werden solche formellen Komponenten gewöhnlich nicht genügend beobachtet. Sei es wie es sei, gehen wir auf die Methode des psychologischen Testens nicht weiter ein, ohne im geringsten ihren potentiellen Wert zu verleugnen.

Die Fragebögen, die ich vor Augen habe, waren meistens auf eine spezifische Situation abgestellt. So benutzte ich in Northfield einen Fragebogen, der der militärischen Situation und der ganzen Atmosphäre des Krankenhauses angepaßt war. Dieser relativ einfache Fragebogen erfüllt die folgenden Aufgaben: der angehende Patient kann erstens alle *objektiven Daten* über seine Lebensumstände, seine Familie, seinen Beruf, usw. liefern, so daß wir ihn nicht mehr ausfragen müssen. Die zweite und hauptsächliche Aufgabe des Fragebogens: er spiegelt ein *vorläufiges Bild des Verhaltens des Patienten* wieder, während dieser durch das Ausfüllen zu einem *aktiven Mitarbeiter* schon in dieser Phase wird. Der Patient wird gebeten, ganz auf seine Weise über eine Reihe von typischen Punkten zu schreiben, kurz oder ausführlich, wie z. B.:

(1) Was sind, *von seinem Standpunkt*, die Gründe, weswegen er zu uns gekommen ist?
(2) Was stört ihn und andere?
(3) Wie steht er selber dazu?
(4) Was sind *seine eigenen Ideen* bezüglich seines Zustandes?
(5) Hat er gewissermaßen *seine eigene Theorie* hinsichtlich seiner Störung?

---

* siehe »Weiterführende Literatur« am Schluß des Buches

(6) Was sind *seine Erwartungen*; insbesondere *wie glaubt er diese Umstände ändern zu können* und wie soll diese Änderung zustande kommen?

Auf diese Weise nimmt der Patient den aktiven Dialog und Kontakt mit dem Therapeuten auf und man kann sich ein sehr gutes Bild seines Zustandes und Verhaltens verschaffen. Natürlich muß man sich wieder auf diese Punkte bei der Wiederbegegnung mit dem Patienten konzentrieren, aber es ist von unermesslicher Hilfe, den einleitenden Fragebogen und die darin vom Patienten übertragenen Vorstellungen studiert zu haben.

Bilderprofile: Werkzeug zum Auswählen

An der Poliklinik für Psychotherapie des Maudsley Krankenhauses verwendete ich eine andere Untersuchungsmethode. Jeweils nach den verschiedenen Psychiatern, die sie ursprünglich konsultiert hatten, waren die Patienten schon routinemäßig mit verschiedenen Tests bombardiert worden. Das Standardverfahren war der Cornell-Index. Aus diesem Grund benutzte ich noch keinen zusätzlichen Fragebogen, denn ich stellte fest, daß ich die Information vom Cornell-Index in eine bildliche und mehr dynamische Form umsetzen konnte. Eine Anzahl von Beispielen folgt mittels Abbildungen. Bevor ich den Patienten sah, sah ich den von ihm ausgefüllten Cornell-Index durch und notierte ausnahmslos jeden Punkt auf folgende Weise: Ich zeichnete schematisch einen kleinen Mann oder eine kleine Frau und zeichnete solche Organe ein, die den vom Patienten angegebenen Beschwerden entsprachen. Die Beschwerden rein physischer Natur trug ich in Rot auf der rechten Seite ein, diejenigen psychischer oder psychologischer Art (Beschreibung und Beschwerden, die sich auf psychische Funktionen bezogen) setzte ich in Schwarz auf die linke Seite. Alle Beschwerden verband ich schließlich mit den entsprechenden Organen mittels eines Pfeils. Viel wichtiger sind die qualitativen Eigenschaften. Die Beschwerden sind in gewisser Hinsicht ein Ergebnis der vom Cornell-Index-Fragebogen gestellten Fragen und die Beschreibung bestimmter Beschwerden eine Folge der Standardfragestellung über psychische Dinge. Der dynamisch orientierte Psychiater, insbesondere der erfahrene, psychoanalytisch ausgebildete Psychiater, sieht ein, daß man so ein gutes Bild von der Art der Ängste, der charakteristischen psychopathologischen Konstellation (paranoid, deprimiert, usw. oder der erogenen Zonen, die auffallend sind, ferner der typischen Angstformen und der Regressionsstufen in bezug auf Es-Impulse und Ich-Mechanismen gewinnt.

Abb. 1 und 2 sind recht charakteristisch und stellen das häufigste Bild dar.

Abb. 3 ist auffallend wegen der geringen Zahl der vermerkten Symptome.

Abb. 4 zeigt im Gegensatz zu den Abb. 5 und 6 ein Übergewicht an psychischen Beschwerden und auch die physischen sind wahrscheinlich mit Ängsten verbunden, wie z. B. kalter Schweißausbruch und bestimmte Sorgen wie Untergewicht.

Abb. 5 und 6 haben ein Übergewicht auf der physischen Seite und scheinen zu bestätigen, daß sie keine günstige Symptomenkonstellation für die Psychotherapie bilden. Die Art der dem Patienten empfohlenen Behandlung beruhte selbstverständlich nicht allein auf dem Fragebogen, sondern auf dem folgenden Interview und der klinischen Beurteilung (abgesehen von Nr. 5, der zum Interview nicht erschien).

Abb. 7 zeigt zahlreiche psychische Äußerungen, so daß eine gewisse detaillierte, teils auf dem Interview basierende psychopathologische Formulierung versuchsweise gemacht werden könnte. Es wurde auch bemerkt, daß der Patient sehr rigide Abwehrmechanismen zeigte.

Es erschien mir zweckmäßig, diese Methode zu veröffentlichen, denn sie zeigt, daß selbst ein statischer und mechanischer Fragebogen (sicherlich zum Vergnügen des Statistikers äußerst vollständig) in ein graphisches und dynamisches Bild umgesetzt werden kann. Außerdem mag es sein, daß diese Methode, oder eine ähnliche, für systematischere Forschung im konventionellen Sinne des Wortes verwendet werden könnte.

3.1.2. Das einleitende persönliche Gespräch

Das einleitende individuelle Interview wird dadurch erheblich erleichtert, daß der Kontakt bereits schriftlich erfolgte und ein vorläufiges Bild des Patienten gebildet worden ist. Man muß sich erstens nicht mehr um die objektiven Daten bemühen, zweitens hat man einen Anhalt für die Untersuchung des Verhaltens des Patienten und des psychodynamischen Bildes, ohne Vorurteil durch die bereits erhaltenen Daten. Während dieses Interviews kann man die Kontaktfähigkeit des Patienten, seine Art zu kommunizieren und zu verstehen, seine Motivation – ein sehr wichtiges Element –, sein bereits erworbenes Ein-

NAME:

ALTER: (jung)

GESCHLECHT: (w)

PSYCHISCHE BESCHWERDEN   PHYSISCHE BESCHWERDEN

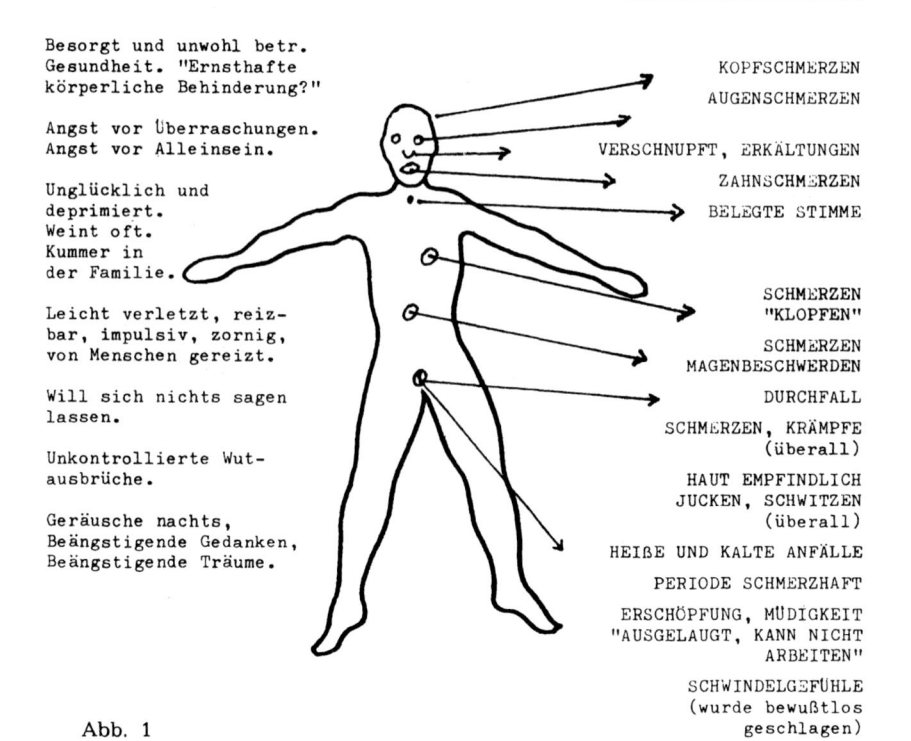

Besorgt und unwohl betr.
Gesundheit. "Ernsthafte
körperliche Behinderung?"

Angst vor Überraschungen.
Angst vor Alleinsein.

Unglücklich und
deprimiert.
Weint oft.
Kummer in
der Familie.

Leicht verletzt, reizbar, impulsiv, zornig,
von Menschen gereizt.

Will sich nichts sagen
lassen.

Unkontrollierte Wutausbrüche.

Geräusche nachts,
Beängstigende Gedanken,
Beängstigende Träume.

KOPFSCHMERZEN
AUGENSCHMERZEN
VERSCHNUPFT, ERKÄLTUNGEN
ZAHNSCHMERZEN
BELEGTE STIMME

SCHMERZEN
"KLOPFEN"
SCHMERZEN
MAGENBESCHWERDEN
DURCHFALL
SCHMERZEN, KRÄMPFE
(überall)
HAUT EMPFINDLICH
JUCKEN, SCHWITZEN
(überall)
HEISSE UND KALTE ANFÄLLE
PERIODE SCHMERZHAFT
ERSCHÖPFUNG, MÜDIGKEIT
"AUSGELAUGT, KANN NICHT
ARBEITEN"
SCHWINDELGEFÜHLE
(wurde bewußtlos
geschlagen)

Abb. 1

NAME:

ALTER:

GESCHLECHT: usw.

PSYCHISCHE BESCHWERDEN							PHYSISCHE BESCHWERDEN

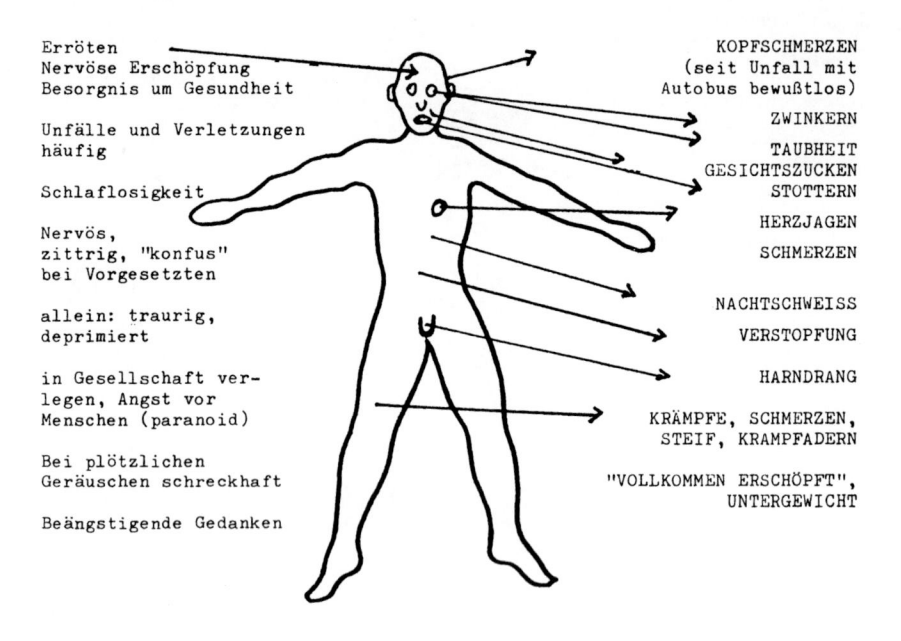

Erröten											KOPFSCHMERZEN
Nervöse Erschöpfung									(seit Unfall mit
Besorgnis um Gesundheit									Autobus bewußtlos)

Unfälle und Verletzungen									ZWINKERN
häufig											TAUBHEIT
											GESICHTSZUCKEN
Schlaflosigkeit										STOTTERN

Nervös,											HERZJAGEN
zittrig, "konfus"									SCHMERZEN
bei Vorgesetzten

allein: traurig,									NACHTSCHWEISS
deprimiert										VERSTOPFUNG

in Gesellschaft ver-									HARNDRANG
legen, Angst vor
Menschen (paranoid)									KRÄMPFE, SCHMERZEN,
											STEIF, KRAMPFADERN

Bei plötzlichen
Geräuschen schreckhaft									"VOLLKOMMEN ERSCHÖPFT",
											UNTERGEWICHT
Beängstigende Gedanken

Abb. 2

NAME:

ALTER:

GESCHLECHT: usw.

PSYCHISCHE BESCHWERDEN   PHYSISCHE BESCHWERDEN

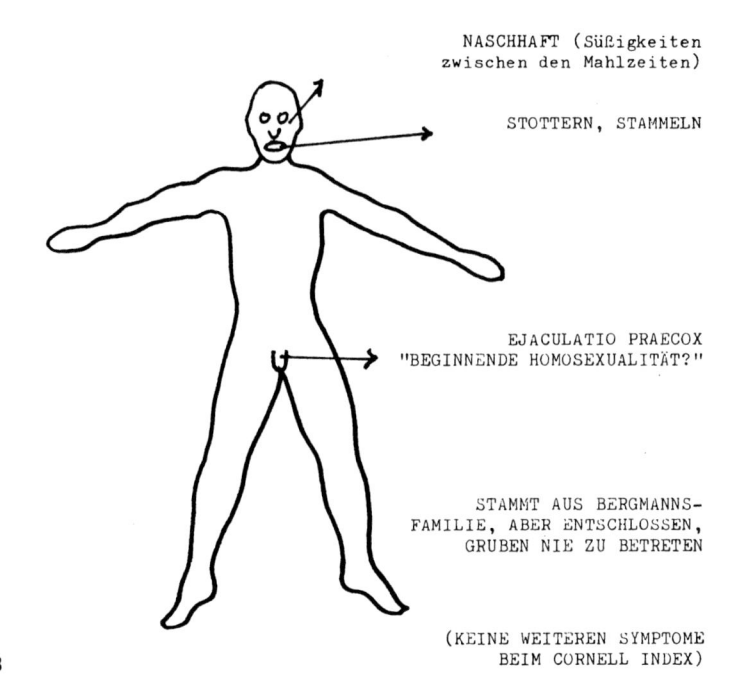

NASCHHAFT (Süßigkeiten
zwischen den Mahlzeiten)

STOTTERN, STAMMELN

EJACULATIO PRAECOX
"BEGINNENDE HOMOSEXUALITÄT?"

STAMMT AUS BERGMANNS-
FAMILIE, ABER ENTSCHLOSSEN,
GRUBEN NIE ZU BETRETEN

(KEINE WEITEREN SYMPTOME
BEIM CORNELL INDEX)

Abb. 3

NAME:

ALTER:

GESCHLECHT: (M) usw.

PSYCHISCHE BESCHWERDEN   PHYSISCHE BESCHWERDEN

Erschreckt, nervös bei
Vorgesetzten

Allein ängstlich   KALTE SCHWEIßAUSBRÜCHE

Unglücklich, unent-
schlossen,
deprimiert

Nervös,   UNTERGEWICHT
Sorgen,
empfindlich,
reizbar, zornig.
"mißverstanden"
(paranoid)

Plötzlich ängstlich,
zuckt bei plötzlichen
Geräuschen zusammen

Beängstigende Gedanken

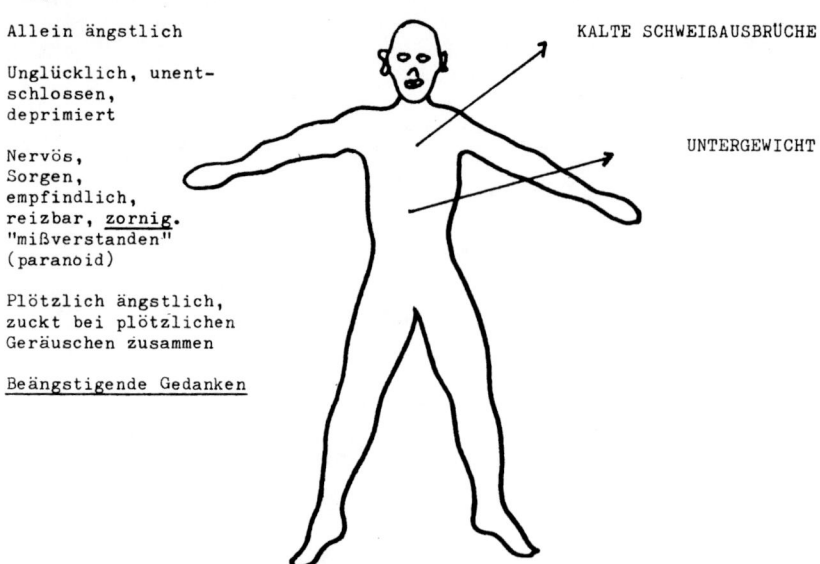

Abb. 4

NAME:

ALTER:

GESCHLECHT:

PSYCHISCHE BESCHWERDEN   PHYSISCHE BESCHWERDEN

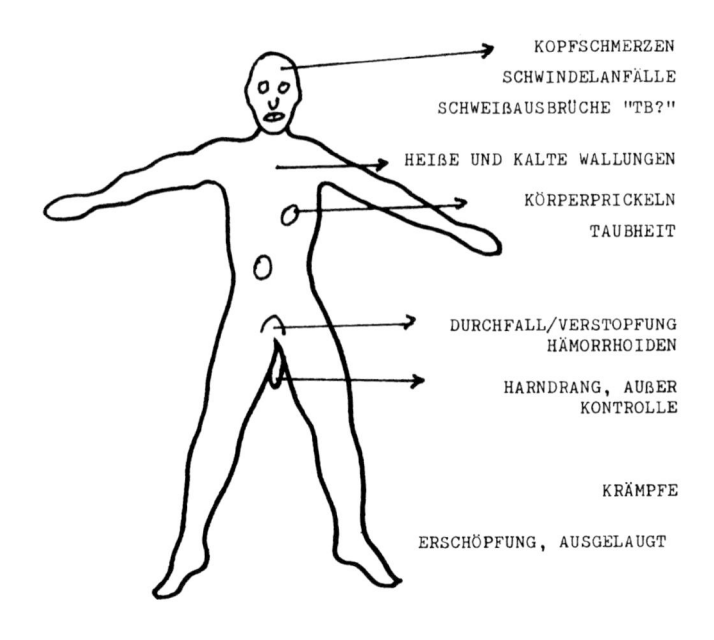

                                                            KOPFSCHMERZEN
                                                            SCHWINDELANFÄLLE
                                                         SCHWEIßAUSBRÜCHE "TB?"

                                          HEIßE UND KALTE WALLUNGEN

                                                          KÖRPERPRICKELN
                                                                TAUBHEIT

                                         DURCHFALL/VERSTOPFUNG
                                                       HÄMORRHOIDEN

                                          HARNDRANG, AUßER
                                                        KONTROLLE

                                                                 KRÄMPFE

                                         ERSCHÖPFUNG, AUSGELAUGT

                  FRAGEBOGEN NICHT FERTIG AUSGEFÜLLT
                  ERSCHIEN NICHT   -   ZURÜCKGEWIESEN

Abb. 5

NAME:

ALTER:

GESCHLECHT: usw.

PSYCHISCHE BESCHWERDEN   PHYSISCHE BESCHWERDEN

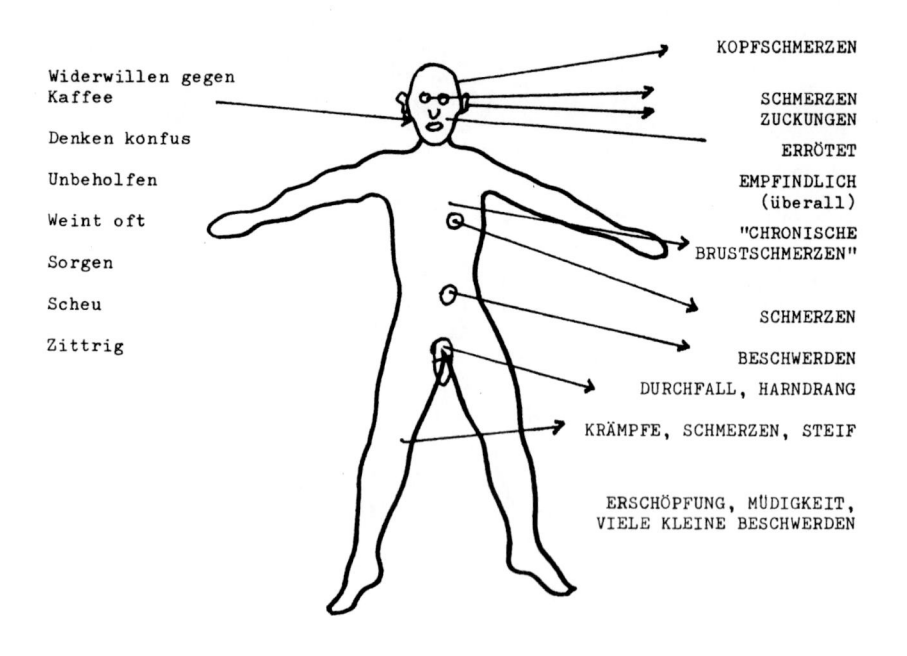

                                                KOPFSCHMERZEN

Widerwillen gegen
Kaffee   SCHMERZEN
                                                ZUCKUNGEN
Denken konfus
                                                ERRÖTET
Unbeholfen
                                                EMPFINDLICH
Weint oft   (überall)

                                                "CHRONISCHE
Sorgen   BRUSTSCHMERZEN"

Scheu
                                                SCHMERZEN
Zittrig
                                                BESCHWERDEN
                                                DURCHFALL, HARNDRANG

                                                KRÄMPFE, SCHMERZEN, STEIF

                                                ERSCHÖPFUNG, MÜDIGKEIT,
                                                VIELE KLEINE BESCHWERDEN

                    ZURÜCKGEWIESEN
                    KEIN WILLE ZUR EINSICHT
Abb. 6

NAME:

ALTER: (jung)

GESCHLECHT: (w)

PSYCHISCHE BESCHWERDEN   PHYSISCHE BESCHWERDEN

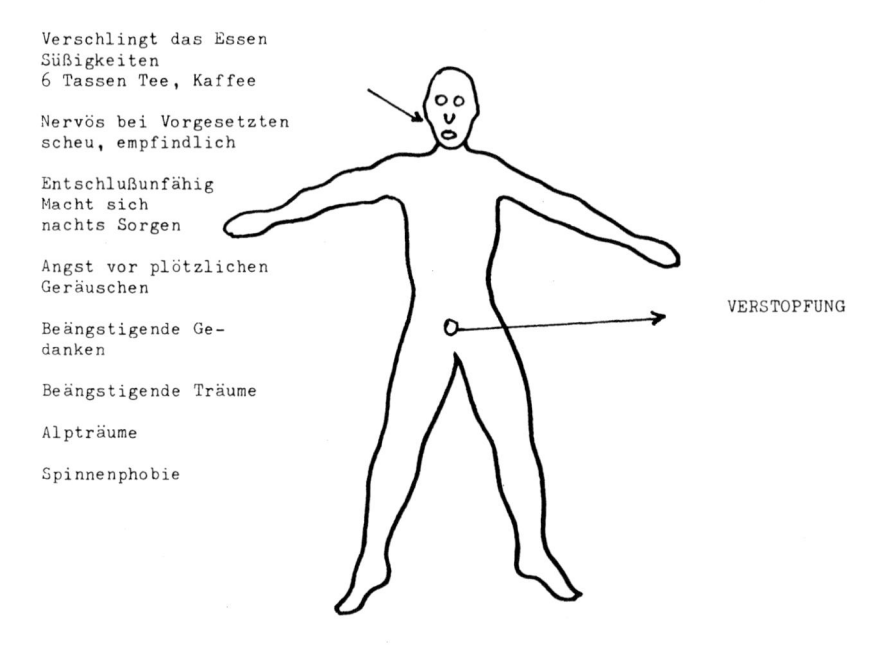

Verschlingt das Essen
Süßigkeiten
6 Tassen Tee, Kaffee

Nervös bei Vorgesetzten
scheu, empfindlich

Entschlußunfähig
Macht sich
nachts Sorgen

Angst vor plötzlichen
Geräuschen   VERSTOPFUNG

Beängstigende Ge-
danken

Beängstigende Träume

Alpträume

Spinnenphobie

MONOSYMPTOMATISCHER DURCHBRUCH:
Spinnenphobie ödipal. Scaena prima
(Das Schlafen der Eltern). Einzelkind. Vollkommene Verdrängung des
Sexuellen. Hysterischer Typ. Tech-
nisches Problem: Unbiegsame Charakter-
abwehr.

Abb. 7

43

sichtsvermögen, bzw. seine Fähigkeit es zu erwerben, von seiner Verständigung mit dem Therapeuten und von seiner eigenen Abwehr abhängt. Tatsachen kommen zum Vorschein, die sein gegenwärtiges Leben, seine Familie, *seinen Complexus*, betreffen. Man kann auch unter Umständen irgendwelche besonderen Probleme entdecken. Danach müßte es möglich sein, zu folgenden vorläufigen Interpretationen des Falles zu gelangen:

(1) Persönlichkeit und psychodiagnostische Dynamik
(2) Konflikte – vorwiegend intrapsychisch oder zwischenmenschlich
(3) Aussicht und Basis zur Lösung dieser Konflikte
(4) Besondere Beobachtungen, falls vorhanden

Man kann dieses erste individuelle Interview in der Regel auf ein einziges Mal beschränken, obwohl es wünschenswert ist, keinerlei Druck durch eine Zeitbegrenzung (wie eine halbe Stunde oder eine Stunde) entstehen zu lassen. Das Interview soll die erforderliche Zeit dauern. In Fällen, in denen ein besonders guter gegenseitiger Kontakt herrschte und in denen keine weitere Therapie nötig erschien, konnte ich das ganze Problem während dieses »ersten« Interviews aus dem Wege räumen. Das kann dann zwei oder drei Stunden erfordern.

3.1.3. Beurteilung nach der Behandlung

Am Ende der Behandlung hat man bestimmte statistische Daten über Anwesenheit, Regelmäßigkeit oder Unregelmäßigkeit und die Dauer der Behandlung. Wichtige Faktoren sind die Art des Patienten Abschied zu nehmen, sein Zustand verglichen mit dem Ursprünglichen, die beobachteten Veränderungen und die Gründe dafür und besonders die Veränderungen in seinem intimen Plexus. Nach einiger Zeit sollten noch bestimmte Erhebungen durchgeführt werden. Wichtig ist eine Nachbehandlung, die auf Beobachtungen der verschiedenen Beziehungen, in denen sich der Patient bewegt, sowie auch auf seinen eigenen Angaben, beruht.

3.1.4. Einleitendes Gespräch in einer Gruppe

Wir kommen jetzt zu einer weniger gebräuchlichen aber höchst interessanten Methode, nämlich einem einleitenden Interview in einer Gruppenumgebung. Wegen ihres vermutlich beträchtlichen Interesses gehe ich später im einzelnen darauf ein. Wenn man Patienten von Anfang an zusammen in einer Gruppe erlebt, wird im allgemeinen angenommen, daß sie weiterhin als eine Gruppe fungieren sollen.

Mittels einer unten detaillierten beschriebenen Methode findet eine Auswahl statt. Um eine Gruppe von acht Personen zu bilden, zeigt die Erfahrung, daß man ungefähr zwölf anscheinend geeignete Kandidaten braucht. Nehmen wir an, daß diese Auswahl schon stattgefunden hat und wir nun mit einer Gruppe von acht Mitgliedern beginnen, in der Absicht, die Arbeit mit der Gruppe fortzusetzen. Es stellt sich die Frage, ob der Leiter dieser Gruppe beabsichtigt, selber mit ihr fortzufahren, oder sie jemand anders zu übergeben, sagen wir, einem Beobachter. Obgleich die Grundbedingungen gleich bleiben, ändert sich das Vorgehen entsprechend. Ich gehe auf beide Möglichkeiten ein.

Eingedenk der Reichweite der Verantwortlichkeit eines fachärztlichen Beraters kommt es selten vor, daß er eine Gruppe vom Anfang bis zum Ende leitet. Es geschah viel häufiger, daß ein Assistent, der eine Gruppe übernehmen sollte, der ersten Sitzung mit mir beiwohnte. Es wurde der Gruppe klargemacht, daß er mit ihnen als ihr Arzt fortfahren sollte. Dieses System funktionierte sehr gut. Der fachärztliche Berater muß zu verhindern suchen, daß die Gruppenmitglieder eine zu starke persönliche Anhänglichkeit zu ihm entwickeln. Er muß seine Persönlichkeit noch mehr als sonst in den Hintergrund stellen.

Das bezieht sich im gleichen Maße auf das vorbereitende individuelle Interview. Dieses leitete ich normalerweise allein ohne die Anwesenheit eines Beobachters. Es bedarf Erfahrung, sowie auch eines gewissen Spürsinns, um das Interview richtig zu leiten. Die Leitlinien zwischen wünschenswertem Kontakt, Offenheit und Vertrauen müssen festgelegt werden, ohne dem Arzt, der die Gruppe übernimmt, den freien Weg der sich entwickelnden Übertragung zu versperren.

Jetzt zu den Hauptmerkmalen der von mir bei einem einleitenden Interview in einer Gruppensituation übernommenen Methode. Die Gruppenteilnehmer und der Arzt waren alle füreinander Fremde. Ich fing beispielsweise mit dem Patienten auf meiner linken Seite an und stellte rundum Fragen, die für sie alle relevant waren, wie z. B.: »Was ist mit Ihnen los?« »Was führt Sie hierher?« »Was halten Sie davon?«, usw. Es ist wichtig, die richtige Atmosphäre zu schaffen; von vornherein klarzustellen, daß jeder ermutigt wird zu sprechen, zu kommentieren und auf das zu reagieren, was gesagt wird – auch außerhalb der Reihenfolge. Die Gruppe wird dadurch lebendig. Meiner Erinnerung nach gelang es immer, nicht nur mit jedem zu sprechen und ein Bild von jedem zu gewinnen, sondern daß ein oft höchst bedeutsamer Austausch gleich zu Anfang stattfand.

Ich gebe einige Beispiele eines solchen Interviews, bei dem einige charakteristische Merkmale skizzenhaft ausgeführt sind.

45

Ein Mann, den wir »M« nennen, sagt:

M.: Ich bin neulich deprimiert gewesen, und etwas angewidert.

Dr.: Ja, Sie haben sich eklig gefühlt.

M.: Ja, ich hab' das Gefühl, daß ich meinen alten Stand nicht mehr erreiche, wissen Sie, fühle mich deprimiert, aber ich fühle mich im Moment ganz angeekelt.

Dr.: Erzählen Sie mir etwas mehr darüber! Hat es etwas mit Ihrem Haus oder sonst etwas zu tun?

M.: Ja, sozusagen. Sie wissen, ich habe früher erklärt, daß es eine sehr kritische Zeit ist, und ich finde, ich bin mit den Dingen nicht zufrieden, bis sie wirklich gut sind, und ich finde die wenigsten Dinge gut. Jedenfalls lastet die Wohnung auf mir und die Leute irritieren mich ganz, weil sie meistens meinen Standard nicht erreichen, und sie scheinen nicht aufzupassen, und das finde ich ganz irritierend.

O.: Was für Leute verrichten irgendwelche Arbeit mit Ihnen in der Wohnung?

M.: Ach, es sind Freunde, meine Mutter und mein Vater, meine Braut und der Kerl von nebenan. Ich kann's wirklich nicht erklären, aber ich habe das Gefühl, daß niemand sich dieselbe Mühe wie ich macht, und ich fühle, daß man mir wegen dieser Sache einen ungerechten Anteil an der Last und den Sorgen aufbürdet. Ich findet immer Kleinigkeiten, die man liegen gelassen hat, und keiner scheint sich darum zu kümmern, und das stört mich.

Dr.: Als Sie sich früher so fühlten, waren Sie nicht in Behandlung? Hatten Sie Gelegenheit, darüber zu sprechen?

O.: Es ist keineswegs so schlimm . . .

M.: Ich fühlte mich vorher ganz in Ordnung. Ganz fröhlich und sicher, aber seitdem ich mich mit der Renovierung beschäftigt habe, sind die Leute mir immer mehr auf die Nerven gegangen. Es regt mich auf und ich finde, ich bin unfair, wenn ich unangenehm bin. Ich will eigentlich nicht, daß ich mich aufrege, wissen Sie, aber ich rege mich trotzdem bis zum Äußersten auf.

Dr.: Das ist was ich meine – Sie sollten jetzt diese Gelegenheit benutzen, um darüber zu sprechen, damit wir feststellen können, was Sie deprimiert, sehen Sie. Sie sehen, bisher sagen Sie nur, daß Sie deprimiert sind und gestört werden. Ich weiß nicht weswegen. Weswegen werden Sie ihrer Meinung nach deprimiert?

M.: Ich weiß nicht. Ich glaube, ich bin ganz deprimiert, was mich veranlaßte, meinen Arzt aufzusuchen. Ich glaube, ich habe mir mehr oder weniger Sorgen darüber gemacht, ob ich mich verloben sollte oder nicht. Es war eine Frage, bei der ich wirklich nicht wußte, ob ich wollte oder nicht, und ich schlief als Folge nicht gut. Ich habe oft gefunden, daß ich mir über etwas Gedanken mache, ins Bett gehe und nicht fest schlafe, und wenn ich morgens aufwache, ist das erste, was mir mehr oder weniger einfällt, das Problem, mit dem ich am vorigen Tag gespielt habe. Es beeinträchtigt meinen Schlaf erheblich.

Dr.: Ja, aber glauben Sie, das hätte etwas mit Ihrer Verlobung und Heirat zu tun? Daß Sie wirklich heiraten und ein Haus haben wollen?

M.: Ich weiß es nicht. Irgendwie glaube ich nicht. Nein. Ich meine, ich mache mir nur Sorgen über mich auf verschiedene Weise. Ich werde aufgeregt und irritiert, besorgt weil ich wegen der Leute irritiert werde, und dazu neige, die Dinge zu übertreiben, und werde irritiert und rege mich wegen Kleinigkeiten auf, und ich mache mir darüber Sorgen, weil ich dann unfähig zu sein scheine, ruhiger zu sein und mich deswegen mehr zusammenzureißen.

F.: Viele Leute regen sich wegen solcher Kleinigkeiten auf.

M.: Keine der Leute, die ich kenne, scheinen dasselbe Interesse wie ich zu haben: Aufgaben genau und gut zu erledigen – wie ich sie aus irgendwelchem Grund erledigen muß. Ich habe das ganz starke Gefühl, alles perfekt und gut erledigen zu müssen. Ich bin nicht damit zufrieden, Sachen zu verrichten, womit die meisten Leute sich gewöhnlich zufrieden geben. Das befriedigt mich gar nicht. Wir haben tatsächlich deswegen am anderen Abend eine kleine Diskussion gehabt. Wegen Tapeten, die wir gekauft haben. Der Kerl von nebenan kam vorbei, um sich zu entschuldigen, daß er an einem Wochenende nicht vorbeikommen konnte. Das war in Ordnung. Es hat mich nicht gestört, und mein Vater und meine Braut waren dabei, und er hat ein paar Rollen Tapeten verbraucht, und das Muster paßte nicht gerade gut, und es gab deswegen eine Diskussion. Ich sagte, ich meinte, es wäre schlimm seitens der Hersteller, eine solche Tapete für fünfundsiebzig Pence pro Rolle zu verkaufen, wo das Muster nicht einmal perfekt paßt, und die anderen schienen mit mir übereinzustimmen, aber das hat mich nicht übermäßig aufgeregt. Ich habe immer den Eindruck, daß die Leute mich für ungewöhnlich oder unbeholfen halten, wo ich glaube, daß meine Meinungen ganz vernünftig sind, und doch glaubt es niemand. Das scheint mich auch zu stören, wissen Sie – wenn ich eine Meinung bringe, machen die Leute den Eindruck, daß ich die falsche Auffassung über Dinge vertrete. Gleichwohl mit wem ich spreche – es bringt mich nicht weiter, – sie halten mich bloß für komisch, für einen komischen Spielverderber, wissen Sie, und verstehen mich einfach nicht. Das kommt hauptsächlich, weil ich so peinlich genau bin, und ich erwarte, daß Sachen genau ausgeführt werden, und sie verstehen es nicht . . . sie halten mich für einen unbeholfenen Menschen, und sie lassen es dabei . . .

O.: Vielleicht schweigt sie, weil sie sich um Sie Sorgen macht und spürt, daß Sie etwas nervös sind und sie macht sich halt Sorgen.

M.: Das ist bestimmt nicht der Fall. Ich glaube nicht, daß sie ein Mensch ist, der sich um andere sorgt. Seitdem ich sie kenne hat sie sich um nichts Sorgen gemacht – nur einmal als wir uns kennenlernten und damals war es auffällig und, ich glaube, es wäre sehr auffällig, wenn sie sich meinetwegen Sorgen machen würde . . . sie würde sicherlich etwas sagen. Ich bin dann sehr enttäuscht mit mir selber, wenn ich denke, ich bin so ge-

reizt und rege mich wegen Kleinigkeiten auf und bin unangenehm zu Leuten und denke nachher darüber nach und sehe ein, ich hätte so nicht sein sollen und dann fange ich an, mich selber zu reizen, weil ich so ungeschickt war und vielleicht leichtsinnig, und das steigert meine Reizbarkeit über mich selber und steigert dann auch die Reizbarkeit, die ich wegen verschiedener Leute spüre.
G.: Das ist ein Teufelskreis.
Dr.: Ist das Gefühl, das Sie haben, etwas, das sich auf ihren Wunsch bezieht, so vollkommen sein zu wollen? Die anderen spüren es nicht so sehr . . .
M.: Das verstehe ich nicht.

Dieser Anfang einer derartigen Sitzung zeigt, wie die Gespräche ins Rollen kommen, wie neues Material dazukommt und wie man bald ein verhältnismäßig gutes Bild von den betreffenden Personen bekommt.

E.: Es tut mir leid, daß ich spät komme . . . Ich habe 25 Minuten auf den Autobus gewartet, und dann kamen zwei.
Dr.: Was war mit Ihnen das letzte Mal? (sie hatte ihren Termin bei mir nicht eingehalten).
E. Ich hatte Magenbeschwerden, schlechte Verdauung, und ich fühlte mich ziemlich gallig. Mein Mann hat versucht anzurufen, er hat es vor der Arbeit versucht, aber ist nicht durchgekommen.
Dr.: Nun, das macht nichts . . . Ich meine, ich freue mich, Sie zu sehen.
E. Nein, ich muß mich entschuldigen, weil ich nicht Bescheid gesagt habe.
Dr.: Nein, alles ist in Ordnung, aber wenn Sie diese Beschwerden, diese Magenbeschwerden, oder so was Ähnliches haben – könnten Sie trotzdem versuchen zu kommen, sehen Sie, weil, sehen Sie . . .
E.: Ich fühlte mich zu krank. Ich hätte nicht fahren können.
Dr.: Schön, sehen wir weiter, wir waren mitten drin bei Herrn F. Sie wollten etwas mit uns versuchen. Es hatte etwas mit Maßstäben zu tun, ich glaube . . . etwas muß dahinter stecken – das ist alles. Es gibt noch etwas, das Sie wissen.
F.: Manchmal denke ich, daß die Zustände, die ich jetzt erlebe, Sie wissen, wenn ich alles ganz richtig machen muß . . . dann bekomme ich auch solche Gefühle, wirklich, weil ich oft alles in die Schule 'reinstecke und es gibt kein Leben außerhalb und ich fühle, daß wenn alles andere in richtiger Perspektive ist, werde ich mich längst nicht so aufregen, ob alles andere richtig ist, wissen Sie . . .
M.: Ich würde nicht sagen, daß ich von meiner Arbeit oder irgendetwas Anderem besonders stark eingenommen wäre . . .
F.: Ich kenne das Gefühl, wenn man alles richtig haben will und wenn man halt nicht alles so tun kann, wissen Sie . . . na, es gibt für mich da unten zuviel Arbeit für mich allein, obwohl es wahrscheinlich am besten für mich wäre, wenn ich sie allein erledigen würde . . . dann hätte ich gar keinen Groll gegen andere Leute, usw.

G.: Glauben Sie, es könnte einen Zusammenhang mit Ihren Eltern geben? Meinen Sie, sie verrichten die Arbeit, die Sie wirklich am wenigsten gerne tun? Ich habe mit meiner Mutter viele Konflikte gehabt – Ich habe aus verschiedenen Gründen nie gedacht, daß sie sich besonders dazu eignet, Mutter oder Hausfrau zu sein.
O.: Ja, Sie sagen, andere Leute regen sich nicht auf wegen dem, was Sie tun.
M.: Ja, ich bin sicher.
O.: Sind Sie wirklich so sicher?
M.: Ja.
O.: Und Sie glauben, überhaupt niemand anders regt sich wegen so etwas auf?
M.: Ach, ja, sie regen sich schon auf, aber sie vergessen es in ein paar Minuten.
F.: Ich weiß nicht, können Sie etwas außer der Tapete als Beispiel anführen? . . .

Später beteiligt sich der Patient X am Gespräch

X.: Nein, andere Leute wie Sie, die eine Arbeit gut verrichten, sind genau wie Sie irritiert – vor ein paar Jahren hatten meine Freunde ein Boot, nicht wahr . . . zwei waren sehr auf Draht, die anderen waren larifari. Gut, sie haben sich darüber gestritten . . . eine schlechte Freundschaft . . . weil zwei von unserer Art sich deswegen absonderten und zwei von uns sich um nichts kümmerten, aber mein Freund und ich waren so richtig zwei Perfektionisten . . .
U.: Wenn es einen Sinn hat, eine Arbeit zu verrichten, dann sollte man sie richtig tun.

Ein späterer Gesprächsausschnitt

M.: Nun, weil ich glaube, die Einstellung meiner Eltern ist extrem nachlässig und . . .
Dr.: Sie meinen, Sie wollen es besser machen? Leiden Sie unter Ihren Eltern? *M.:* Ich weiß nicht, was Sie meinen: »Leiden Sie unter ihnen« . . .
Dr.: Warum? Sie sagen, der Grund weswegen Sie über Ihre Eltern klagen, in diesem Fall über Ihre Mutter, ist, daß sie sich nicht genügend Mühe gibt und deswegen wollen Sie alles so perfekt machen.
M.: Ja.
Dr.: Wie meinen Sie das?
M.: Ich weiß es nicht. Ich glaube, ich halte sie in einer gewissen Hinsicht für nachlässig und lieblos – einfach weil sie mich irritiert, wenn Sie verstehen, was ich meine. Es reizt mich, weil ich glaube, daß sie lieblos ist.
Dr.: Sie werden gereizt, wenn Sie lieblos ist.
M.: Ja, wahrscheinlich.

Dr.: Ist es das, was Sie wirklich fühlen?
M. Bei fast jedem Anlaß, wenn ich gereizt werde, denke ich, daß jemand ... Ich weiß nicht, ich fühle mich verfolgt, aber ...
Dr. Würde das bedeuten, daß Sie andere Leute nicht reizen wollen?
M.: Ja, wahrscheinlich ... Ich will Leute zufriedenstellen, ich will zu den Leuten nett sein, wenn ich das Gefühl habe, daß ich es nicht geschafft habe, stört es mich sehr ...
Dr.: Andere Leute außer Ihrer Mutter reizen Sie aber weiter ...
M. Nicht im gleichen Maße ...
usw.

Etwas später ...

E.: Ach, ja, ich hatte Magenkrämpfe und Durchfall und fühlte mich schrecklich elend und ich hatte früh am Morgen gebrochen.
Dr.: War es gerade an jenem Freitag?
E.: Es war ungefähr am frühen Freitagmorgen. Viele waren in der Schule krank. Ich kam nicht, deswegen nicht, weil ich nicht wollte ... oder so etwas.
Dr.: Das ist nicht so einfach. Sehen Sie, wir müssen annehmen ... wir können kein Vorkommnis auslassen ... weder im körperlichen Bereich noch bei der Arbeit ... und dort aufhören. Ansonsten gehen die ganzen Probleme an uns vorüber ... Sie verstehen, was ich meine. Ich behaupte ja nicht, daß Sie nicht kommen wollten ... nicht auf so einfache Weise, sondern ich sagte nur, als Sie hereinkamen, daß, wenn Sie imstande sind – selbst wenn Sie körperlich krank sind, oder es zu sein meinen – wenn Sie kommen können, dann tun Sie es ... selbst wenn Sie sich für zu krank halten und nicht können ... Sie merken, daß ich ziemlich engagiert bin ... ein typischer Fall steht zur Debatte ... Sie sehen, daß Fräulein Y nicht gekommen ist, weil sie eine Erkältung hat ... und es wäre sehr wichtig, wenn sie hier wäre ... nicht wahr? Sie weiß, daß sie sich erkälten kann, wenn sie etwas bedrückt ...
E.: Hat sie das gesagt?
Dr.: Nein ... sie hat sich nicht hingesetzt und gesagt ›Ich will mich erkälten‹, aber sie erkältet sich ...
E.: Als ich im Krankenhaus war, habe ich diese Ärztetheorie mehrmals gehört ... daß Sie eine Erkältung haben, weil Sie nicht nach Hause wollen, um Ihre Eltern zu besuchen und Sie können dieses oder jenes daraus entwickeln, und ich habe gesehen, wie ein starker Grippeanfall sich daraus entwickelte ... daß sie einen Spezialisten von auswärts holen mußten und ich wette, es wurde nicht verursacht, weil dieses Mädchen sich erkälten wollte und sich eine Grippe zuziehen wollte ... Ich habe allerlei Dinge passieren sehen ... Ich weiß, Krankheiten können zu einem gewissen Grad psychosomatisch sein, aber ich glaube nicht, daß man das durch's Los entscheiden kann ... Ich glaube nicht, daß Erkältungen, ich bin sicher, daß sie es nicht sind ...

Ich hoffe, dieser Ausschnitt vermittelt eine Vorstellung darüber, wie diese Gruppen sich im Anfangsstadium entwickeln und wie sie gleich zu Anfang in die richtige Atmosphäre eingeführt und dahingehend beeinflußt werden, alles von einem psychologischen Blickwinkel aus zu betrachten, wie die Person als Ganzes beteiligt ist. Der Patient arbeitet sich auch in die Umstände ein, denen er begegnet und die er akzeptieren muß, und macht sich mit Anforderungen vertraut, die an seine Teilnahme gestellt werden, wenn sie erfolgreich sein soll.

Hoffentlich erhellt diese kleine Skizze und die Ausschnitte aus solchen Interviews, *wie* eine Einstimmung auf Grundsätze und Gesamtklima, Bedingungen und Voraussetzungen, worauf wir später im einzelnen zu sprechen kommen, erfolgt. Kurzum, man erteilt keine Befehle, Anweisungen oder Bedingungen, sondern die Gruppe wird bei sich bietender Gelegenheit darauf hingeleitet, Verständnis zu entwickeln.

3.1.5. Psychodiagnostische Arbeitsberichte

Ich lege im folgenden einen kurzen Ausschnitt eines Experiments vor, das aus experimentellen Gründen auf vier Patienten beschränkt war, mit denen ich jeweils eine Stunde verbrachte. Diese Beispiele sollen zeigen, wieviel dynamische Information auf einer einführenden Gruppensitzung gewonnen werden kann. Der Zweck war rein psychodiagnostisch, zugleich ein didaktischer für die Studenten, die den Ablauf durch eine Einwegtrennwand beobachten konnten.

Jede Woche trafen sich vier völlig unbekannte Patienten in einer Gruppe für eine Stunde. Ich hatte über sie keine vorherige Information. Dr. Vernon, ein erfahrener Psychoanalytiker und Psychiater, sah jeden Patienten persönlich eine Viertelstunde lang. Wir machten unsere Beobachtungen getrennt voneinander und unsere Vereinbarung sah vor, daß dieselben vier Patienten zuerst in der Gruppe und später zum persönlichen Interview kamen und das wöchentlich in umgekehrter Reihenfolge. Auf diese Weise untersuchten wir an die hundert Patienten und die angeführten Beispiele bieten einen repräsentativen Querschnitt.

Der Entwurf für den ursprünglichen Plan sah so aus:

Vorschlag für das gruppendiagnostische Interview:

Der zugewiesene Arzt soll den Patienten das Verfahren nach den folgenden Richtlinien erklären:»Wir haben einen Gastarzt hier und wir halten es für nützlich, wenn Sie mit ihm zusammentreffen würden. Er sieht gerne mehrere Patienten auf einmal. Es könnte sein, daß einige unserer Studenten dieses Interview durch die Einwegtrennwand beobachten.«

Dr. Foulkes wird das Interview für etwa 45 bis 60 Minuten leiten und am Schluß sollen die Krankenschwestern oder Studenten die Patienten zu den

Stationen zurückführen. Dr. Foulkes wird sich dann ins Beobachtungszimmer begeben und sich mit der Gruppe treffen, um seine Beobachtungen und Schlußfolgerungen über die wahrscheinliche Psychodynamik des einzelnen Patienten zu diskutieren. Es empfiehlt sich, die Bemerkungen von Dr. Foulkes oder von irgendwelchen anderen Teilnehmern auf Tonband festzuhalten. Die Absicht ist, einen Vergleich zu ziehen zwischen den Schlußfolgerungen von Dr. Foulkes und denjenigen von Anstaltsärzten und anderen, die direkt mit den Patienten in den vorangegangenen Tagen oder Wochen gearbeitet haben. Anstaltsärzte sollen über Beobachtungen des Verhaltens ihrer Patienten in der Gruppe und dessen Zusammenhänge mit dem ihnen schon bekannten Verhalten berichten.

Ein wichtiger Aspekt dieser Studie ist selbstverständlich das Training, das die Beobachtung von Dr. Foulkes' Arbeit mit sich bringt; man lernt auch, wie er zu seinen Schlußfolgerungen gelangt. Die Forschung ist außerdem noch ein weiterer Aspekt. Dr. Foulkes will die gruppendiagnostischen Schlußfolgerungen mit den bereits mittels der üblichen Methode gewonnenen vergleichen. Es muß betont werden, daß es ihm mehr um den intrapsychischen Prozeß und natürlich die Gruppenprozesse als um diagnostische Klassifizierung geht. Als Teil des Forschungsaspektes dieses Programms werden eine oder mehrere Personen mit Dr. Foulkes zusammenarbeiten, um die Schlußfolgerungen zu vergleichen. Das wird wahrscheinlich eine Nachstudie über die Patienten einschließen und jeden Tag wird versucht, die während der Morgensitzung gesammelten Eindrücke aufzuzeichnen.

Als wichtigen Bestandteil betrachteten wir das regelmäßige Ausfüllen eines von uns entworfenen Fragebogens für die Gruppen- bzw. Einzelinterviews.

Im ganzen bestand kein Zweifel am diagnostischen oder didaktischen Wert solcher Sitzungen. Die Ergebnisse bestätigen, daß das Gruppeninterview für die Exploration relevanter *Tatsachendaten* über Patienten nicht so zuverlässig war. Sie war aber nach übereinstimmender Meinung produktiver für *psychodynamische* Informationen, die beim Auswählen, bei Prognosen und der Empfehlung von Behandlungsmethoden von Bedeutung waren. Nur ein kleines Fragment dieses Materials, das sich in meinem Besitz befindet, kann hier herangezogen werden, um die Ergiebigkeit an klinischer, prognostischer und in Auswahl relevanter Information zu demonstrieren, die innerhalb eines so kurzen Zeitraums wie einer Stunde für vier Patienten, bzw. durchschnittlich einer Viertelstunde für einen Patienten, erzielt wurde.

Bitte beachten Sie die verschiedenen Fragebögen zur Erfassung unterschiedlicher Fälle:

(1) Beispiel für eine den Studenten unmittelbar gegebene vorläufige Formulierung, als ein kurzer vorläufiger Bericht für jeden Patienten, in kürzerer Form als bei späteren Fragebögen.

(2) Beispiel für einen Fragebogen über eine Einzelperson aus einer Gruppe, ausgefüllt nach der Gruppensitzung.

(3) Vier Beispiele für Fragebögen über zwei Männer und zwei Frauen aus verschiedenen Gruppen, die einige interessante Merkmale

zeigen. Die Namen sind geändert und Angaben zur Person weggelassen.

Vorläufige Formulierungen – Diagnostisches Gruppeninterview

Dr. Foulkes' Bemerkungen zu den Studenten, die zugeschaut hatten:

Zuvor muß ich einige allgemeine Bemerkungen machen, weil sie sich auf alle Patienten beziehen, das Gesamtbild beeinflussen und die Erwartungen einschränken. Diese Patienten hatten ein gemeinsames Merkmal: Sie waren Frauen des mehr oder weniger konversions-hysterischen Typs, die sich zusätzlich am Anfang der Behandlung und der Übertragungssituation befanden; einige schienen mir schon länger in Behandlung zu sein. Es ist möglich, von diesem Typ von Patient ganz blockiert zu werden, wenn sie sich, obwohl unbewußt, bei ihrer Abwehr alle zusammentun und, sozusagen, die Oberhand gewinnen. Sie zeigen alle eine Art lächelnder Unverbindlichkeit in Selbstgefälligkeit und sie entwickeln gemeinsam eine zu starke Abwehr, wie Sie sehen konnten. Diejenigen, die das letzte Mal hier waren, dürften gemerkt haben, daß sie andererseits sehr zögernd miteinander in Kontakt kamen; sie saßen da, ohne voneinander Notiz zu nehmen. Aus Angst machten sie, oder wenigstens einige von ihnen, das Schlimmste aus der Situation, was auch ansteckend ist. Nach einiger Zeit beruhigten sich die Patientinnen und tauten auf. Das andere wichtige Element war die relativ fortgeschrittene Behandlungssituation, die sich in folgenden Verhaltensweisen bemerkbar machte: mangelnde Bereitschaft vorbehaltlos mitzumachen, keine Einsicht in die Notwendigkeit ihres Besuchs und Gesprächs und keine Bereitschaft gewisse Dinge offen darzulegen. Ich erwähne diese und andere Merkmale, die es schwierig machen, eine derartige Gruppe zu beleben. Im ganzen besehen erscheint mir das Resultat mager zu sein.

Nun zu *Frau Salter:* Sie hat Schwierigkeiten mit ihrem Herz. Sie ist imstande sich mitzuteilen, wenn auch auf beschränkte Art. Dabei geht sie auch auf Einzelheiten ein, die von unserem Standpunkt irrelevant sind, z. B. wie viele Spritzen sie in der letzten Zeit bekommen hat, usw. Im übrigen reagieren alle auf die Behandlung, es geht ihnen augenfällig besser und ihnen wird durch Behandlung geholfen. Gleichzeitig hat man aber das Gefühl, daß sie sich in recht beständiger Weise auf Widerstand und Abwehr eingestellt haben, worüber sich einige im klaren sind, andere weniger. Das Verlangen nach Bestätigung ist in allen sehr stark. Frau Salter scheint die wirklichen Hintergründe bei der Schilderung ihres Lebens zu verschweigen. In dieser Hinsicht konnten wir nichts aus ihr herausholen. Statt dessen zielt sie auf irgendwelche Situation, man kann nur vermuten worauf, und es ist charakteristisch, daß sie sich nicht veranlaßt fühlt (noch kann ich sie unter den Umständen hierzu veranlassen) mehr darüber zu erzählen. So ruft sie lediglich irgendeine angsterzeugende Situation aus der Vergangenheit ins Gedächtnis, die wahrscheinlich mit der sexuellen Sphäre in Verbindung steht. Das könnte wohl zutreffen und von erheblicher Bedeutung sein im Zusammenhang mit einem gewissen Maß an Frigidität und unerfüllter, frustrierter Erregung. Das ist mehr oder weniger Mutmaßung aus der Erfahrung. Ich glaube, sie hat sich nicht sehr verändert und lebt mehr von der Bestätigung, daß die Ärzte nichts außer einem positiven psychologischen Befund entdeckt haben. Sie sagt, ihre Herzsymptome gehen weiter und ich glaube, das fällt mit ihrem Vermeiden zusammen, die therapeutische Situation mit ihren *wirklich* persönlichen Dingen zu verbinden. Ich bin gar nicht so sicher hinsichtlich des Verhältnisses zu ihrem Mann. Die bedeutendste Äußerung, die sie machte, war schließlich, daß es viel besser wäre, wenn es nur mit einer Tablette geheilt werden könnte.

Frau Frampton ist ein weiterer Fall. Sie ist viel engagierter, reagiert mehr und könnte Fortschritte machen; sie wäre auch für eine intensive Psychotherapie geeignet. Ihr Fall ist verhältnismäßig klar herausgekommen. Sie ist ängstlich, wie es alle waren. Sie ist besser daran. Sie scheint ein wirklich gutes Verhältnis zu ihrem Mann zu haben; in ihrer stummen Art von Zustimmung war sie positiver als die anderen mit ihren Beteuerungen, aber sie ist offenbar in einen tieferen Konflikt verstrickt. Ich entnehme es wenigstens aus ihren Worten, daß es mehr gibt als nur den Streß und Anstrengung bei der Pflege ihrer Mutter usw. Es bestehen also Konflikte und Ängste im Zusammenhang mit ihrem Vater und Mutter, die eine große Rolle spielen. Sie ist offenbar am Scheideweg, denn sie sagte anfänglich, es sei alles Streß und Anstrengung und sie versuche, sich daraus zu lösen. Wie ich es sehe, sind Widerstandsverhalten und Verneinung stark und in allem ausgeprägt. Wahrscheinlich ist sie auf dem richtigen Weg um sich helfen zu lassen; ihr ist offensichtlich bereits geholfen worden und es sollte womöglich tiefer gehen. Sie sollte mehr profitieren und mehr Verständnis finden als bisher.

Frau Waley: – ja, da gibt es kein großes Problem. Sie hat Angstmerkmale, hysterische Merkmale, ist ängstlich, beruhigt sich, hat wahrscheinlich, sozusagen, eine gute Schau abgezogen, ein gutes Porträt ihres allgemeinen Verhaltens bei gesellschaftlichen Anlässen, und auch in ihrem ganzen Leben, kann ich mir vorstellen. Sie ist aber sehr auf ihrer Hut, aber es könnte möglicherweise mehr dahinter stecken als ich herausholen konnte, aber es ist nicht sehr ausgeprägt, wegen Menschen, gesellschaftlicher Angst, wie sie sagt. Ich würde sagen, sie ist ganz glücklich beim Verdrängen und Verleugnen, aber es geht ihr entschieden besser und man könnte sie wohl dabei belassen. Sie ist ohne viele Konflikte ganz zufrieden, will nach Hause und alles besser machen. Oberflächlich gesehen wäre ihre Prognose gut. Es wird bei ihr, wie bei den anderen, anders aussehen, wenn man in die Tiefe geht.

Frau Lane ist der subtilste und ergiebigste Fall. In diesem Sinne sind Frau Frampton und sie anders zu beurteilen als die beiden anderen. Sie haben entsprechend mehr offene Symptome. Sie hat einige Angst- und gewisse Depressionsmerkmale, vielleicht auch noch Hypomanie, aber diese ist nur leicht angedeutet, soweit ich sehen konnte. Ihr Kontakt ist gut, sie war bei ihren Reaktionen auf die anderen auf der Hut. Mehr als man in dieser Situation erwarten dürfte, reagierten alle auf diese Art. Dann wieder schwankt sie zwischen Anerkennung und Vertuschen der Realität, indem sie sagt »ich bin ja so krank«, usw. Es gibt, wie ich sagte, Selbstvorwurfsmechanismen in einem depressiven Sinne; manchmal glaubt sie, es ginge denen zu Hause besser ohne sie. Ich glaube, sie hat gezeigt, daß sie irgendeinen Ehekonflikt hat, obwohl sie das aus offenkundigen Gründen verleugnet. Sie nehmen sich alle voreinander in acht. Es gibt noch zwei wichtige Merkmale, die ich vielleicht im Zusammenhang mit ihr erwähnen will. Das eine: sie hat eine große Menge kontrollierter und verdrängter Aggressivität und Feindlichkeit, derer sie sich nicht bewußt ist. Das andere Merkmal war ihre seltsame Neigung in Kichern auszubrechen, wenn man sie nach ihrem ersten und zweiten Arzt fragte. Ich vermute, daß es da ein Übertragungsproblem gibt, das sie veranlaßte, wieder das Krankenhaus aufzusuchen.

Vorläufige Berichte aus der diagnostischen Gruppe

(1) Frau Salter
Beobachtung: Beschreibt ihren Herzanfall, dem Schwindelanfälle eine Woche bis etwa einen Monat früher vorangegangen waren. Nach einer medizinischen Untersuchung wurde sie hierhergeschickt. Sie ist darum besorgt, daß die Erzählung ihrer Geschichte die anderen stören könnte. Es stellt sich heraus, daß sie selber etwas Angst vor psychischem Kontakt hat. (Die Bemerkungen über die Gruppe bezüglich ihrer allgemeinen Abwehr.)
Kontakt: Befriedigend. Gegenüber dem Therapeuten zurückhaltend, gegenüber anderen freier. Später hört sie aufmerksam zu.
Untersuchung: Sie verbindet eine Geschichte intimer Natur mit ihren Anfällen, die sie aber nicht enthüllen möchte. Ihr Vater starb an einem Herzleiden, als sie 12 war. Sie hat noch beträchtliche Symptome.
Psychopathologisch: Sie zeigt hypochondrische Befürchtungen und agiert vorwiegend auf Regressionsstufen, besonders oralen (narzißtischen mit Bereitschaft zur primitiven Indentifikation). Ihre Einsicht ist nur partiell. Ihre Stimmung ist etwas besser dank der Versicherung der Mediziner hinsichtlich eines Mangels an Befunden.
Geisteshaltung: Es ist charakteristisch für ihre Einstellung, daß sie eine Heilung durch Tabletten vorziehen würde.
Diagnose: Konversionshysterie.
Prognose: Symptomatisch-befriedigend.
Psychotherapie: Müßte nach analytischen Richtlinien intensiv sein, vorzugsweise persönlich, aber es könnte sein, daß ihre Einstellung und Defensivität zu sehr im Wege stehen.
Bemerkungen: Benutzt Übertragung mit ihrem Arzt als Abwehr in dieser Situation.

(2) Frau Frampton
Beobachtung: Ängstlich und furchtsam. Sie hatte sich vor der geistigen Umnachtung gefürchtet. Sie konnte weder einfache Sachen denken noch sie verrichten, aber sie ist bereit, dies als Ergebnis des Stresses und der emotionalen Anstrengung, die in Verbindung mit einer Anzahl von Erkrankungen in ihrer nahen Verwandschaft stehen, zu akzeptieren.
Kontakt: Gut gegenüber Therapeuten. Gegenüber den anderen befriedigend.
Untersuchung: An Krankheiten ist das Krebsleiden der Mutter, woran diese auch schließlich starb, bedeutsam. Sie scheint sich Verständnis für die auf den Tod der Mutter bezogenen Gefühlskonflikte angeeignet zu haben.
Psychopathologisch: Einige hypochondrische Befürchtungen sind vorhanden, daß irgendetwas mit ihr innerlich nicht stimmt. Drückt auch Zweifel und Wunsch aus nach erneuter Versicherung seitens ihres Arztes. Wahrscheinlich besteht ein Identifikationsproblem mit dem Krebs ihrer Mutter.
Diagnose: Hysterischer Zustand mit ausgeprägter, tiefsitzender Angst.
Prognose: Gut.
Psychotherapie: Müßte verhältnismäßig intensiv und ausgedehnt sein, wenn sie ihre Störung auf tieferen Ebenen ändern soll. Das könnte in einer analytischen Gruppe geschehen, was hilfreich sein könnte bei einer Behandlung ihrer starken narzißtischen Komponente, die gegenwärtig als Hindernis wirkt.
Bemerkungen: Siehe zu Transfer usw. die allgemeinen Bemerkungen hierüber.
Gruppendynamik: Sie nimmt wahr, was bei den anderen vorgeht, aber sie ist

anscheinend sehr mit sich selbst beschäftigt, was ihrer emotionalen Teilnahme entgegen wirkt.

(3) Frau Waley

Beobachtung: Sehr ängstlich in der gegenwärtigen Situation. Durch Zuspruch beruhigt sie sich zusehends. Ausgesprochen defensiv; nähert sich ungerne. Sie erzählt jedoch, daß sie sich seit einem Jahr krank fühle; sie wäre aber stets leicht aus dem Gleichgewicht gekommen; sie hätte Phasen gehabt, in denen sie nicht schlafen konnte, weil andere Dinge sie beschäftigten, derer sie sich nicht entledigen konnte.
Kontakt: Befriedigend; zurückhaltend gegenüber dem Therapeuten und den anderen.
Untersuchung: Sie hat anscheinend eine chronische Befürchtung sich gegenüber Menschen zu öffnen, was sie nur langsam überwinden kann. Die Ärzte halfen ihr viel, indem sie mit ihr sprachen, und sie fühlt sich mit ihren Verdrängungen jetzt ganz glücklich.
Psychopathologisch: Ist immer sehr nervös gewesen. Ähnelt der Mutter. Es schien hinter ihrer gesellschaftlichen Angst mehr zu stecken, was aber wegen ihrer ablehnenden Haltung nicht hervorgeholt werden konnte.
Diagnose: Hysterie.
Prognose: Oberflächlich gut. Es geht ihr besser und sie freut sich, wieder bei ihrem Mann zu sein.
Psychotherapie: Sie bietet beträchtlichen Widerstand und ist gegenüber einer analytischen Untersuchungsmehtode nicht sehr zugänglich.

Später enthüllte die Diskussion, daß es eine psychotische Episode gegeben hatte, aber seitdem sie ins Krankenhaus kam, bot sie das gleiche Bild wie oben. Aus Gründen, die mit der Zusammenstellung dieser Gruppe zusammenhingen, war das vorher nicht ermittelt worden (siehe meine allgemeinen Bemerkungen). Andererseits ist es interessant, daß auf der Aufnahme eine Passage vorkommt, die ich nicht wahrgenommen hatte, in der sie beschreibt, wie sie wegen bedrängender Gedanken nicht schlafen konnte. Hätte ich diese Bemerkung gehört, hätte ich wahrscheinlich weiter nachgeforscht und einige Hinweise auf die potentielle tiefere Störung hervorholen können. Ich hatte zweimal eingeworfen »mehr dahinter« in Bezug auf ihre gesellschaftliche Angst sowie auch auf ihre Schilderung einer allgemeinen Störung, aber sie ging darauf nicht ein.

Frau Lane

Beobachtung: Sie zeigt deutlich ihre Ängstlichkeit sowie auch ihre Bereitschaft, sich durch Gespräche davon zu befreien. Dieses beurteilt sie selber als ein Symptom. Sie erzählt eine lange Geschichte über ihren Mangel an Energie, wie sie einmal so schwach war, daß sie ein Streichholz nicht anzünden konnte. Ihre Mutter mußte sie füttern und Vater und Mann sie im Bett umdrehen. Die Psychiatrie wäre wunderbar und wenn sie es vor drei Jahren nur gewußt hätte, wäre sie heute nicht da. Später noch sagte sie gleichzeitig, sie wüßte nicht, wie krank sie wäre, sie hätte nur eine Ahnung von ihrer Krankheit und es gäbe noch einen langen Weg zur Besserung. Es scheint, daß die anderen ein bestimmtes Gefühl teilen, ein zweites Mal hierherkommen zu müssen. Wenn man sie in diesem Zusammenhang über ihre Ärzte fragt, kichert sie etwas unbeherrscht, aber lehnt es ab, auf die Gründe dafür einzugehen.
Kontakt: Gut. Gegenüber dem Therapeuten zunehmend positiv. Gegenüber den anderen gut.

Untersuchung: Siehe obige Bemerkungen. Es gibt auch Hinweise, daß sie zuviele Beruhigungstabletten einnimmt und sie hält sich selber für etwas süchtig. Sie wirft ihrem ersten Arzt unbedingt Schuld vor. Depressive Merkmale, wie z. B. Apathie, kommen zum Vorschein. Sie hat manchmal das Gefühl, daß es ihrer Familie ohne sie besser ginge (sie weint dann ein wenig) und es gibt Hinweise, daß bei ihrer Einlieferung gesteigerte Depression vorhanden war. Sie sprach nicht von Drogen in diesem Zusammenhang, aber eine spätere Diskussion mit den Ärzten enthüllt, daß sie in der Tat eine Überdosis von Drogen eingenommen hatte.
Psychopathologisch: Persönlichkeitsstörung mit depressiven Merkmalen. In früher Entwicklung Belastungen durch Alkoholismus der Mutter und im Verhältnis zu den Eltern. Leugnet Ehekonflikt, aber erklärt wiederholt, daß die Ärzte sie viel besser als ihr Mann verstünden, obwohl sie glaubt, das habe sich nun geändert. Etwas Neigung zur Sucht. Ihre Einstellung in Bezug auf Annäherung an ihre Probleme und auf Erlangung von Einsicht ist gut.
Diagnose: Hysterische Persönlichkeit mit depressiven Merkmalen.
Prognose: Bei Anwendung von Psychotherapie gut.
Psychotherapie: Müßte hier nach analytischen Richtlinien entweder persönlich oder in einer Gruppe von Nutzen sein, aber würde wahrscheinlich eine tiefe Analyse der Übertragungssituation einschließen.
Bemerkungen: Übertragungsphänomene scheinen nicht untersucht worden zu sein; vielleicht mit Recht, da dies eine beträchtliche Durcharbeitung eingeschlossen hätte. Die Alternative wäre, ein Abhängigkeitsverhältnis fortdauern zu lassen und es zeitweilig bei Krisen als ein fragmentarisches Hilfsmittel zu benutzen.
Gruppendynamik: Siehe meine allgemeinen Bemerkungen.

Ein Vermerk über die Gruppe als Ganzes (eine Sitzung)

Diese Gruppe war sehr interessant, weil zwei leicht hypomanische Patienten, Fräulein Green und Herr Wharton sehr bereitwillig auf Gespräche reagierten. Das beeindruckte den sehr deprimierten und zurückgebliebenen Herrn Harden nicht, obwohl er ein- oder zweimal deutlich reagierte.

Mrs. James aber, die in einem vollkommen anderen Stadium der Depersonalisation und Derealisation nach einem schwerwiegenden traumatischen Verlust war, reagierte nach einer langen Pause und schloß sich sehr produktiv an. Die Gruppe belebte sich und wurde dramatisch, manchmal fast komisch, insbesondere wie Herr Wharton alles nachsprach, was Fräulein Green sagte, und die beiden das teilweise kommentierten, was Frau James sagte.

Die drei reagierten ab und zu wie ein Chor auf die spärlichen Äußerungen von Herrn Harden. Als er über den Verlust seiner Frau sprach, z. B. besprachen sie untereinander Schuldgefühle und schlechtes Gewissen usw., oder als er erwähnte, er könnte nicht schlafen.

Ein interessantes Merkmal war die Kommunikation zwischen den Patienten, wie sie Antworten provozierten, sei es als gefällige Identifikation oder auch als Widerspruch. Manchmal wurde neues Material zu Tage gebracht, z. B. die Information von Fräulein Green, daß ihr Zustand seit dem Tode ihres Vaters besteht, usw.

```
        G
              Wh.
   H
              J
Dr. Foulkes
```

....

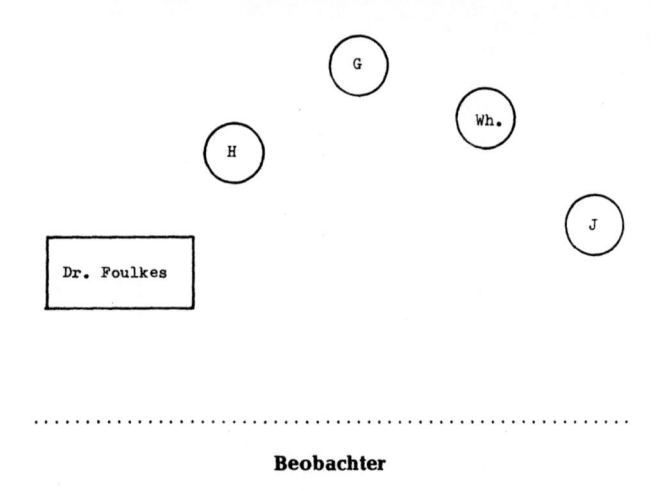

Beobachter

Abb. 8: Diagnostisches Gruppeninterview. Klinische (Einzel-, Gruppen-) Beobachtungen, auf denen Erklärungen und Schlußfolgerungen beruhen. Patienten: Frl. Green, Hr. Wharton, Hr. Harden, Fr. James.

3.1.5.1. Fragebögen zum Ausfüllen nach der Gruppendiagnose

Interviewer: Dr. Foulkes   Datum: ....   Name des Patienten: Frau J.

Gestörtes Verhalten

(a) *Befund:* Diese Patientin war lange Zeit ruhig, aber sie fing an zu sprechen über sie beunruhigende Vorstellungen. Sie sprach bereitwillig, schnell und eindringlich. 19.. hatte sie ihre Tochter und deren Baby bei einem Autounfall verloren. Sie konnte es nie überwinden, hatte viele physische Beschwerden, aber das Hauptbild war wie folgt: ihr Körper fühlt sich vollkommen verändert an; manchmal fühlt sie sich sehr groß; Dinge erscheinen ihr wie in der Ferne; alles, selbst Farben und Licht, sehen anders aus; alles ist unwirklich. Sie weiß, daß sie psychisch nicht in Ordnung ist.

(b) *Erläuterungen:* Sie entsinnt sich, daß sie damals normal war. Alles scheint so entfernt, als ob es eine Wand zwischen ihr und den Dingen gäbe. Nichts scheint einen Sinn zu haben; »wozu sind die Leute da?« Manchmal glaubt sie sich verfolgt. Sie hört Glocken läuten oder andere Geräusche, obwohl sie weiß, daß sie sich täuscht, wie z. B. als sie ein Baby so lebendig schreien hörte, daß sie ins nächste Zimmer ging, um es zu sehen, ob es nicht doch dort wäre. Vor dieser Zeit hatte sie viele Operationen, war physisch krank, konnte manchmal nicht schlafen, aber sie meint, daß sie damals normal war. Jetzt fühlt sie sich niemals normal. Als sie erstmals von dem Unfall hörte, konnte sie es gar nicht fassen, obschon es ihr in der ersten Woche wirklicher erschien als später. Sie war mehr darum besorgt, jemandem anders zu helfen. Sie glaubt, daß sie jetzt alle Komplexe hat, die es überhaupt gibt. Manchmal fühlt sie sich wie zwei oder mehrere Personen. Sie träumt von Wasser, von früheren Ereignissen oder Sachen, die noch nicht geschehen sind; auch von Toten. Manchmal wünscht sie, sie wäre tot, aber sie sieht ein, daß Selbstmord keine Lösung ist. In jünge-

ren Jahren hielt sie sich für den Sündenbock der Familie. Sie konnte sich über Leute ärgern und pflegte es zu tun, aber jetzt kann sie es nicht mehr. Sie kann keine tiefen Gefühle entwickeln.
Entwicklung von Beziehungen: Trotz Depersonalisation gut.
Zugänglichkeit: Stark.
Einstellung: Nicht ohne Hoffnung auf Heilung.
Abwehrmechanismen: Derealisation, Depersonalisation, Verleugnung, Dissoziation, organische Erkrankung
Einsichtsvermögen: Gut.
Geschätzte Intelligenz: Sehr gut.
Sprachfähigkeit: Sehr gut.
Andere Merkmale: –
Bemerkungen: –

Psychodynamik

Interviewer: Dr. Foulkes   Datum: ....   Name des Patienten: Frau J.

Diagnose: Derealisation, Depersonalisation, obwohl innerhalb eines psychoneurotischen Bildes und nicht eines psychotischen. Reaktionsempfänglich für den Verlust von Tochter und Enkelkind, der als Trauma wirkte.
Charakter, Persönlichkeit: Jetzt überschattet, früher wohl temperamentvoll, wahrscheinlich immer verständnisvoll; neigt dazu, Probleme eher durch physische Krankheiten, Operationen, usw. als durch psychische Symptome zu lösen.
Spezifische Konfliktsituation: Schuld wegen Tochter und Baby im Zusammenhang mit plötzlichem Verlust. Wahrscheinlich unterschwelliges Beklagen, daß gerade sie dieser Verlust treffen mußte; warum waren es nicht die andere Frau und ihr Baby, die mitfuhren, aber unverletzt blieben?
Aussicht auf Besserung: Wahrscheinlich günstig bei Behandlung.

Psychotherapie

Interviewer: Dr. Foulkes   Datum: ....   Name des Patienten: Frau J.

1. Würde psychologische Behandlung die Zustände beträchtlich ändern?
   Ja.
2. Welche Art von Psychotherapie wäre zu empfehlen? (z. B. führend, unterstützend, steuernd, aufdeckend [analytisch]).
   Analytische Psychotherapie.
3. Folgende Verfahren kommen in Frage:
   Psychoanalytische Psychotherapie (1),
   Volle Psychoanalyse,
   Gruppenanalytische Psychotherapie (2)
   irgendwelche andere Verfahren,
   Zeit (minimal), (optimal):   zu (1) 1 Jahr, 2–3 Jahre;
                                  zu (2) 3 Monate, 9 Monate;
   Bemerkungen über besondere Merkmale bezüglich Übertragung und Gegenübertragung:

Im Zusammenhang mit ihren Derealisations- und Depersonilationsproblemen ist Kontakt sehr wichtig. Aus meiner Erfahrung empfiehlt sich hier gruppenanalytische Psychotherapie, da solche Fälle günstig reagiert haben.

4. Welche Veränderungen können optimal erreicht werden?
Wiederherstellung.

5. Welche Faktoren sind erwartungsgemäß für diese Veränderungen verantwortlich?
Abgeschlossener Prozeß des Trauerns, Annahme des Verlustes, Diskussion, Einsicht in Schuldreaktion, Katharsis.

Klinische (Einzel-, Gruppen-) Beobachtungen, auf denen Bemerkungen und Schlußfolgerungen beruhen

Interviewer: Dr. Foulkes   Datum: ....   Name des Patienten: Frau T.

Gestörtes Verhalten:

(a) *Befund:* Angst vor Messern. Angst vor Panikzuständen, die von Magenkrämpfen und anderen physischen Symptomen begleitet werden. Angst vor dem Verlust der Kontrolle über den Impuls, Leute zu verletzen, die sie liebt. Das begann als sie vor zwölf Jahren fünfzehn war. Eine Freundin brachte ein schrecklich aussehendes Messer und sie hatte einen Impuls oder Gedanken oder eine Idee, ihre Mutter zu erdolchen. Nachdem sie diese Phantasien verdrängt hatte, ist sie jetzt wieder in Bezug auf Mann und Kind seit einer Fehlgeburt davon besessen.

(b) *Erläuterungen:* Sie kann die physischen Merkmale, über die sie gelegentlich klagt, als Begleitumstände von Angst erkennen, weil sie sich in vergangenen Jahren beim Ablegen von Prüfungen ähnlich fühlte. Sie hatte eine glückliche Jugend.

Entwicklung von Beziehungen: Befriedigend.

Zugänglichkeit: Gut.

Einstellung: Will verstehen, weshalb sie diese schädlichen Gedanken über andere Leute hat. Die Ärzte haben gesagt, daß nach Auffinden von Grund oder Ursache ihr geholfen werden könnte. Sie hofft, sie haben Recht.

Abwehrmechanismen: Verdrängung, Symbolisierung, Verschiebung.

Einsichtsvermögen: Gut; erwachende Einsicht, daß sie einige Haßimpulse haben könnte.

Geschätzte Intelligenz: Gut.

Sprachfähigkeit: Gut.

Andere Merkmale: –

Bemerkungen: –

Psychodynamik

Interviewer: Dr. Foulkes   Datum: ....   Name des Patienten: Frau T.

Diagnose: Phobie.

Charakter, Persönlichkeit: Neigt zu Angst und Meinungsänderung. Impulsiv, aber stark gehemmt und verdrängend, insbesondere in Bezug auf feindliche Impulse im Zusammenhang mit Sex. Starke sexuelle Verdrängung.

Spezifische Konfliktsituation: Zwiespältig gegenüber geliebten Menschen, die mit verdrängten sexuellen Symbolen verbunden sind. In ödipaler Hinsicht ist der Vater wahrscheinlich Mittelpunkt in der genitalen Ebene. Auf oraler Stufe denke ich, daß die Mutter, die phallische Mutter, die kastrierende Mutter, die ihr ein männliches Geschlechtsorgan vorenthalten hat, das Objekt von Haß und Zweispältigkeit ist.

Weitere Bemerkungen: Das besondere Symbol des mörderischen Messers drückt ihre aggressive Bewertung des Geschlechtslebens auf Grund des sexuellen Verhältnisses der Eltern aus.

Aussicht auf Besserung: Gut.

Psychotherapie

Interviewer: Dr. Foulkes   Datum: ....   Name des Patienten: Frau T.

1. Würde psychologische Behandlung die Zustände beträchtlich ändern?
   Ja.
2. Welche Art von Psychotherapie wäre zu empfehlen (z. B. führend, unterstützend, steuernd, aufdeckend [analytisch]).
   Analytische Psychotherapie.
3. Folgende Verfahren kommen in Frage:
   Psychoanalytische Psychotherapie (1),
   Volle Psychoanalyse,
   Gruppenanalytische Psychotherapie (2)
   irgendwelche andere Verfahren,
   Zeit (minimal), (optimal): zu (1) und (2) 1,5 Jahre, 3 Jahre.
   Weitere Bemerkungen: Voraussichtlich wird die Familie, besonders der Mann, stark in die Behandlung einbezogen werden müssen.
4. Welche Veränderungen können optimal erreicht werden?
   Heilung.
5. Welche Faktoren sind erwartungsgemäß für diese Veränderungen verantwortlich?
   Aufdecken der Verdrängungen, Einsicht und Durcharbeitung der Konfliktsituation mittels Übertragung.

Klinische (Einzel-, Gruppen-) Beobachtungen,
auf denen Bemerkungen und Schlußfolgerungen beruhen

Interviewer: Dr. Foulkes   Datum: ....   Name des Patienten: Herr B.

Gestörtes Verhalten:

(a) *Befund:* Schwitzt; Zeichen von Angst, Unruhe und Impulsivität, zeigt sogar seine Neugierde. Er hatte sich die letzten drei Jahre insbesondere wegen seiner Familie deprimiert und gereizt gefühlt. Seine Hauptklage ist, daß sie ihm nicht helfen.

(b) *Erläuterungen:* Es war sehr schwierig, ihn in die Klinik zu bekommen und er wollte sobald wie möglich wieder heraus. Er war ein Einzelkind. Seine Eltern waren sehr kritisch mit ihm, weil er in der Schule nicht gut war, und unterdrückten bei ihm Interessen und Neugierde. Er neigt immer noch dazu sich so zu verhalten. Er vernachlässigt seine Geschäfte als Bauer und verdingt sich bei anderen Arbeiten, teils weil er damit mehr Geld verdienen kann. Seine Störung war während des vergangenen Jahres besonders ausgeprägt, als ihm alles einfach egal war. Er trank früher und konnte auf Anraten des Arztes damit aufhören.

Entwicklung von Beziehungen: Gut.

Zugänglichkeit: Gut.

Einstellung: Will sich finden. Er will sein Verhalten beherrschen, aber wenn er emotional erregt ist, läßt er sich davon fortreißen und er gibt mit etwas Genugtuung zu, daß er sich gerne gehen läßt.

Abwehrmechanismen: Ausagieren oder besser Ausleben, Veräußerlichung seiner Konflikte.

Einsichtsvermögen: Gut.

Geschätzte Intelligenz: Gut.

Sprachfähigkeit: Gut.

Andere Merkmale: Sein Gesicht ist erstaunlich knabenhaft und unreif.

Bemerkung: –

Psychodynamik

Interviewer: Dr. Foulkes   Datum: ....   Name des Patienten: Herr B.

Diagnose: Emotional unreifer, instabiler Charakter.

Charakter, Persönlichkeit: Möglicherweise ein passiv-aggressiver Typus, jovial, herzhaft, impulsiv mit sehr unterschiedlichen Interessen. Er besitzt eine bemerkenswert kindliche Reaktionsweise. Sein Ich ist in gewisser Hinsicht schwach.

Spezifische Konfliktsituation: Ungelöste Konflikte in der Kindheit mit den Eltern weden im Leben, besonders in der Familie, wiederholt. Seine verinnerlichte Ich- und Überichbildung ist instabil und er reagiert noch recht kindlich in einer gestörten, von ihm selber verursachten Situation, weil er seinen Konflikt verinnerlicht hat. Der offensichtliche spezifische Konflikt ist gegenwärtig die Familie.

Weitere Bemerkungen: Bedeutsam ist seine Erklärung, daß die Eltern sich in ihm noch streiten. Er empfindet, daß er den beiden ähnelt.

Aussicht auf Besserung: Keine Verschlechterung, bei Anwendung von Psychotherapie ist Besserung zu erwarten.

Psychotherapie

Interviewer: Dr. Foulkes   Datum: ....   Name des Patienten: Herr B.

1. Würde psychologische Behandlung die Zustände beträchtlich ändern?
   Ja.
2. Welche Art von Psychotherapie wäre zu empfehlen? (z. B. führend, unterstützend, steuernd, aufdeckend [analytisch]).
   Psychotherapie zusammen mit konstruktiver Führung und Verhaltenssteuerung. Kurz, intensiv, ausgedehnt?
   Intensiv und ausgedehnt.
3. Folgende Verfahren kommen in Frage:
   Psychoanalytische Psychotherapie (1),

Volle Psychoanalyse,
Gruppenanalytische Psychotherapie (2)
und irgendwelche anderen Verfahren.
Zeit (minimal), (optimal): zu (1) 9 Monate, 3 Jahre;
zu (2) gruppenanalytisch 9 Monate, 2 Jahre,
analytisch zuzüglich konstruktiv-steuernd.
Weitere Bemerkungen: Die Neigung zum Ausagieren würde sich bei der Behandlung in der Übertragungssituation bemerkbar machen. Dieses Merkmal läßt unter anderen die gruppenanalytische Behandlung erfolgreicher erscheinen, weil diese Neigung innerhalb der Behandlungssituation aufrechterhalten und so der Analyse zugänglich bliebe.
4. Welche Veränderungen können optimal erreicht werden?
Veränderung der Einstellung gegenüber sich selbst und der Familie. Lösung seiner inneren Hemmungen gegenüber der Arbeit und Verwirklichung seiner schöpferischen Fähigkeiten. Er zeigt gut manuelle Fähigkeiten und ein beträchtliches Interesse am Schreiben.
5. Welche Faktoren sind erwartungsgemäß für diese Veränderungen verantwortlich?
Lösung des elterlichen Konflikts in der Übertragung; konstruktive Einstellung zur Arbeit usw., Sublimierung.

Klinische (Einzel-, Gruppen-) Beobachtungen, auf denen Bemerkungen und Schlußfolgerungen beruhen

Interviewer: Dr. Foulkes   *Datum:* ....   *Name des Patienten:* Frau P.

Gestörtes Verhalten:
(a) *Befund:* Sie hatte eine Erkältung, sieht schizophren aus, ist es aber nicht, wie sich später herausstellte. Weinte einmal. Sehr gespannt und ängstlich in der Sitzung, aber entspannte sich später. Trotz ihrer Versunkenheit in sich selbst lachte sie ein- oder zweimal mit den anderen. Sie sah deprimiert aus und fühlte sich entsprechend; zunehmendes Gefühl der Unzulänglichkeit und Müdigkeit während der letzten zwei Monate, was sich seit längerer Zeit aufgestaut hatte.
(b) *Erläuterungen:* Hält sich für einen Mißerfolg, weil sie all den verschiedenen Ansprüchen nicht nachkommen kann, besonders als Mutter. Es gibt zwei Menschen in ihr: der eine weiß ganz genau, was er tun sollte, der andere fühlt sich dazu nicht fähig. Mit angehender Behandlung sehr emotional engagiert, was sie daran hindert, gewisse Dinge zu enthüllen. Kann mit einem Arzt sprechen, aber fühlt sich gegenwärtig im doppelten Sinne verwirrt, ob der Arzt Recht hat. Einige Dinge erscheinen scheußlich. Die Eltern waren gute Menschen aber ohne viel Zuneigung. Erinnert sich, daß sie das Zuhause eines anderen Mädchens wundervoll fand. Das Mädchen konnte mit ihrer Mutter offen über alles sprechen. Ihr Idealziel war ein solches Zuhause zu haben.
Entwicklung von Beziehungen: Gut.
Zugänglichkeit: Sehr gut.
Einstellung: Grundsätzlich positiv. Etwas zu selbstanklagend.
Abwehrmechanismen: Nicht sehr stark. Regressive Merkmale, Spaltung.
Einsichtsvermögen: Sehr gut.
Geschätzte Intelligenz: Gut.

Sprachfähigkeit: Gut.
Andere Merkmale: –
Bemerkungen: –

Psychodynamik

Interviewer: Dr. Foulkes   *Datum:* ....   Name des Patienten: Frau P.

1. Würde psychologische Behandlung die Zustände beträchtlich ändern?
Ja.
2. Welche Art Psychotherapie wäre zu empfehlen (z. B. führend, unterstützend, steuernd, aufdeckend [analytisch]).
Analytische Psychotherapie.
Kurz, intensiv, ausgedehnt?
Intensiv, ausgedehnt.
3. Folgende Verfahren kommen in Frage:
Psychoanalytische Psychotherapie,
Volle Psychoanalyse,
Gruppenanalytische Psychotherapie
und andere Verfahren.
Zeit (minimal, optimal): 3 Monate, 3 Jahre.
Weitere Bemerkungen: Orale regressive Abhängigkeit und entsprechende Schwankungen stellen beträchtliche Ansprüche an die Stabilität des Therapeuten. Neigung zur Flucht in organische Erkrankung.
4. Welche Veränderungen, die zu erwarten sind, können optimal erreicht werden?
Lösung der Konflikte. Freie Entwicklung der Persönlichkeit. Besseres emotionales Gleichgewicht. Gesteigerte Fähigkeit zu Vergnügungen und Arbeit. Zufriedenstellenderes Familienleben.
5. Welche Faktoren sind erwartungsgemäß für diese Veränderungen verantwortlich? *Durcharbeiten mittels Übertragung, Einsicht, wachsende Zufriedenheit im Leben.*

Klinische (Einzel-, Gruppen-) Beobachtungen,
auf denen die Bemerkungen und Schlußfolgerungen beruhen

Interviewer: Dr. Foulkes   *Datum:* ....   Name des Patienten: Herr Y.

Gestörtes Verhalten:

(a) *Befund:* Keine offensichtliche Störung. Vor 3 Jahren gesund. Vor 2 Jahren Anfall von Durchfall, Brustbeschwerden. Seit einem Jahr in ambulanter Behandlung. Letzte Woche kam er von sich aus hierher. Es war ihm vorgekommen, als ob das Dach eingestürzt wäre. Er schien sich in einer Paniksituation zu befinden. Er sagt später, es wäre wie am Abgrund gewesen und etwas drücke ihn hinunter. Vor ungefähr 2 Jahren starb sein Bruder, mit dem er sehr intim verbunden war, an einem Herzinfarkt.
(b) *Erläuterungen:* Vor ungefähr zwei Jahren hatte er einen Anfall, der verschieden diagnostiziert wurde, aber anscheinend von Gallensteinen herrührte. Zuerst dachte er, es wäre ein Herzinfarkt gewesen. Als er operiert wurde, bat er die Ärzte nach anderen Erkrankungen zu suchen. Er beschreibt selber, wie er ständig Angst vor Mißerfolg habe und so etwas wie ein Perfektionist sei. Hat Angst wahnsinnig zu werden.

Entwicklung von Beziehungen: Sehr gut gegenüber Therapeuten und anderen.

Zugänglichkeit: Sehr gut.

Einstellung: Sehr engagiert. Starker Hinweis auf den Verdacht eines ambivalenten Zweifels und des Vorhandenseins einer greifbaren Krankheit. Er hört auf das, was die Ärzte ihm sagen; nämlich man sollte die letzte Entscheidung den Ärzten überlassen.

Abwehrmechanismen: Verdrängung, Konversion in organische Syndrome, teilweise auf Grund unbewußter Identifikation, Ambivalenz, von offensichtlicher Unterwerfung unter eine Autorität (Ärzte) verdeckt.

Einsichtsvermögen: Sehr gut.

Geschätzte Intelligenz: Sehr gut.

Sprachfähigkeit: Sehr gut.

Irgendwelche anderen Merkmale: –

Bemerkungen: –

Psychodynamik

Interviewer: Dr. Foulkes   Datum: ....   Name des Patienten: Herr Y.

Diagnose: Psychosomatische Manifestationen, Ausdruck depressiver Reaktion (ich will an dieser Stelle klarmachen, daß diese Manifestationen, die eine tatsächliche physische Form, wie Gallensteine, annehmen, meiner Therminologie der psychotischen Manifestationen oder zugrundeliegenden Kathexis in der psychischen Sphäre gleichwertig sind und sich deshalb von konversionalen Hysteriereaktionen psychodynamisch und lokal unterscheiden).

Charakter, Persönlichkeit: Zielstrebig, Perfektionist, muß Erfolg haben, innerlich ängstlich und schuldbewußt, etwas zwanghafter Charakter.

Spezifische Konfliktsituation: Angst vor Bestrafung wegen Erfolg, vielleicht ist Erfolg eine Widerlegung innerer Vorwürfe, Kastrationsschuld scheint stimuliert worden zu sein, vielleicht durch die Art, wie der Bruder gestorben ist. Tod des Bruders scheint das verursacht zu haben, oder wenigstens teilweise die tiefsitzenden Schuldreaktionen. Ein zugrundeliegender Konflikt, wahrscheinlich mit dem Vater; Reaktionen auf passive homosexuelle Tendenzen.

Weitere Bemerkungen: Tiefsitzende hypochondrische Situation. Erkrankung, somatische Krankheit oder ein anderer Nachweis einer Störung würde als Befreiung von bedrohender Panikreaktion empfunden werden, die untergründig am Werk ist. Der Patient fand selber die treffende Formulierung, als er von selbstzerstörerischen Neigungen und Angst sprach, daß etwas unaussprechbar Abscheuliches mit ihm geschehen würde.

Krankheitsverlauf: Ohne Behandlung ungünstig, zunehmende Depression und Angstäquivalente und -reaktionen im Laufe der Zeit zu erwarten.

Psychotherapie

Interviewer: Dr. Foulkes   Datum: ....   Name des Patienten: Herr Y.

1. Würde psychologische Behandlung die Zustände beträchtlich ändern?
Ja.

2. Welche Art von Psychotherapie wäre empfehlenswert (z. B. führend, unterstützend, steuernd, aufdeckend [analytisch])
   Analytische Psychotherapie.
3. Folgende Verfahren kommen in Frage:
   Psychoanalytische Psychotherapie,
   Volle Psychoanalyse (1),
   Gruppenanalytische Psychotherapie (2),
   und irgendwelche anderen Verfahren.
   Zeit (minimal, optimal):   zu (1) 1 Jahr, 3–5 Jahre,
                                  zu (2) 1 Jahr, 3 Jahre.
   Weitere Bemerkungen: Psychotische Episoden, insbesondere depressive könnten während der Behandlungssituation erscheinen und sollten berücksichtigt werden.
4. Welche Veränderungen, die zu erwarten sind, können optimal erreicht werden?
   Wiederherstellung der Zuversicht und Effizienz auf einer weniger zwanghaften Basis.
5. Welche Faktoren sind für diese Veränderungen erwartungsgemäß verantwortlich?
   Einsicht in die selbstzerstörerischen Neigungen. Reduktion der tiefen Schuldprobleme, Durcharbeiten.

Mittels eines Postscriptums füge ich meine eigenen Antworten auf einen von Dr. *Barry Gurland,* damals einer meiner dienstältesten Mitarbeiter im Maudsley Krankenhaus, entworfenen Fragebogen bei. Der Zweck des Fragebogens war, eine gemeinsame Basis für eine operative Definition der bei diagnostischen Interviews für Psychotherapie verwendeten Ausdrücke zu finden. Das Verfahren sah vor, erfahrene Psychotherapeuten nach ihren Definitionen für diese Ausdrücke zu fragen und wie man sie anweisen sollte.

Therapeutisches Verhältnis. *Beschreibung eines »guten« therapeutischen Verhältnisses, wie dies in den Aufzeichnungen beim diagnostischen Interview als solches vermerkt wurde:*
Ein flexibler Spielraum erfolgreicher Interkommunikation. Guter emotionaler Kontakt, Wechselbeziehung zwischen Arzt und Patienten, man ist auf derselben Wellenlänge, gegenseitiges Verstehen. Verhältnismäßige Übereinstimmung über Erwartungen (Rollen, Geisteshaltung).
Was ließe Sie bei einem diagnostischen Interview darauf schließen, daß es ein gutes therapeutisches Verhältnis gäbe?
(1) *Eigene Gefühle:* Ich kann mit diesem Menschen etwas anfangen. Er wird mit Schwierigkeiten und Komplikationen auf die Weise, die ich vorziehe, ohne ungebührlichen Aufruhr zu stiften (z. B. gewaltsam zu reagieren, selbstmörderisch oder paranoid zu werden) fertig werden. Er mag und respektiert mich, verdient meine Bemühungen bei seiner Behandlung. Ich bin zufrieden über die Zusammenarbeit.
(2) *Ihre Beobachtungen des Patienten:* Ich kann ihm folgen, er scheint das, was ich sage, in sich aufzunehmen. Er reagiert darauf und zeigt einen wünschenswerten Grad an Mitarbeit angesichts der Widerstände. Er ist fähig, offen zu sein, kann den Sinn der Deutung erkennen, sich anders besinnen, zeigt Einsichtsvermögen (siehe später). Er hat positive Entwicklungsmöglichkeiten. Im Falle einer Frau kann Attraktivität von Nutzen sein.

(3) *Ihre Beobachtung der Wechselwirkung zwischen Ihnen und dem Patienten:* Kommt im Gespräch einer therapeutischen Beziehung entgegen. Entwicklung von Sympathie und Vertrauen. Selbst bei schwierigen Dingen fehlt es nicht an gutem Willen und gegenseitiger Achtung. Wichtig ist, daß gute therapeutische Beziehung nicht einfach eine Folge von positiver Übertragung ist.

Motivation. *Bitte definieren Sie, was Sie unter einer positiven Motivation des Patienten für die Behandlung verstehen.*
Hinlängliche Bereitschaft zu Veränderungen. Unabhängiger, reiner Wunsch nach Wandlung, ernste Absicht zur Teilnahme an der Behandlung, Ausdauer. Positive Eigenschaften und Ziele. Kein übermäßiges Bedürfnis zu leiden und keine besonders starken Anzeichen von Widerstand und Abwehr.
Woraus schließen Sie beim Patienten auf positive Einstellung zur Behandlung?
(1) *Eigene Gefühle:* Die Einschätzung beruht teilweise auf Gefühl und Intuition. Im positiven Fall entsteht ein Gefühl von Befriedigung.
(2) *Ihre Beobachtungen des Patienten:* Abwägung der negativen Eindrücke und der positiven Anlagen des Patienten zur Überwindung seiner Schwierigkeiten. Als Tests hierzu dienen Interpretationen und Beobachtungen der Reaktionen, dies betrifft besonders die unbewußte Motivation.
(3) *Ihre Beobachtung der Wechselwirkung zwischen Ihnen und dem Patienten.*
Positive und negative Übertragung als Fehlerquelle ist auf beiden Seiten zu beachten. Positiver Reaktion in Bezug auf Deutung von negativer Übertragung und Resonanz kommt besondere Bedeutung zu.

Widerstand. *Definieren Sie: starker Widerstand des Patienten gegen die Diskussion seiner wirklichen Probleme.*
Unbewußter Widerstand gegen die persönliche Untersuchungsmethode ist besonders stark. Der Patient weicht den Zusammenhängen zwischen seinen Symptomen, Beschwerden und seinen Problemen aus, oder er verleugnet sie und widersetzt sich ihnen. Redet ununterbrochen, verhält sich unaufmerksam, mißversteht und argumentiert. Hat feste nichtpsychologische Theorien vor Augen hinsichtlich der Beschaffenheit seiner Beschwerden, bittet um physische Untersuchung und Behandlung, usw.
Was läßt Sie bei einem diagnostischen Interview darauf schließen, daß es seitens des Patienten einen ausgesprochenen Widerstand gibt?
(1) *Eigene Gefühle:* Negativ gegenüber der Annahme des Patienten zur therapeutischen Behandlung, vielleicht irritiert durch den überweisenden Arzt. Wunsch, die Defensivität des Patienten zu brechen, häufiger allerdings Analyse seines wirklichen Grundes zu kommen.
(2) *Ihre Beobachtungen des Patienten.* Interessiert an seiner Abwehr und wie sie funktioniert. Was will er *wirklich?* Wer schickt ihn *in Wirklichkeit* und warum?
(3) *Ihre Beobachtung der Wechselwirkung zwischen Ihnen und dem Patienten.* Kühler bei fortschreitendem Kontakt. Sehe keinen Grund, weswegen ich an ihm als Mensch interessiert sein sollte, betrachte ihn eher als ein Studienobjekt. Er wird wahrscheinlich gespannter und feindlicher in dem Maße, wie das Gespräch fortschreitet. Wenn es zu einem Durchbruch

kommt Erwärmung, aber keine Schein-Wandlung oder Unterwerfung als Folgeerscheinung einer Herausforderung akzeptieren.

Einsicht. *Ihre Definition der Fähigkeit, ein gutes Einsichtsvermögen zu erlangen.*
Die Fähigkeit zu verstehen und der Wunsch seine eigene Motivationen, unbelastet von Voreingenommenheit, Scham und Schuld, zu erforschen. *Nicht* zu verwechseln mit Intellekt!
Woraus schließen Sie bei einem Patienten auf die Fähigkeit einsichtsvollem Verhalten?
(1) *Eigene Gefühle:* Diese Fähigkeit wird meine Zusammenarbeit mit ihm erleichtern und ich freue mich darauf. Er wird mich auch stimulieren und meinen Beitrag und mich schätzen.
(2) *Ihre Beobachtungen des Patienten:* Gute »psychologische Intelligenz«. Bevorzugt die Wahrheit, ist offen und neugierig. Ist eher bereitwillig sich selbst statt anderen die Schuld zu geben. Denkt nach, hat Zugang zum Phantasieleben und zur symbolischen Bedeutung. Kann mehr als eine Bedeutung erkennen, kann umschalten, Deutungen akzeptieren, neue, den seinigen entgegengesetzte Meinungen in Erwägung ziehen, neue Erfahrungen sammeln, usw.
(3) *Ihre Beobachtung der Wechselwirkung zwischen Ihnen und dem Patienten:* Persönliches Einvernehmen und Gespächsniveau entwickeln sich während des Interviews positiv durch Entspannung und Gefühl der Zusammenarbeit. Es ist wiederum sehr wichtig, Übertragung und gute Einsicht zu unterscheiden und ihre Dynamik abzugrenzen. Potenzielle gute Einsicht kann durch Angst lahmgelegt werden und hängt davon ab, ob dieses oder jenes Hindernis überwunden werden kann.

4. Therapie

4.1. Indikation, Kontraindikation und Auswahl für bestimmte Gruppen

Nach den vorbereitenden Schritten des therapeutischen Leiters mit seinen Patienten, folgen wir ihm nun bei dem Verfahren der Auswahl und Bildung einer gruppenanalytischen Gruppe.

Als allgemeiner Grundsatz kann gelten, daß Gruppenpsychotherapie indiziert ist, wenn Psychotherapie überhaupt indiziert ist. Ihre Reichweite ist noch breiter und die Teilnahme in Gruppen, ob in Form von operativen Gruppen oder in anderen Formen (Begegnungsgruppen, z. B.) dürfte jedem von Nutzen sein. Nichtsdestoweniger sollten wir die Gefahr nicht unterschätzen, Menschen solchen Begegnungen auszusezten, wenn sie möglicherweise zu krank sind und das Erlebnis einen psychischen Zusammenbruch verursachen könnte.

Zur Abklärung spezifischer Indikationen und Kontraindikationen ziehen wir am besten zwei Komponenten getrennt in Betracht, nämlich:

(1) Durchführbarkeit intensiver und ausgedehnter Psychotherapie innerhalb einer Gruppe.
(2) Spezielle Indikation für einen analytischen, aufdeckenden Ansatz.

Unsere Patienten müssen sich in diesen beiden Hinsichten qualifizieren. Es ist wichtig, die Einzelperson und ihre Störungen in ihrem Entstehungszusammenhang mit dem intimen Pelxus und nicht nur als internalisierte Kindheitserfahrungen zu betrachten. Aus dieser Sichtweise von neurotischen Störungen als multipersonalen Störungen folgt, daß eine zielgerichtete Behandlung des Plexus, bzw. der Familie angebracht ist. Nur wenn das aus verschiedenen Gründen nicht möglich ist, müssen wir die betreffende Einzelperson außerhalb ihres Plexus behandeln. Dies kann in der üblichen psychoanalytischen Einzelbehandlung oder in einer gruppenanalytischen Gruppe geschehen. In diesen beiden Situationen wird der Patient wie eine Einzelperson nach seinen persönlichen Fähigkeiten behandelt. Der einzige Unterschied (obschon ein sehr wesentlicher) besteht darin, daß er sich in der Gruppe den anderen zur Lösung und Behandlung seiner Probleme anschließt. Er sieht also seine Probleme in Gegenwart anderer in einem vollkommen neuen Zusammenhang und in einer neuen Situation, die sich von allem von ihm bisher erlebten unterscheidet.

Als eine Folge dieses neuen Ansatzes kann die gruppenanalytische Theorie eine Antwort auf das Problem der »Auswahl der Neurose« geben, wozu die psychoanalytische Theorie nicht fähig ist. Es nutzt wenig, über Einzelpersonen in der Sprache konventioneller diagnostischer Begriffe zu sprechen und die Frage von Indikation und Kontraindikation in dieser Form zu beantworten. Es gibt natürlich eindeutige Syndrome, bei denen die konventionelle Einstufung, besonders angesichts der Kontraindikationen, nützlich ist. Das bezieht sich auf ausgesprochen paranoide Menschen, akut psychotische Patienten (außer unter besonderen Umständen, die wir später erläutern), akut deprimierte oder suicidäre Personen und antisoziale psychopathische Individuen.

Für eine Einzelbehandlung spricht die Möglichkeit, die eigene Stellungnahme des Patienten gegenüber seinen Problemen, seine Aufgeschlossenheit, Motivation und seine positiven Eigenschaften zu erforschen.

Wenn die Störung zu akut ist, die Probleme des Patienten, die behandelt werden sollten, dringend sind oder wenn es sich herausstellt, daß er zu anderen Menschen so starke Beziehungen herstellt, daß diese sich nicht heraushalten können, empfiehlt sich die analytische Behandlungsmethode nicht. Bei derartigen Menschen ist eine Behandlungsweise angebracht, die ihre Ängste lindert oder ihnen aus einer dringenden Konfliktsituation heraushilft.

Indikationen, die eher für eine psychoanalytische Einzelbehandlung als für die Gruppe sprechen:

(a) wenn das Problem eindeutig seit längerer Zeit besteht und in der frühen Kindheit verwurzelt ist; kurzum eine klassische Übergangsneurose;

(b) wenn die Störung (wie z. B. im Falle von Perversion oder ähnlichen intimen Ego- und Charakterstörungen) der Art ist, daß Besprechung und Analyse in der Gegenwart mehrerer Menschen als ein Hemmungsfaktor wirken würden.

Manche Menschen sind vielleicht so krank, daß sie eine Gruppensituation nicht vertragen. Man sollte aber diesen Faktor nicht überschätzen, denn mit zunehmender Zuversicht in die Gruppe wechselt das Bild. Unsere Frage dreht sich um die *optimale* Behandlung.

Die Betrachtung der sachlichen sowie auch der praktischen Punkte ist stets ein Verfahren des klinischen Abwägens. Gelegentlich entsteht das Problem der differenzierten Auswahl für persönliche oder Gruppenanalyse. Im ganzen gibt es erhebliche Überlappungen und mit zunehmender Erfahrung wird es immer wahrscheinlicher, daß die meisten Probleme in intensiven gruppenanalytischen Gruppen gelöst werden können, vorausgesetzt, daß sie nicht weniger als zweimal wöchentlich stattfinden. Wenn erforderlich kann eine Periode persönlicher Analyse folgen. Vorherige Gruppenanalyse spart viel Zeit und kürzt die persönliche Analyse, falls sie sich überhaupt als notwendig erweist, ab. Ich halte das umgekehrte Verfahren, wobei eine Gruppenanalyse auf eine persönliche folgt, für weniger nützlich.

Das Vorhergehende bezieht sich mehr auf Gruppen von ambulanten Patienten. Bei stationären Patienten können einige gemäß ihren Problemen ausgewählte Patienten sehr gut in Gruppen behandelt werden. In diesem Zusammenhang möchte ich beispielsweise die Gruppe akut psychotischer, schwer gestörter Patienten erwähnen, über die Prof. *L. Miller de Paiva* berichtete.* Mit Recht betont er, daß

---

* *Miller de Paiva, L.:* Group Analysis. International Panel and Correspondence (GAIPAC) Vol. IV/3 1971 and Vol. V/1 1972

(Einzel)Psychoanalyse

man sich solche Gruppen ohne besondere Vorsicht nicht vornehmen sollte. Jeder Patient ist außerhalb der Gruppentherapie bei einem anderen Psychiater in Behandlung.

Im ganzen würde ich sagen, daß die Gruppenanalyse häufiger indiziert und häufiger erfolgreich ist als die Psychoanalyse. Sie hat viele Vorteile im Vergleich zur individuellen Methode, die im einzelnen mehr mit der Übertragungssituation und ihrer Auflösung zu tun hat. Unter theoretischen und praktischen Gesichtspunkten kann man sagen, daß man in der Gruppenanalyse *therapeutische Prozesse* studieren und sie praktizieren kann, während sich die Psychoanalyse dazu eignet, die psychogenetischen Umstände im einzelnen zu erfassen und zu behandeln und die Gründe und Ursprünge neurotischen Verhaltens aufzudecken. Im folgenden kommen wir zu der Frage, nach welchen Gesichtspunkten eine Gruppe zusammengestellt werden muß, damit sie optimal arbeitet. Dabei müssen wir uns vor Augen halten, daß wir keine »gute« Gruppe bezwecken, sondern unsere Absichten auf den Prozess der Analyse zielen.

4.2. Arten der gruppenanalytischen Gruppe

Die Hauptarten in der Praxis sind die *geschlossene*, die *halboffene* und die *kombinierte* Gruppe. Was wir über die gruppenanalytische Situation zu sagen haben, gilt für alle drei. Ein paar spezifische Unterschiede und Probleme die aus ihren Eigenarten entstehen, sollen hier kurz besprochen werden.

(1) Die vollkommen *geschlossene Gruppe* muß zusammen beginnen und enden. Patienten, die unerwartet ausfallen, ersetzt man nur im frühen Stadium. Sie sollten sehr sorgfältig ausgewählt werden und alle Mitglieder sollten darauf vorbereitet sein, daß sie in der Gruppe bis zum Schluß verbleiben. Diese Behandlung dauert gewöhnlich zwei Jahre und mehr. Es gibt keine Einwände dagegen, daß ein Teilnehmer später nach Bedarf weitere Behandlung in einer anderen Gruppe erhält.

(2) Die kombinierte Gruppe besteht aus einer Kombination aus persönlicher und Gruppenbehandlung. Sie trifft sich einmal wöchentlich und auch ihre Mitglieder treffen sich einzeln mit dem Therapeuten einmal in der Woche oder in anderen regelmäßigen Zeitabständen, die für alle Mitglieder gleich sein sollten. *Franz* und *Anneliese Heigl*[*] haben diese Methode studiert und die Faktoren untersucht, die gegen eine derartige Kombination sprechen.

---

[*] *Franz und Anneliese Heigl:* Group Analysis usw. von S. 68 d. Originals.

Der Nachteil der kombinierten Behandlung ist das besondere Verhältnis, das jeder Patient zwangsläufig mit dem Therapeuten entwickelt, obwohl die Möglichkeit besteht, dies der Gruppe nutzbar zu machen. Als ich dieses System selber ausschließlich in den ersten beiden Jahren meiner Privatpraxis verwendete, stellte ich fest, daß die Gründe, weswegen der Patient den Therapeuten allein sehen wollte, nicht stichhaltig waren. Es handelte sich um Gespräche, die auf der Grenze zwischen individueller und Gruppensituation lagen und betrafen intime, meist ödipale Probleme. Ich lernte, das persönliche Gespräch fast ausschließlich auf die Frage zu konzentrieren: »Warum wollen Sie das mit mir allein besprechen und nicht mit den anderen?« Schließlich ging ich dazu über, das mit dem Patienten persönlich Besprochene der Gruppe vorzustellen. Ich glaube, daß diejenigen, die diese beiden Methoden kombinieren, nicht ausreichend sicher im Umgang mit einer Gruppe sind. Sie bedürfen des intimen persönlichen Transfer des Patienten als Stütze.

Ich bevorzuge die geschlossene Gruppe, zweimal in der Woche. Es versteht sich, daß selbst in diesen Gruppen persönliche Gespräche unter außerordentlichen Umständen gelegentlich notwendig und wünschenswert sind. Das kommt allerdings sehr selten vor und es besteht keine Schwierigkeit, die Gruppe in Kenntnis zu setzen, was in dieser Hinsicht geschieht und warum.

(3) Die *halboffene Gruppe* ist die übliche Art. Ich glaube, sie hat alle die Vorteile einer intensiven analytischen Gruppenbehandlung und wenige Nachteile. Ein besonderes Problem betrifft die Vorstellung neuer Patienten und die Vorbereitung der Gruppe darauf; das heißt, den richtigen Patienten im richtigen Augenblick auszuwählen. Eine solche Gruppe mit langsamer Umgruppierung ist ihrem Charakter nach ebenso intensiv wie die geschlossene Gruppe. Sie hat oft dieselbe Zusammensetzung über ein oder zwei Jahre. Ein großer Vorteil besteht aber darin, daß die den Bedürfnissen des Einzelnen mehr entspricht und ihm erlaubt, sich der Gruppe anzuschließen oder sie zu verlassen, wie er es für richtig hält. Leiter und Patient haben darüber zu befinden, aber auch die Gefühle der Gruppe können berücksichtigt werden. Wenn sie gut geleitet wird, ähnelt die halboffene Gruppe mehr einer geschlossenen Gruppe, als allgemein angenommen wird, und genießt vergleichsweise große Vorteile. Sie gleicht eigentlich dem Leben selbst mit seinen wechselnden menschlichen Beziehungen, denen man sich anpassen muß. Die Beschaffenheit der Gruppe ändert sich über die Jahre; wobei das Einzelmitglied beträchtlich durch das von der Gruppe erreichte Gesamtniveau der Reife begünstigt wird. Es bestehen auch bessere Bedingungen für Leute, die aus

diesem oder jenem Grund mit der Gruppe nicht in dem Maße Schritt halten können, wie sie erwarteten; das kann aber mit dieser Gruppe ohne Schwierigkeiten bewältigt werden.

Die vollkommene *offene Gruppe* weist einen häufigen Wechsel von Teilnehmern auf. Sie ist nur in besonderen Kliniken für Gruppentherapie als eine »lebendige Warteliste« durchführbar. Wenn Leute längere Zeit warten müssen, ist es besser für sie, einen provisorischen Anfang mit ihren Problemen zu machen, sich an Gruppenumstände zu gewöhnen, Fortschritte zu erzielen, bis sie einer permanenteren Gruppe beitreten können. Es muß aber angenommen werden, daß Leute, die zufällig von der Warteliste aufgenommen werden, sich nicht besonders dazu eignen, als Gruppe zu funktionieren. Deshalb hat sich aufgrund von praktischer Erfahrung die *halboffene* Gruppe als Standartgruppe entwickelt. Ich weiß, einige Kollegen stimmen nicht zu. Sie ziehen geschlossene Gruppen vor, besonders recht orthodoxe Psychoanalytiker, weil sie die Gesamtgruppe mehr nach den Richtlinien, Rhytmen und Phasen, an die sie von den Einzelpatienten her gewohnt sind, behandeln können.

Nach der Überlegung dieser besonderen Umstände können wir sagen, daß die Grundsätze der gruppenanalytischen Situation, wie sie im Folgenden beschrieben sind, für alle Arten der gruppenanalytischen Gruppen gültig sind.

Nun kommen wir zu der tatsächlichen Auswahl der Patienten, die im einzelnen für geeignet befunden worden sind, einer Gruppe beizutreten. Wir lassen spezielle Gruppen, Gruppen unter besonderen Umständen oder wegen ihrer besonderen Probleme ausgewählte Gruppen (beispielsweise weil die Teilnehmer desselben Geschlechts sind, usw.) aus. Wir konzentrieren uns auf die übliche Gruppe ambulanter Patienten, die sich aus Menschen zusammensetzt, die ihr Leben, beruflich und privat, wie gewohnt forsetzen.

Die *Standardgruppe* besteht aus acht Mitgliedern, vier Männern und vier Frauen. Wichtig ist, daß sie nach ihrer Herkunft zusammenpassen, daß Bildung und Intelligenz, sozialer Hintergrund und Alter nicht allzu beträchtlich voneinander abweichen. Das ist weit wichtiger als ihre formellen Diagnosen, wo wir eine heterogen Zusammensetzung der Gruppe bevorzugen. Ein anderer Grundsatz lautet, daß niemand in bezug auf einen Aspekt isoliert sein sollte, wie z. B. der einzige Ledige in einer Gruppe von Verheirateten oder der einzige Katholik unter Protestanten. Im Falle von Juden ist es ein wenig anders, da sie in ihrer normalen Situation in der Bevölkerung eine kleine Minderheit bilden. Eine Gruppe kann selbstverständlich nicht ideal sein, aber man sollte versuchen, Faktoren zu vermeiden, die zu unnötigen Schwierigkeiten führen. Es empfiehlt sich ein gleiches Geschlechterverhältnis. Ein stark ungleiches Verhältnis, z. B. 5:3 wirft besondere Probleme auf.

Es ist vielleicht ratsam, die Grundsätze dieses ganzen Verfahrens mittels eines Gitters zu erläutern, wie ich es im Krankenhaus verwendete. Ich nehme eine gemischte Gruppe, wie man sie in einer Abteilung für ambulante Patienten erwarten kann. Der Leser kann sich dieses Gitter ansehen und feststellen, wie aus 12 Patienten eine Gruppe von acht entsteht. Tabelle 1 ist ein Beispiel eines solchen Auswahlblattes. (Die Spalte »Besondere Merkmale« bleibt Angaben vorbehalten, die für eine Veröffentlichung nicht geeignet sind).

Wir haben eine Liste von 12 Patienten und das erste, das mir auffällt, ist, daß zwei von sechs Frauen einer anderen Altersgruppe angehören als die restlichen, die um die dreißig sind. Wir würden deshalb dazu neigen, Frau H und Frau L zu eliminieren. Herr C ist eindeutig zu alt für diese Gruppe, sowie auch Herr E. Von den Frauen sind zwei verheiratet und zwei ledig. Herr M ist der einzige Ledige. Das ist aber nicht von entscheidender Bedeutung; er ist auch einer der beiden Jüngsten in der Gruppe.

Bei den Berufen gibt es nichts Bemerkenswertes, was gegen die Aufnahme in eine Gruppe spräche. Die Schulbildung ist verhältnismäßig gleich. Sie sind alle überdurchschnittlich intelligent, mit einer Ausnahme; wenngleich diese Schätzungen nicht sehr genau sind, können wir schließen, daß sie alle eine ähnlich gute Intelligenz besitzen.

Der soziale Hintergrund ist natürlich wichtig; es gibt in dieser Hinsicht nichts Auffallendes und man muß über die entstehenden Probleme offen sprechen und sie analytisch behandeln.

Wie ich schon sagte, und wie aus diesem Beispiel deutlich hervorgeht, ist die formelle Diagnose von keiner großen Bedeutung, noch sind es die Symptome der übriggebliebenen Gruppe. Herr M, der abgesehen von Depressionen einige homosexuelle Probleme hat, ist in dieser Hinsicht wiederum etwas isoliert, aber dieses Problem ist in seinem Falle nicht sehr gravierend. Es gibt andere unter den Männern sowie auch unter den Frauen mit sexuellen Problemen; z. B. ein Problem von Impotenz. Man könnte in Erwägung ziehen, Herrn M auszulassen und ihn durch Herrn E zu ersetzen. Er ist für diese Gruppe ein wenig alt, aber ist der allgemeinen Physiognomie der Gruppe besser angepaßt. Andererseits hat Herr E vorher schon etwas Behandlung gehabt. Dies teilt er mit Herrn I. In einem derartigen Fall können wir zwischen diesen beiden Möglichkeiten unter Heranziehung anderer Faktoren entscheiden. Es könnte sogar sein, daß noch ein Platz frei wird, so daß beide aufgenommen werden können. Ein praktischer Entschluß in diesem Fall würde eigentlich von den vorhandenen Alternativen abhängen. Man könnte einen dieser beiden Patienten (M und E) in persönliche Behandlung geben und dem anderen einen Platz in der Gruppe anbieten. Ich hätte keine besonderen Einwände gegen den einen oder anderen, nur aus Gründen des Alters würde ich G mit 38 J., und somit Gruppenältester, den Vorzug geben. So wären D und M die jüngsten Mitglieder und wären in dieser Hinsicht nicht isoliert.

Es gibt manchmal natürlich mehr und schwierigere Probleme als auf dieser Liste. Ich wollte hauptsächlich darlegen, wie das Auswahlblatt funktioniert, da ich es für sehr nützlich halte.

Tabelle 1

						Vorgesehene Gruppe					Dr.
Datum											
Name	Alter	Geschl.	Familienstand	Beruf	Intell.	Bildung	Soz. Hintergrund	Diagnose	Symptome/ Probleme	Vorh. Behandlung	
A	28	w	ver.	Hausfrau	überd.	Schule	geh. Mittelkl.	Hysterie	Angst v. Erbrechen	2 Jahre	
B	31	w	ver.	Hausfrau	überd.	Gesamtschule	geh. Mittelkl.	Angstzustände	Identitätsverlust	nein	
C	53	m	ver.	Designer	überd.	Uni.	geh. Mittelkl.	Sex. Probleme	sadomasochist.	nein	
D	24	m	ver.	Geistl.	durch.	Schule	nied. Mittelkl.	Angstzustand	Panik	nur Medikamente	
E	44	m	ver.	Redakteur	überragend	Uni.	geh. Mittelkl.	Impotenz	Eheprobleme	1,5 Jahre kombinierte Gruppe	
F	29	w	ledig	Mode	überd.	Schule	Mittelkl.	Angstzustand	große Angst wegen Mutter	nein	
G	38	m	ver.	Buchhalter	überd.	Privatschule	Mittelkl.	Angst und Depression	Soziale Angst	nein	
H	42	w	ver.	Hausfrau	überragend	Privatschule	Mittelkl.	Frigidität	Eheakt nie vollzogen	nein	
I	32	m	ver.	Zahntechniker	durch.	Schule	nied. Mittelkl.	Impotenz	Verlust des Geschlechtstriebes	18/12	
K	29	w	ledig	Lehrerin	überd.	Gesamtschule + Uni.	Mittelkl.	Depression	sex. Identitätskonflikt/ Familie	nein	
L	43	w	ver.	Hausfrau	überd.	Privatschule	geh. Mittelkl.	Hypochondrie	Panik, ehel. Zwietracht	2 Jahre zweimal wöchentlich	
M	25	m	led.	Beamter	überd.	Uni.	Mittelkl.	Depression	homosexuell	nein	

4.3. Gesamtdauer der Therapie

Dieser Punkt differiert stark: das Minimum für Einzelpatienten beträgt ein Jahr (d. h. 9 Monate bei Berücksichtigung von Feiertagen und Ferien), und das Maximum nach Erfahrung acht Jahre. Nach einer groben Schätzung scheint die optimale Zeit drei oder vielleicht 2,5 Jahre zu betragen.

Die Dauer der Therapie kann selten im voraus festgesetzt werden, außer bei einer geschlossenen Gruppe, für die etwa zwei bis drei Jahre anzusetzen sind. Aus lebenslanger Erfahrung möchte ich eine Ermahnung hinzufügen: wir neigen zur Überbehandlung. Im Zweifelsfall müssen wir uns lieber für eine frühere als eine spätere Beendigung der Behandlung entscheiden. Im folgenden Abschnitt komme ich darauf zurück.

Wir sollten realistische und nicht zu hochgespannte Ziele verfolgen, die auf einer sorgfältigen Beurteilung dessen beruhen, was in jedem Falle angemessen erreicht werden kann.

4.4. Beendigung der Behandlung

4.4.1. Beendigung der Gruppenbehandlung

Bei einer *geschlossenen Gruppe* wird die Gesamtdauer im voraus festgelegt und der tatsächliche Abschluß lange vorher vereinbart. Eine geschlossene Gruppe hat meistens eine kürzere Lebensdauer. Die Arbeit mit einer halboffenen Gruppe wird im Grunde kontinuierlich fortgesetzt. Meine beiden letzten Gruppen dieser Art dauerten etwa 16 bzw. 10 Jahre (am Anfang einmal wöchentlich, dann zweimal wöchentlich während der letzten 5,5 bzw. vier Jahre) und der Schluß ging auf meine anderweitigen Verpflichtungen zurück. Eine der Gruppen wurde von einem anderen Therapeuten, *Harold Kaye*, übernommen, der mit mir als Leiter jahrelang an den Sitzungen teilnahm.

Meine halboffenen Gruppen löste ich manchmal nach 5–6 Jahren auf und fing auf's neue an. Die Gründe hierfür lagen teils daran, daß einige Mitglieder aufhören konnten, teils daran, daß die Gruppe stumpf und müde geworden war und somit keine guten Bedingungen mehr bestanden zur Eingliederung neuer Patienten. Unter solchen Umständen informierte ich die Gruppe ein halbes Jahr oder länger im voraus über die geplante Auflösung und hielt mich daran. Im allgemeinen ist es kein Problem, eine Gruppe auf diese Art und Weise zu beenden.

4.4.2. Beendigung der Behandlung des Einzelpatienten

Unsere Ansichten über die Behandlungssituation und die Beendigung der Behandlung – und das muß ich als erstes betonen – werden von dem Gesamtrahmen, innerhalb dessen wir handeln und denken, bedingt. An einer psychiatrischen Klinik z. B. denkt man eher an eine Arbeitsdauer von Monaten als von Jahren, während für die normale gruppenanalytische Situation mit zwei oder drei Jahren zu rechnen ist. Für beide Fälle habe ich ein Spiral-Modell entwickelt; es besagt, daß, bei Abwägung aller betreffenden Faktoren, ein günstiger Punkt für die Beendigung erreicht sein kann; wenn wir entweder unwissend oder absichtlich über diesen Punkt hinausgehen, kann es recht lange dauern, bevor ein annähernd guter Zeitpunkt für die Beendigung der Therapie wiederkehrt.

Bei kurzzeitlicher Gruppenpsychotherapie können wir einen derartigen Punkt nach etwa fünf oder sechs Monaten erreichen; aber wenn wir die Behandlung über diesen Punkt hinaus verlängern, kann es sein, daß wir einen passenden Abschluß der Therapie erst wieder in einem Jahr erreichen. In der intensiven gruppenanalytischen Psychotherapie kann sich ein günstiges therapeutisches Ergebnis nach einem Jahr in Reichweite befinden. Wenn wir aber fortfahren, kann es gut drei Jahre dauern, bevor wir wieder an einen solchen Punkt gelangen. Ähnlich ist es bei der langfristigen persönlichen Psychoanalyse. Auch hier gilt die Erfahrung, daß eine Analyse, die gut nach zwei Jahren hätte beendet werden können aber fortgesetzt wird, wenigstens noch ein Jahr braucht, bevor sie hoffentlich eine höhere Stufe der Spirale als guten Beendigungspunkt erreicht.

Um zur gruppenanalytischen Situation selber zurückzukehren, die uns unmittelbar beschäftigt, denken wir wie bei der Psychoanalyse eher in Jahren als Monaten. Es ist keineswegs ein schlechtes Zeichen, wenn wir einige Fälle länger als urprünglich vorhergesehen ausdehnen. Wir tun das öfters, weil wir eher eine günstige Beurteilung der weiteren Entwicklung als eine ungünstige treffen. Wie schon erwähnt, möchte ich behaupten, daß der Therapeut häufig den Fehler macht, die Therapie zu lange fortzusetzen, statt sie rechtzeitig zu beenden. Manchmal stellt man später fest, daß es dem Patienten viel besser gegangen war als man damals annahm. Das Ergebnis dieser Überlegungen ist, daß man dem Patienten keine klare Antwort auf die Dauer der Behandlung geben kann, aber man soll es ihm ehrlich erklären und ihm eine ausreichende Vorstellung dessen vermitteln, was er angemessenerweise zu erwarten hat. Es ist gleichermaßen riskant, dem Patienten eine zu lange wie eine zu kurze Behandlungszeit in Aussicht zu stellen, weil er während des Verlaufs der Behandlung dadurch beträchtlich beeinflußt wird. Wenn man immer offen und aufrichtig ist und die Tatsachen ehrlich darlegt, kann das Problem dem angehenden Patienten zufriedenstellend erklärt werden.

Die Frage des Verlassens der Gruppe entsteht auch in einer anderen Hinsicht. Es liegt in der Natur der Dinge, daß ein Patient die Verpflichtung nicht auf sich nehmen will, über einen ausgedehnten Zeitraum in Behandlung zu bleiben. Mit anderen Worten muß der Patient sich zu jeder Zeit frei fühlen, die Gruppe zu verlassen, falls er so entscheidet. Wenn diese Idee dem Patienten im falschen Augenblick oder aus den falschen Gründen einfällt, wie z. B. wegen einer ungelösten Angst, aus der Sorge heraus, gewisse Situationen zu wiederholen, wegen Selbstbestrafung, Auflehnung gegen den Therapeuten usw. ist es wichtig, daß die Frage der Beendigung vor ihrer Ausführung einer Analyse unterworfen wird und wie alles andere nach analytischen Maßstäben behandelt wird.

Bei einem glücklicherweise in der Regel gutem Einvernehmen zwischen Therapeut und Patient soll die Beendigung möglichst weit im voraus beschlossen werden. Ich würde empfehlen, an einem gefaßten Entschluß festzuhalten, selbst wenn ein Fehler unterlaufen ist und dem Patienten erlauben aufzuhören und ihn später mit einer erneuten Behandlung in einer anderen Gruppe anfangen zu lassen. In diesem Zusammenhang muß man immer mit dem unvermeidlichen Widerstand der Gruppe beim Verlust eines Mitglieds rechnen. Eifersucht kann hier eine Rolle spielen, wenn die anderen die vereinbarte Beendigung der Behandlung des Patienten so interpretieren, als ob er einen höheren Grad der Vervollkommnung als sie erreicht hätte, oder erfolgreicher als sie gewesen wäre, usw.

Manchmal will der Patient aufhören und ist nicht bereit zu warten und die Situation zu analysieren. Nach meiner Erfahrung kommt so etwas sehr selten vor und wenn es vorkam, dann zu Beginn der Behandlung. Man bezeichnet diese Verluste als »Ausfälle« (»drop-outs«), auf die ich gleich zu sprechen komme. Der Leser findet ihre Dynamik im Hauptkapitel III., Abschnitt 6 erläutert (mit Beispielen aus der Anwesenheitsliste).

4.5. Ausfälle

Als »Ausfälle« bezeichnet man die Patienten, die in der Gruppe nur an einigen Sitzungen teilnehmen und ohne die Zustimmung des Leiters aufhören. Das geschieht erfahrungsgemäß im Frühstadium der Behandlung, meist in den ersten sechs Wochen oder kurz darauf. Es gibt eine andere Kategorie von Frühaufhörern, die die Gruppe im Einvernehmen mit dem Leiter verlassen.

In einer meiner Gruppen mit einer Lebensdauer von rund 16,5 Jahren – 918 Sitzungen für 57 Mitglieder – gab es nur zwei Ausfälle. Weitere sieben Mitglieder hörten wegen einer Reihe von Gründen ebenfalls, mit einer Ausnahme, im Frühstadium der Behandlung, meist zwischen der 12. und 15. Sitzung, auf. Die Hauptgründe für solche Ausfälle sind eine fehlerhafte Auswahl, ungünstige Paarung, fehlerhafte Technik seitens des Leiters und die Reaktion der Gruppe auf das neue Mitglied, was wohl auf unzulängliche Vorbereitung der Gruppe auf den Neuankömmling zurückzuführen ist.

Es sei vermerkt, daß diese Zahlen für Ausfälle im Vergleich zu einigen hervorragenden Gruppen- und Lehranstalten mit 30 % oder 50 % Ausfällen bemerkenswert niedrig sind. Deswegen habe ich dem Thema der Auswahl von Patienten erheblichen Platz eingeräumt.

Ein Ausfall stellt nicht nur für den Einzelpatienten einen Verlust dar, sondern ist für die ganze Gruppe ein großer Störfaktor.

4.6. Abwesenheit und Feiertage

Soweit es möglich ist, wird erwartet, daß Patienten der Behandlung Vorrang vor anderen Verpflichtungen einräumen. Insbesondere sollen sie ihre freien Tage nach dem regeln, was in der Gruppe vereinbart wird. Wenn der Patient unerwartet abwesend sein muß, soll er dem Therapeuten oder seiner Sekretärin vor der Gruppensitzung Bescheid geben.

Der Therapeut gibt solange im voraus wie möglich seine eigenen Ferien bekannt und soweit es möglich ist, paßt er sich in dieser Hinsicht der Mehrheitssituation der Gruppenmitglieder an.

Diese Bedingungen sind wichtig, um die Gruppe dem Idealzustand so weit wie möglich anzunähern, der darin besteht, daß jedes Mitglied bei jeder Sitzung anwesend ist. Diese und viele andere Punkte, die unter den *feste Bestimmungen* und *Grundsätze des erforderlichen Verhaltens* im Kapitel 5. besprochen werden, sind aus aus vielen Gründen wesentlich. Sie veranschaulichen dem Patienten die richtige Vorstellung über die seiner Behandlung und seiner eigenen Teilnahme beigemessenen Bedeutung. Lässigkeit in irgendeiner Beziehung erzeugt Lässigkeit bei anderen. Es muß betont werden, daß diese Bedingungen den Patienten nicht autoritär aufgezwungen werden, sondern im Verfahren selbst erlernt werden sollen.

Auch bei uns ein sehr wichtiger Punkt

4.7. Gebühren in der Privatpraxis

Die Gebühren sollten für alle Gruppenmitglieder gleich sein. Wie in der Psychoanalyse ist der Patient für seine Sitzungen verantwortlich, ob er anwesend sein kann oder nicht, wenn nicht unter außergewöhnlichen Umständen eine besondere Vereinbarung vorliegt.

Die Gebühren müssen eindeutig fixiert sein um Meinungsverschiedenheiten zu vermeiden. Ich bin aus diesem und anderen Gründen zu einer Zahlungsart übergegangen, die jetzt in der gruppenanalytischen Praxis in London praktiziert wird. Die Gebühr wird pro Jahr abgeschätzt und in monatliche Raten geteilt, die regelmäßig entrichtet werden. Dieser Plan funktioniert gut, hat viele Vorteile und spart dem Leiter und Patienten viele unnötige Konflikte.

5. Die gruppenanalytische Situation

5.1. Einleitende Bemerkungen

Wir besprechen die gruppenanalytische Situation unter den folgenden drei Gesichtspunkten:

(1) *Feste Bestimmungen.* Sie bleiben wie der Patient sie vorfindet. Er kann keinen Einfluß auf sie ausüben und wird nicht zu Rate gezogen. Er soll vorbereitet oder wenigstens vor seinem Beitritt in die Gruppe informiert worden sein über:

    Begegnung mit Fremden
    Besondere Beschaffenheit der Gruppe
    Sitzungsraum und Anordnung der Stühle
    Kreis
    Zahl der Gruppenmitglieder
    Dauer und Häufigkeit der Sitzungen

(2) *Grundsätze des Verhaltens.* Dies bezieht sich auf das Verhalten, das von Patienten erwartet wird:

    Regelmäßigkeit
    Pünktlichkeit
    Diskretion
    Enthaltsamkeit
    Kein Kontakt nach außen
    Keine lebenswichtigen Entscheidungen während der Behandlung

(3) *Kulturelle Atmosphäre.* Dies umfaßt die Sitten und das Verhalten, die vom Leiter eingeführt und während der Arbeit aufrechterhalten werden. Einige dieser Maßnahmen, Beschränkungen, Einschränkungen, Ratschläge, Regeln usw. sind für jede psychotherapeutische Gruppe von Bedeutung. Andere, wie z. B. keine privaten intimen Verhältnisse, sind insbesondere notwendig wegen der *Analyse,* gelten aber teilweise auch für jede intensive psychotherapeutische Gruppe. Im Vergleich zu »festen Bestimmungen«, die vom Therapeuten festgesetzt werden, beruhen die »Grundsätze des erforderlichen Verhaltens« auf dem Einverständnis der Gruppenmitglieder und werden in der Gruppe durch einen sozialen Lernprozeß erworben, so daß sie respektiert und zu einer Gruppentradition werden. Die Ablehnung eines Patienten, körperliche Annäherung oder Kontakte außerhalb der Sitzungen mit anderen Gruppenmitgliedern zu vermeiden, wäre hierfür ein Beispiel. Der Leiter muß versuchen, ihn von der Unerwünschtheit solchen Verhaltens zu überzeugen, auch davon, daß dies in seinem eigenen Interesse liegt.

5.1.1. Feste Bestimmungen

Begegnung mit Fremden

Die Patienten begegnen sich als fremde Menschen, mit denen sie kein vorheriges Verhältnis oder eine Bekanntschaft gehabt haben. Die Konsequenzen hieraus sind wichtig und werden im einzelnen unter »Grundsätzen des erforderlichen Verhaltens« besprochen (kein Kontakt nach außen).

Besondere Beschaffenheit der Gruppe

Der Einzelpatient tritt entweder einer bestehenden Gruppe (halboffenen Gruppe) bei oder er fängt in einer neu gebildeten Gruppe mit anderen an, die entweder geschlossen oder halboffen sein kann. Im Prinzip beeinflußt die Beschaffenheit der Gruppe das Handhaben der gruppenanalytischen Situation nicht, noch ändert sie die Art und Weise, wie die Sitzungen geleitet werden.

Sitzungsraum und Anordnung der Stühle

Der Raum soll einer zweckmäßigen Größe entsprechen, weder zu beengt noch zu groß sein. Er soll warm, ruhig und ausreichend aber nicht zu grell beleuchtet sein, vorzugsweise durch Licht von beiden Seiten oder von der Decke (um blendendes Licht und Schatten zu vermindern). Wenn der Raum dunkel ist, kann man beobachten, wie Leute sich verstecken. Es sollen nicht mehr Möbelstücke als nötig vorhanden sein, aber eine karge Erscheinung soll vermieden werden; diskrete Bilder und zusätzliche Stühle sind angebracht. Der Kreis von *Stühlen* wird um einen kleinen runden Tisch gebildet; dies symbolisiert für die Gruppe eine Art Zentralbezugspunkt und bietet eine optisch neutrale Fläche. Ein kleiner Tisch ist auch dekorativ und trägt dazu bei, eine freundlichere Umgebung zu schaffen. Ein großer Tisch könnte den Eindruck einer Komitee- oder Ausschußsitzung erwecken und er kann Menschen auch verstecken. Die Stühle sind einheitlich, bequem und einfach. Es dürfen keine Polsterstühle oder echte Sessel sein, die dazu verleiten, faul herumzuliegen. Die Zahl der Stühle im Kreis entspricht der Zahl der erwarteten Patienten; wenn mit der Abwesenheit eines Teilnehmers zu rechnen ist, wird ein Stuhl entfernt (»—« auf der Anwesenheitsliste) und der Kreis wird entsprechend kleiner. Wenn Patienten unerwartet abwesend sind, bleibt der Stuhl im Kreis leer (»o« auf der Anwesenheitsliste).

Der Kreis

Die Sitzordnung im Kreis (Abb. 9) ist wichtig; ein Kreis erlaubt jedem Teilnehmer, jeden anderen und den Therapeuten zu sehen. Er bietet die bestmögliche Tête-a-Tête-Situation für alle Teilnehmer. Die Größe des Kreises ist bedeutsam. Wenn die Stühle näher beieinander stehen und ihre Zahl geringer ist, könnten Patienten das Gefühl einer ihnen aufgenötigten engeren Beziehung haben. Wenn eine ganze Gruppe ihre Stühle zusammenrückt, drückt sie damit möglicherweise Ängstlichkeit aus.

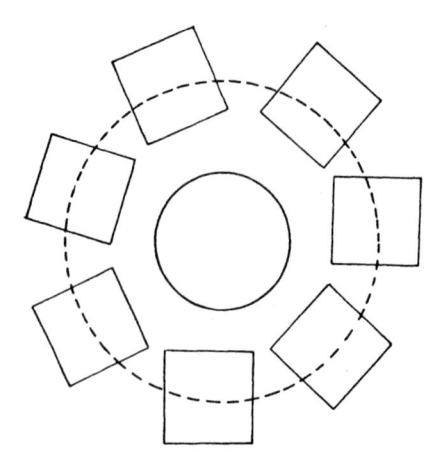

Abb. 9

Ich entsinne mich, daß meine Sekretärin eines Abends die Stühle etwas näher als gewöhnlich nebeneinander aufgestellt hatte. Beim Betreten des Zimmers hatte ich es gemerkt, aber ich wollte nichts ändern. Ein Patient verwies darauf indem er heftig und fast paranoid reagierte, als ob ein Experiment beabsichtigt sei. Er sagte mit Nachdruck: »Ich lasse mir keinen intimeren Kontakt aufzwingen, als ich es mir wünsche!« – und das geschah nach etwa zwei Jahren in der Gruppe.

Sitzordnung

Wo Einzelne sitzen und wie sie einen Sitzplatzwechsel bestimmen sagt viel aus. Bei der Sitzordnung hängt vieles von den verschiedenen Ankunftszeiten der Teilnehmer ab. Diejenigen, die zuerst eintreffen, bestimmen unvermeidlich die Sitzordnung der anderen Mitglieder. So entsteht eine Verbindung zwischen dem Einhalten des Termins und der Sitzordnung. Änderungen auf Grund von Teilnehmerwünschen können für die Gruppe wichtig sein. Daraus ergibt sich, daß die Sitzordnung vieldimensional ist, weil sie Bestandteile im Verhältnis zum Leiter, den anderen und der gesamten »Raumordnung« der Gruppe enthält.

Wenn der Leiter regelmäßig den gleichen Sitzplatz einnimmt, vermittelt er ein Gefühl der Tradition. Das pünktliche Erscheinen des Leiters ist für die Sitzordnung auch entscheidend; früheintreffende Patienten lassen ihm in der Regel seinen gewohnten Platz frei. Ein Patient, der früh ankommt und den vom Leiter gewöhnlich besetzten Platz einnimmt, macht damit eine wichtige Mitteilung.

Der Sitzplatz neben dem Leiter stellt ein Verhältnis der Abhängigkeit von ihm dar oder das Bedürfnis, von ihm geschützt zu werden, oder gar ihm verborgen zu bleiben. Neuankömmlinge suchen sich häufig diesen Platz aus. Mit zunehmender Unabhängigkeit entfernen sie sich entsprechend. Manche Patienten vermeiden es unter allen Umständen, neben dem Leiter zu sitzen. Ein Patient, der gewohnheitsmäßig dem Leiter gegenüber sitzt, will damit vielleicht Auflehnung und ein feindliches, zwiespältiges Verhältnis zum Ausdruck bringen. Er ist auch wortwörtlich mehr im Blick und genießt dementsprechend mehr Aufmerksamkeit. Die Nähe zum Leiter widerspiegelt den Grad der Teilnahme und hängt mit der Stärke der Übertragung zusammen.

Manchmal, wenn Lücken wegen zu spät kommender Teilnehmer entstehen, rückt die Gruppe zusammen, isoliert den Leiter oder versetzt ihn in die Rolle des Schulmeisters und demonstriert, daß sie zusammengehört: hier sind wir und dort sind Sie. Wenn ein Patient neben der Tür sitzt, will er vielleicht seine Entfremdung von der Gruppe oder seinen Wunsch ausdrücken, wegzugehen. Patienten, die das Bedürfnis haben, Kontakt zu der Gruppe zu vermeiden, stellen ihre Stühle oft außerhalb des Kreises auf. Ein Gruppenmitglied kann seine

Angst zum Ausdruck bringen durch Hin- und Herrücken mit dem Stuhl. Sehr wenige Patienten ändern ihre Sitzordnung während der Sitzung und wenn sie es tun, wollen sie gewöhnlich ihre Gefühle gegenüber der Gruppe oder einem bestimmten Mitglied, oft seinem unmittelbaren Nachbar, ausdrücken. Man beobachtet sehr selten, außer bei psychotischen Patienten, das Sitzen auf dem Boden. Der psychotische Patient verletzt Bräuche, die der Neurotiker respektieren kann. Patienten können die Sitzordnung dazu gebrauchen, Untergruppen zu bilden, indem sie die der vorausgegangenen Sitzung beibehalten oder eine solche aus zwangloser Kontaktnahme wählen.

Wir haben der Diskussion über die Sitzordnung aus einer Reihe von Gründen relativ viel Platz eingeräumt. Sie bietet eine gute Darstellung der *gegenseitigen Wechselwirkung* verschiedener Momente in der gruppenanalytischen Situation wie Regelmäßigkeit, Pünktlichkeit, Aufstellung der Stühle gemäß der Zahl der zu erwartenden Teilnehmer (der Anwesenheitsliste entsprechend) und Beweglichkeit der Stühle. Die Aufzeichnung registriert Änderungen in der Gruppe im ganzen, wie z. B. Unruhe durch mehrfache Änderungen der Wahl von Sitzplätzen oder Änderungen im Verhältnis zu Einzelpersonen oder zum Leiter. Die Ängstlichkeit oder Unruhe soll für Forschungszwecke quantifiziert werden. Das Versetzen von Stühlen kann bei der Deutung des Verhaltens nützlich sein. (Siehe Kapitel 6 für die weitere Besprechung bezüglich der dynamischen Wichtigkeit von Aufzeichnungen.)

Wir haben die dynamische Bedeutung von bemerkenswerten Änderungen im allgemeinen dargelegt und wollen jetzt einen besonderen Fall erläutern, in dem die oben erwähnten Änderungen analysiert wurden. Nicht nur ihre dynamische Bedeutung wird deutlich, sondern auch volle Einsicht der Gruppe in diese Geschehnisse.

Der Ausschnitt dieser Sitzung konzentriert sich auf einen Traum, der an sich schon von Interesse war. Die Aufzeichnungen über die Sitzordnung zeigen folgendes Bild:

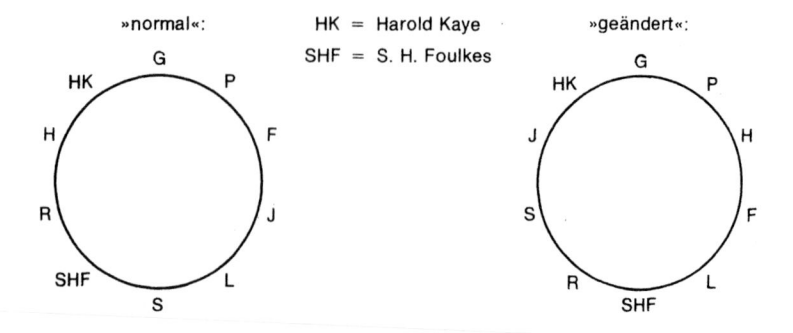

»normal«:   HK = Harold Kaye   »geändert«:
                             SHF = S. H. Foulkes

```
        G                                        G
   HK       P                               HK       P
  H         F                              J         H
  R         J                              S         F
   SHF     L                                R       L
        S                                      SHF
```

Im Folgenden werden Ausschnitte aus der Gruppensitzung wiedergegeben, die für die Sitzänderungen relevant waren. *Harold Kaye, dem Co-Leiter dieser Gruppe verdanke ich diese Aufzeichnungen.*

G kam ein paar Minuten zu spät, P 15 Minuten zu spät, H einen Augenblick nach den meisten anderen, fand ihren gewohnten Stuhl besetzt, zögerte und ging zu einem gegenüberstehenden Stuhl hinüber. SHF war auf seinem gewöhnlichen Platz.
Frau S fing mit einem Traum an, der – wie der letzte – die Gruppe eingeschlossen hatte. Darin war ein sehr entspannt aussehender R die identifizierbare Person. Frau S hatte einen Unterrock an und überlegte sich, welches Kleid sie sich anziehen sollte. Schließlich entschied sie sich für ein schwarzes. Gerade als sie es sich anzog, weckte sie ihr Mann, so daß sie nicht wußte, was geschehen wäre. Im Laufe der letzten paar Sitzungen hat sie viel nachgedacht und jetzt ist sie zu der Schlußfolgerung gelangt, daß sie ihren Vater und ihre Mutter symbolisch umgebracht und ihre Plätze, auch symbolisch, eingenommen hätte. Das war ein Spiel, das sie alleine spielen konnte: sie hätte entweder den einen oder den anderen oder beide umbringen oder sie wieder ins Leben zurückrufen können. Was sie sich später ausgeklügelt hatte, war ein Bestrafungssystem, nach dem sie den Preis des symbolischen Mordes zu bezahlen hatte. Bei der Analyse erschien das schwarze Kleid, das Fräulein F (schwarz gekleidet) mit dem Tod assoziierte, Frau S als ein gewöhnliches Kleid, aber keines der Trauer. Die Vorstellung, sich ein Kleid anzuziehen, aber die Unsicherheit bei der Auswahl, wurde von Fräulein J als ein Symbol der Suche von Frau S nach Ich-Identität identifiziert. Was für ein Mensch sollte sie sein? SHF bemerkte das Wunschelement in dem Traum – daß R, der in der Gruppe sehr ängstlich gewesen war, in dem Traum sehr entspannt war. Ihr Wunsch galt R und vielleicht sich selbst. (Vielleicht kann es auch als Trauer gedeutet werden, trotz ihrer Verneinung). R wollte nicht fortfahren, ohne auf H's Aufregung hingewiesen zu haben, darüber, daß er ihren Sitzplatz eingenommen hätte. (Sie und viele in der Gruppe hatten neulich dazu geneigt, an festen Sitzplätzen festzuhalten und das war in der Gruppe besprochen worden.) Sie hätte, sagte sie, seltsamerweise über die ganze Idee des Platzwechsels nachgedacht und an demselben Morgen gemeint es wagen zu können, ihren Platz zu wechseln. Weil Frau S, gegenüber der sie eine Mutterübertragung hat, »ihren« Platz besetzt hat, hätte dies ihr sehr erleichtert, einen anderen Platz zu akzeptieren. Wenn jemand anders da gesessen hätte, wüßte sie nicht, wie sie sich gefühlt hätte, aber wie es sich ergab, kam es ihr gelegen. (Ich dachte, sie sah ein wenig überrascht aus, als sie beim Eintritt dieser Sachlage gegenüberstand.) Es gab einen Ausbruch von Gesprächen über die Sitzordnung. Frau S. bemerkte, daß es in ihrem Traum viel Bewegung gab, die im Zusammenhang mit ihrem Platzwechsel stand. Fräulein F hatte heute abend absichtlich einen anderen Stuhl genommen

– einen näher SHF als vorher. L nimmt gewöhnlich seinen Stuhl zwei Plätze von SHF entfernt ein; diesmal war er zur Rechten SHF's. Fräulein F war als erstes Mitglied angekommen, wie immer, und wählte absichtlich einen anderen Stuhl. R nahm seine normale Stellung in Bezug auf die Tür ein (er war ihr am nähesten) und Frau S saß neben ihm. Fräulein J trat für ihre Verhältnisse sehr früh ein und setzte sich neben Fau S. Ein einziger Stuhl bleib also für SHF übrig.

Zahl der Gruppenmitglieder

Die ideale Zahl für eine so intensive Gruppe wie die analytische beträgt sieben Mitglieder. Es gibt dennoch gute Gründe, weswegen wir acht als die Standardzahl wählen. Ein Grund dafür ist unsere Arbeit mit gemischten Gruppen, in denen eine gleiche Anzahl beiderlei Geschlechter wünschenswert ist. Weil Leute manchmal ausfallen oder sonst ihre Behandlung beenden, und ersetzt werden müssen, und ab und zu jemand unvermeidlich abwesend ist, bleiben uns oft genug sieben übrig. Man kann mit einer Gruppe unter fünf nicht arbeiten. In einer gut geleiteten Gruppe geschieht es selten, daß mehr als eine oder zwei Personen bei einer Sitzung fehlen. Der Leiter ist in diesen Zahlen nicht eingeschlossen.

Bei der Spekulation über Zahlen könnte man folgendes sagen:

    1 Person ist allein
    2 bilden ein Paar
    3 sind in einem Sinne der Ansatz einer Gruppensituation

Ich habe dies als ein *Dreiermodell* bezeichnet. Der springende Punkt ist, daß irgendeiner von den dreien nicht nur einen der anderen betrachten kann, sondern auch das *Verhältnis* zwischen den beiden anderen oder zwischen allen dreien. Mit fünf ist es erstmals möglich, daß einer isoliert ist oder sich gegen eine kompakte Mehrheitskonstellation auflehnt. Es ist auch möglich in der Minderheit zu sein, ohne isoliert zu sein, nämlich in der Konstellation 3:2. Über acht Mitglieder hinaus, etwa 9, 12 oder sogar 15 können eine annehmbare Zahl für eine Arbeitsgruppe sein, die in ihrer Funktion als ein Team behandelt wird.

Dauer und Häufigkeit von Sitzungen

Die Wahl von anderthalb Stunden als die Standarddauer für die gruppenanalytische Gruppe war rein zufällig. Sicherlich ist eine Dauer von mehr als anderthalb Stunden zu lang für die notwendige Konzentration und Aufmerksamkeit auf allen Seiten. Weniger als anderthalb Stunden ist zu kurz, um allen Gruppenmitgliedern gerecht werden zu können. Das hängt aber auch von der Zahl der wöchentlichen Sitzungen ab. Bei Gruppen, die sich drei- bis viermal in der Woche treffen, könnte eine oder 1 $^{1}/_{4}$ Stunden genügen.

Als Häufigkeit der Sitzungen ist einmal wöchentlich ein Minimum. Sie sollen regelmäßig zur gleichen Zeit stattfinden. Sitzungen zweimal wöchentlich sind zufriedenstellender. Die Kontinuität der Einzelsitzungen wird besser gewahrt. Zwischen den beiden Sitzungen sollte der gleiche Zeitabstand liegen. Sitzungen zweimal wöchentlich machen das ganze Verfahren interessanter und wertvoller, aber sie kürzen die Gesamtdauer der Behandlungszeit nicht beträchtlich ab.

Ich bin auch einer Anzahl von Psychoanalytikern, besonders in den USA, begegnet, die es bevorzugen, ihre Gruppe von Patienten ganz so zu behandeln, als ob es sich um die Analyse eines einzelnen Patienten handelte und sie täglich sehen will. Manche beschränken sich auf Gruppendeutung; andere konzentrieren sich auf den Einzelpatienten. In der Betonung des großen Wertes oder sogar der Überlegenheit dieser Methode im Vergleich zu ihren Erfahrungen und Ergebnissen der Analyse von Einzelpersonen sind sich alle einig. Die Unterschiede zwischen der Gruppenmethode und der individuellen Methode sind auch in theoretischer Hinsicht von besonderem Interesse.

5.1.2. Grundsätze des Verhaltens

Regelmäßigkeit

Die Wichtigkeit von Regelmäßigkeit kann nicht genug betont werden. Das Fehlen eines Patienten unterbricht die Kommunikation und Kontinuität des gesamten Gruppenverfahrens. Abwesenheit verursacht Lücken in der Interaktion und Verständigung der Gruppe, die nur teilweise wiedergutzumachen sind. Die Unregelmäßigkeit der Teilnahme bedeutet, daß längere Zeit vergeht, bevor die Gruppe sich wieder in derselben Zusammensetzung trifft; daher haben Deutungen einen anderen Wert, weil sie zur Matrix der Gruppe nicht passen. Einzelpersonen, deren Anwesenheit unregelmäßig ist, erschweren ihrerseits selber den eigenen Fortschritt. Schwankungen in den Zahlen sprechen auch für die Unfähigkeit des Leiters, Patienten richtig auszuwählen. Ist ein Patient aus triftigem Grund verhindert, so wird er gebeten, seine Abwesenheit anzukündigen.

Pünktlichkeit

Pünktlichkeit gilt als eine Selbstverständlichkeit. Zweckmäßig ist es, daß sich die Patienten vor dem Beginn einer Sitzung versammeln. Das führt auch zu Gesprächen, die ein Vertrautwerden miteinander fördern.

Die Pünktlichkeit des Leiters ist sehr wichtig, weil die Sitzungen natürlich mit seiner Ankunft beginnen. Der Therapeut sollte auf pünktliche Beendigung der Sitzungen achten, dies aber nicht stur handhaben. Eine Wanduhr als neutrale Anzeige ist gewöhnlich von Nutzen. Abgesehen vom natürlichen Kontakt beim Verlassen des Gebäudes soll privater Kontakt nach den Sitzungen vermieden werden. Das Zufrühkommen ist selten eine Gewohnheit und stört im allgemeinen nicht. Ein Patient, de regelmäßig früh ankommt, kann vom Bedürfnis besessen sein, absolut pünktlich zu sein und niemals zu spät zu kommen; sein Verhältnis zu Autoritätsfiguren wird früher oder später auf den Sitzungen angeschnitten. Wenn mehrere Patienten in stillschweigender Übereinkunft früher ankommen, können Untergruppierungen und Kontakte von dynamischer Bedeutung entstehen. Dieser Vorgang wird auf Gruppensitzungen angesprochen, sobald er sich zu entwickeln beginnt.

Zuspätkommen ist immer sehr bedeutsam; zwei verschiedene Arten sind erkennbar:

(a) Gelegentliches Zuspätkommen oder ein solches über einen relativ kurzen Zeitabschnitt. Das ist der Ausdruck eines vorübergehenden Widerstands.

(b) Chronisches Zuspätkommen als ein Charaktermerkmal. Hier handelt es sich um eine anhaltende Verhaltensstörung, ein tiefsitzendes neurotisches Bedürfnis, das sich zeitlebens im Patienten äußert. Mit ihrer weit ausgedehnten Verzweigung kann sie umfassende Symptome verursachen. In der klassischen Terminologie der Psychoanalyse bekundet der Patient einen analen Charakter und zeigt starke narzißtische Tendenzen. Der Patient lehnt sich dagegen auf, etwas zu einer bestimmten Zeit zu tun, wenn es ihm gesagt wird. Man beobachtet Verbindungen zwischen dem Verhaltensmuster des Patienten und seinen Reaktionen auf Grundtatsachen – hier auf die Zeit. Charakteristischerweise finden solche Patienten es schwer, auf irgendjemanden zu warten. In einem Fall zwang die Gruppe einen Patienten, der längere Zeit regelmäßig zu spät kam, seine Aufmerksamkeit auf die Aggressivität seines Spätkommens zu richten. Auf die Einsicht in sein Verhalten folgten beachtliche Veränderungen in seiner Persönlichkeit. Außer einem Vorteil für den betreffenden Patienten kann man entsprechende Wirkungen auf ähnliche Tendenzen bei anderen Mitgliedern erwarten.

Aktivitäten nach Ende der Gruppensitzungen

Patienten verlassen das Gruppenzimmer am Ende der Sitzung, aber neigen dazu, den Kontakt miteinander in den Gängen und auf der Straße draußen weiterzuführen. Obwohl man das Zusammentreffen außerhalb der Gruppe zu verhindern sucht, ist diese flüchtige Art Kontakt unvermeidlich und man muß sich damit abfinden. Es ist wichtig, daß solche »Aktivitäten am Rande« für die Gruppe nutzbar gemacht werden; daß der Patient sich nicht fürchtet, nichts verschweigt oder sich sträubt zu berichten und daß er genügend Respekt vor dem analytischen Abkommen hat. Das Agieren außerhalb der Gruppe bei gleichzeitigem Verschweigen vor der Gruppe ist eine schwere Form des Widerstands und kann mit der Fortsetzung der Therapie unvereinbar werden. Was die nachfolgend berichteten Beobachtungen anbelangt, so wurden diese Diskussionen und Ereignisse nach den Sitzungen der Gruppe berichtet; das ist ein wichtiger Punkt und ein anderer ist, daß, wenn solche Zusammenkünfte gestattet werden müssen, sie die ganze Gruppe angehen sollten. Wenn nur ein Teil der Gruppe sich trifft, werden andere ausgeschlossen.

Das Folgende ist ein Beispiel einer Krankenhausgruppe, wo die Situation es der Gruppe erlaubte, ihre Unterhaltung nach Beendigung der Gruppensitzung und nach Fortgang des Leiters fortzusetzen. Es interessiert in vieler Hinsicht und wird deshalb hier so weitergegeben, wie es damals zufällig aufgenommen wurde.

(Einer Aufnahme der 18. Sitzung der Gruppe von Dr. G. und Dr. P. entnommen. Dr. G. ist im Urlaub, Dr. P. auf dessen Platz. Die Wiedergabe entspricht etwa fünf Minuten der Unterhaltung nach Beendigung der eigentlichen Sitzung.)

Mary hatte eben ihre Zweifel über die Nützlichkeit der Gruppenbehandlung geäußert, da es ihr eher schlechter als besser ginge. Dr. P. beendete die Sitzung und ging mit Clive fort. Die anderen blieben sitzen.
Jane (zu Mary): Sie werden Sie schließlich heilen ... es wird ihnen bestimmt gelingen ... Ich habe Leute auf der Station mit allerlei Beschwerden gekannt, die sie geheilt haben.
Cynthia: Was Sie sagten, leuchtet mir ein, daß er alles ausgeklügelt hat.
Jane: Natürlich hat er das – sie wissen genau, was los ist.
Cynthia: Sie schwätzen und schwätzen und kommen an einen immer näher heran und dann führen sie alles vor.
Jane: Sie sind unendlich clever – sie kommen nur ganz am Schluß, um einem den Gnadenstoß zu verpassen, und dann prüfen Sie auf Herz und Nieren.
Mary: Aber ich fühle mich nicht ...
Jane: Sie bereiten sich bloß vor ...
Robert: Das kriegt man in den Gruppen nicht mit ...
Jane: Na, das kriegt man schon bei der Psychoanalyse – die sagen: »Wir untersuchen die Geschichte Ihres Krankheitsfalles ...« und Sie machen immer weiter, immer weiter, Sie reden über sich selbst und dann prüfen sie auf Herz und Nieren, sie wringen Sie richtig aus. Was sie machen, ist einfach fantastisch.

Ich weiß nicht, wie sie's machen, aber es ist eine Art Gehirnwäsche. Sie fangen erst richtig nach längerer Zeit an, wissen Sie, sie machen einen zutraulich, immer wieder, und dann lassen sie einen schwitzen. Gott weiß, wie sie's machen – ich nicht!
Cynthia: Ich frage mich, ob sie das ganz plötzlich machen.
Jane: Na, ich glaube, er hat angefangen, es mit Mary zu machen – von dem was ich hören konnte.
Mary: Ich glaube, ich komme nächste Woche nicht.
Jane: An Ihrer Stelle würde ich schon kommen ...
Cynthia: Ja, ganz sicher werden sie's machen ...
Robert: Das muß doch ihr Trick sein, sich nicht in die Karten gukken zu lassen.
Cynthia: Ich glaube ... es hat damit zu tun, wenn sie etwas zur falschen Zeit sagen und zu früh. Man nimmt's nicht richtig auf ... es bleibt nicht sitzen.
Jane: Man muß darauf vorbereitet sein.
Cynthia: Man muß wirklich darauf vorbereitet sein, damit es sitzen bleibt ... was ich offenbar vor vierzehn Tagen war.
Jane: Sie führen dich Stück für Stück weiter und sagen immer wieder dasselbe, bis du denkst, du wärest selber darauf gekommen. Gott weiß, wie sie's machen, aber sie haben zwölf Jahre Ausbildung gehabt.
Mary: Sie müssen zuerst selber mitmachen, gel ... sie müssen selber die gleiche Gehirnwäsche mitmachen.
Cynthia: Sie müssen selber psychoanalysiert worden sein.
Jane: Müssen sie das?
Cynthia: Man würde glauben, daß sie entdeckt hätten, daß sie ... (*Mehrere Stimmen auf einmal, ziemlich undeutlich*)
Michael: Der einzige Haken ist, daß der erste sich selber analysieren mußte. Freud und Jung haben sich selber analysiert, aber wenn es mit ihrer Selbstanalyse schiefgegangen ist, dann wäre das Ganze Schwindel.
Jane: Vermutlich arbeiten sie hier nicht nach Freud, es ist kein Freudianer ...
Cynthia: Ne ... es entspricht Jung.
Michael: Ist das hier ein Ort von Jungianern?
Mary: Ist Jung ... lebt er nicht noch?
Jane: Nein, er ist gestorben.
Mary: Gerade bevor ich hierhergekommen bin, ging ich zu jemanden, der bei ihm in Zürich studiert hatte.
Jane: Waren Sie schon in Behandlung, bevor Sie hierherkamen?
Mary: Ich ging zu einer Art Psychiater ... ach, die Frau hatte etwas mit der Kirche zu tun ... sie war wirklich prima ... (*allgemeines Gelächter*)
Jane: Wielange waren Sie dort?
Mary: Ich ging etwa drei Monate ... dann ging ich zu einem an der Ecke von Harley Street ... ich mußte alles immer selber bezahlen.
Jane: Um Gottes Willen, das muß Sie eine Menge gekostet haben ...
Mary: Ach, das machte etwa elf Pfund und sechzehn Pence ... ein weiblicher Psychiater ... und ich ging zu dieser Beratung

... sie war wirklich ganz nett ... eine Quäkerin ...
(*Clive, die mit dem Therapeuten weggegangen war, tritt wieder ein*)
Michael (*zu Clive*): Wir halten eine Sitzung nach Feierabend ab.
(*Allgemeines Kichern*)
Jane: Wir kommen untereinander besser aus.
Mary: Ja, ich bin sicher, wenn man wirklich gesund werden will, können Sie es, aber ich glaube nicht, daß ich will, daß es mir in einer Hinsicht besser geht.
Jane: Ach, natürlich wollen Sie das; ansonsten würden Sie gar nicht hierherkommen. Ich dachte damals, ich hätte den unbewußten Wunsch, nicht gesund zu werden, aber das war nur eine Art Angst.
Mary: Weil, wenn ich gesund werde, ich dasselbe Leben wie vorher nicht führen möchte ... das beunruhigt mich ...
Jane: Aber Sie würden nicht, oder?
Mary: Ich sollte, glaube ich, wieder in die Kirche gehen, wenn ich gesund bin.
Robert: Kommen Sie mal mit mir zu meiner Kirche. Wir spielen mit Wurfpfeilen bis halb elf abends.
Michael: Wenn Sie nicht zu Hause wohnen, müßten Sie dann nicht wieder zum gleichen Ort zurück?
Mary: (zweifelnd) Eigentlich nicht ...
Michael: Sie gingen sicherlich nur dann, wenn sie wollten?
Mary: Ja, aber manche Leute können welche raussuchen, die sie in der Kirche anstellen ... sie sind wirklich ganz rücksichtslos, einige von diesen Leuten, und ich bin so schwach – ich wäre auf der Hut.
Jane: Das mag ein Grund für Sie sein, sich so zu verhalten ... eine Entschuldigung für's Wegbleiben von der Kirche.
Mary: Da bin ich sicher.
Jane: Nun, das müssen Sie nächstes Mal erwähnen ... (bereitet sich zum Gehen). War jemand dahinter? (Zeigt auf die Trennwand)
Michael: Glaub' ich schon.
Mary: Aber jetzt ist niemand da.
Michael: Das alles hier wird aufgenommen – Dr. G. wird schon Wind davon bekommen.
Cynthia: Ach, du lieber Himmel.
Michael: Er wird sich vier Tage durch hinsetzen und sich anhören, wie wir wie Wagner reden ...
Cynthia: Armer Kerl ...
Mary: Ich mag Dr. P. – er ist nett, nicht?
Jane und Cynthia: Ja, sehr nett.
Michael: Es war lustig, als ich Dr. G. schrieb und seinen Namen falsch ... ich wette, sie analysieren das schon ... ich hatte einmal einen praktischen Arzt namens Gordon G. in Bristol und als ich ihm schreiben mußte, konnte ich mich nicht entsinnen, wie der Kerl hieß – ob es Gordon G. oder nur G. war ...
Mary: Wie buchstabierte man es?
Michael: Ich war überzeugt, daß es Gordon G. war und habe ihm den Gordon geschenkt. Dann fragte ich ihn, ob er so richtig

hieße und es kam so, daß nur das G. richtig war. Wahrscheinlich analysieren sie es immer noch.

Mary: Sie denken wohl, daß Sie größenwahnsinnig waren ...

(Sie standen alle auf und entfernten sich langsam. Michael und Mary sprachen über die Möglichkeit, sich in ihrem Krankenhaus nachmittags zu besuchen. Einige der freiwilligen Friedensarbeiter würden Bäume fällen und alte Bauten auf dem Krankenhausgelände abreißen. Mary sagte, daß sie dort wahrscheinlich leider nicht erscheinen würde, um ihn zu sehen.)

Diskretion

Man nimmt selbstverständlich an, daß Gespräche und Vorfälle in der Gruppe vertraulich bleiben und nicht mit anderen diskutiert werden. In der Praxis stellte ich fest, daß Patienten ihr Vertrauen gegenseitig respektieren und daß es oft der Therapeut ist, der die Zuverlässigkeit der Gruppe unterschätzt.

Man kann davon ausgehen, daß die Patienten über ihre Gruppe mit einem Ehegatten oder einer anderen Person, mit der sie ein sehr enges Verhältnis unterhalten, sprechen. Patienten müssen so einsichtig sein, daß dies in Grenzen bleibt. Die Gruppe toleriert diesen Kommunikationsweg zu einem nahen Verwandten. Es ist wichtig, daß auch diese Kommunikationen für die Gruppe nutzbar gemacht werden.

Mit Wissen und Genehmigung der Gruppe habe ich gelegentlich mit einem Patienten und dessen Ehegatten eine zusätzliche Sitzung abgehalten. Es gibt immer besondere Gründe zu Mißtrauen und Neugierde seitens des Ehegatten, die zum Nutzen von beiden und der Gruppe korrigiert werden sollten.

Der springende Punkt bei dieser und vielen ähnlichen Situationen ist, daß der betreffende Patient sich nicht davor fürchtet, die Gruppe über seine Gespräche zu informieren. Die Gruppe kann die meiste Zeit sehr gut damit ohne zusätzliche Gespräche zurecht kommen.

Enthaltsamkeit

Dieses Konzept in der Psychoanalyse geht auf die Zeit zurück, als man eine Neurose für das Resultat sexueller Schwierigkeiten hielt. Bevor infantile Sexualität entdeckt wurde, sprach man von chronischen Schwierigkeiten, wie z. B. coitus interruptus.

Im strengen Sinn bestehen wir heute weder in der Psychoanalyse selbst, noch in der gruppenanalytischen Psychotherapie auf Enthaltsamkeit. Worauf wir aber doch bestehen, ist die totale Enthaltsamkeit von sexuellen Beziehungen zwischen Patienten derselben Gruppe.

Enthaltsamkeit bezieht sich auch auf spannungslösende Mittel wie Rauchen, Essen oder Trinken im Laufe der Sitzung. Diese lassen wir aus guten Gründen nicht zu. Wir bitten den Patienten, sich irgendwelchen physischen Kontakts, zärtlichen oder feindseligen, mit anderen Patienten zu enthalten.

Dies hängt mit der *Handlungsaufhebung* zusammen, die für den analytischen Ansatz charakteristisch ist. Hier stehen wir im vollkommenen Gegensatz zu den Begegnungsgruppen, mit freier und offener Diskussion bis zu intimen Gruppentätigkeiten. Solche sozial befreiende Unterhaltung kann eine beträchtlich lockernde Wirkung und kurzfristig sogar einen Wert haben, indem sie dem Menschen einen Anstoß in der wünschenswerten Richtung gibt, aber es bestehen dabei auch erhebliche Risiken. Diese beschäftigen uns hier nicht. Die suspendierte Handlung in einer analytischen Gruppe steht auch im Gegensatz zum Spiel als Kommunikationsmittel, auch im Sinne eines Psychodramas.

Einige ansonsten analytisch orientierte Kollegen empfinden das Psychodrama als nützlich und praktizieren es. Ich zweifele nicht daran, daß Spielen oder Rollenspiel wichtige Kommunikationsmittel sind; das aber weicht entschieden vom analytischen Ansatz ab. Eine andere Sache ist es, wenn solche Aktivitäten beschränkt auf eine Sitzung und die Gruppe und mit Billigung oder sogar auf Anraten des Therapeuten stattfinden. Es fragt sich allerdings, ob es wirklich nötig ist. Persönlich finde ich, daß in der analytischen Gruppe unter Menschen mit tiefsitzenden Emotionen genügend dramatische Handlung stattfindet, und ich habe deshalb »Handlung« an sich als überflüssig gefunden.

Die tiefgreifenden Fragen, ob »Handlung« als Hilfsmethode (a) notwendig, (b) wünschenswert und (c) vereinbar mit einer analytischen Untersuchungsmethode ist oder nicht, führt tiefer in die Theorie hinein.

Kein Außenkontakt

Die spezifische Bedingung für Behandlung in einer gruppenanalytischen Gruppe setzt voraus, daß Patienten untereinander fremd sind und keine Beziehungen unterhalten. Mitglieder könnten sich unmöglich ungezwungen fühlen, sich in der Gruppe zu unterhalten, wenn das zu Konsequenzen im alltäglichen Leben führen würde. Der wünschenswerte Grad freier Kommunikation verlangt eine Lockerung der Zensur, die normalerweise in sozialen Situationen herrscht. Die Gruppensituation muß deswegen von allen möglichen sozialen Implikationen frei bleiben, die das Ausagieren zusätzlich fördern würden. Nur auf diese Weise können Übertragungsbeziehungen ungehindert innerhalb der Gruppe entwickelt und analysiert werden.

Wir raten deswegen auch entschieden von Außenkontakten ab, weil sie wahrscheinlich zu intimen Beziehungen mit ihren neurotischen Konflikten führen. Das Verlangen nach wirklichen Lebensbeziehungen unter den Gruppenmitgliedern ist Thema der Analyse. Da man absolute Befolgung nicht erwarten kann, ist es wichtig, daß alles was außerhalb geschieht, der Gruppe zugeführt und analysiert wird.

Keine lebenswichtigen Entschlüsse während der Behandlung.
Während der Patient in Behandlung ist, muß er Entschlüsse vermeiden, die ernsthafte Konsequenzen haben, insbesondere unwiderrufliche, wie Berufswechsel, Ehe oder Scheidung. Das ist eine Vorsichtsmaßnahme, die man gar nicht genug betonen kann. Psychoanalytische Erfahrung hat gezeigt, zu welchen Motivationen und Reaktionen infantile, unreife Charaktere während einer intensiven Psychotherapie fähig sind. Konsequenzen hieraus sind fast ausnahmslos für das Leben des Patienten und seine Zukunft verheerend. Wird diese Vorsichtsmaßnahme mißachtet, so ist das auf selbstzerstörerische Kräfte, unbewußtes, zwanghaftes Bedürfnis des Patienten zu leiden und seine neurotische Misere wiederherzustellen und zu verstärken, zurückzuführen.

Die Grundsätze des erforderlichen Verhaltens, die wir hier besprochen haben, können manchmal sozusagen »unschuldig« mißachtet werden. Diese Überschreitungen bieten dem Leiter die Gelegenheit, die Gruppe auf diese Grundsätze hinzuweisen und langsam aber sicher Verständnis und Respekt dafür herzustellen. Wenn aber ein Mitglied bewußt und konsequent ablehnt, den wesentlichen Punkten beizustimmen, schließt es sich von dieser Art Behandlung selber aus.

5.1.3. Kulturelle Atmosphäre

Die Merkmale der Situation, die wir beschrieben haben und die Weise, auf die sie eingeführt und behandelt werden, bestimmen größtenteils das Klima der Gruppe. Das kommt nicht durch eine bestimmte Handlung des Leiters zustande, obwohl diese gesamte Atmosphäre des Ergebnis seiner Handlungen und vielleicht zu einem gewissen Grad seiner Persönlichkeit ist.

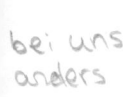

Wir müssen kaum mehr tun als einige dieser Punkte aufzählen, wie die Pflege von Ehrlichkeit und gegenseitigem Respekt, gegenseitiger Toleranz und einer gewissen Flexibilität und Ungezwungenheit. Wir können noch ein wenig über die Art der gewünschten verbalen Kommunikation sagen – eine *frei-assoziierende Diskussion* (free-floating discussion). Bald verstehen die Patienten, daß sie sich weder systematisch noch logisch verhalten müssen, wie es bei einer normalen (gesellschaftlichen) Unterhaltung der Fall ist. Sie sollen sich zu jeder zeit ungeniert fühlen und das sagen, was ihnen am Herzen liegt, was ihnen in den Kopf kommt, was sie denken und empfinden. Es ist einer der vielen Vorteile einer halboffenen Gruppe, daß die Patienten von dem Klima der schon bestehenden Gruppe profitieren, so daß sie häufig viel früher an den Kern ihrer Probleme gelangen, als sie allein dazu in der Lage gewesen wären.

Die Patienten entwickeln einen gewissen Bezug zueinander, Respekt und Toleranz und die Gruppe kann unterscheiden, in welchem Falle Indiskretion berechtigt ist und wann nicht. Die Erkenntnis, daß jedes Gruppenmitglied von anderen abhängt, verleiht der Gruppe ein günstiges Toleranzniveau in diesen Angelegenheiten. Zuversicht innerhalb der Gruppe, gegenseitiger Respekt und Zuversicht zum Leiter sind natürlich von größter Bedeutung für das ganze Verfahren.

III. Der Gruppenleiter

6. Der Leiter bei der Arbeit

6.1. Organisatorische Aufgaben

Wenn der Leiter die gleiche Person ist, die die bereits beschriebenen einleitenden Schritte unternommen hat, war das natürlich ein Teil seiner Funktion. Unter anderen Umständen können die einleitenden Schritte die Funktion eines anderen Arztes sein, vielleicht des ärztlichen Beraters, und der Leiter übernimmt die Gruppe selber erst, wenn sie zusammentritt. Wenn die einleitenden Funktionen vom ärztlichen Berater ausgeübt werden, ist es wünschenswert, daß der Leiter die Gruppe zusammen mit dem beratenden Arzt auf der einleitenden Sitzung kennenlernt.

Zur Einleitung seien einige wichtige Regeln genannt, die der Leiter einhalten muß.

(1) Weil er selber Pünktlichkeit und Regelmäßigkeit erwartet, muß er selber an diesen Grundsätzen streng festhalten. Er soll auch nicht zu früh erscheinen, da seine Ankunft automatisch den Beginn der Sitzung bedeutet. Er soll die Behandlungszeit nicht verlängern, soll aber in dieser Hinsicht nicht übergenau sein; er darf mit der Gruppe nach Beendigung der Sitzung noch einen Augenblick sprechen.

(2) Sein Verhalten soll dem entsprechen, was er von anderen erwartet: er soll die Gruppe nämlich rechtzeitig über ausfallende Sitzungen informieren und seine freien Tage so regeln, daß die

Gruppenmitglieder ihre eigenen Ferien danach einplanen können.
(3) Wenn der Leiter selber Auskünfte über die voraussichtliche Dauer der Gruppe hat oder über verschiedene, die Patienten betreffende Fragen, die deren Entschlüsse beeinflussen könnten, soll er sie bereitwillig und rechtzeitig weitergeben.
(4) Er soll den Gebrauch von Arznei nach Möglichkeit meiden, besonders bei stationären Patienten. Wenn er Arznei für notwendig hält, soll sie von einem anderen Arzt und nicht vom Psychotherapeuten selber verschrieben werden. Diese Überlegungen fallen unter den Begriff der »Doppelkontrolle«. Der Begriff bedeutet, daß neben dem Gruppenanalytiker ein Arzt an der Behandlung beteiligt ist. Das kann bei einer begleitenden Erkrankung, z. B. einer psychosomatischen, oder auch bei der Behandlung desselben psychiatrischen Syndroms vorkommen, das auch er in der psychotherapeutischen Gruppe behandelt wird.

Guter Kontakt und Offenheit zwischen dem Gruppenanalytiker und dem anderen Arzt ist wichtig, weil leicht Übertragungsinteraktionen entstehen können. Häufig vertritt der Mediziner eine andere Ansicht als der Psychiater. Da letzteren der Gesamtmensch angeht, soll beim Gruppenanalytiker die Entscheidungsbefugnis liegen. In dieser Hinsicht ist alles bedeutsam und der Gruppenanalytiker kann konsequent die psychologische Seite von allem in Betracht ziehen, was den Patienten betrifft, sei es physischen oder sonstigen Ursprungs. Ein gutes Einvernehmen zwischen den Behandelnden wird der Neigung des Patienten, einen Arzt gegen den anderen auszuspielen, entgegenwirken.

6.1.1. Aufzeichnungen und Notizen

Zu den routinemäßigen Pflichten des Gruppenanalytikers gehört das genaue Protokoll der gruppenanalytischen Sitzungen, ein sogenanntes *Anwesenheitsprotokoll*. Auf den beiden Abbildungen 10 und 11 (tabellarische Übersicht) sind lehrreiche Beispiele von Anwesenheitslisten zweier verschiedener Gruppen zu finden. Im Grunde genommen ist es eine Liste von Patienten, deren An- oder Abwesenheit mittels Symbolen registriert wird. Wir haben es auch wichtig gefunden, das Zuspätkommen zu registrieren und zwischen Abwesenheit, die erwartet und vereinbart war, und nichtentschuldigter Abwesenheit zu unterscheiden. Zusatzblätter können so angeheftet werden, daß man sogar eine Gruppe von sehr langer Dauer in ihrem gesamten Verlauf registrieren kann. Ein solches Protokoll ist für Forschungs-

GRUPPENANALYTISCHE ANWESENHEITSLISTE

Nr: 13

Treff- und Zeitpunkt der Sitzung: privat

Gruppenart: gemischt. halb-offen. Alle in gehobenen Berufen, psychosomatisch. Aber zwei Personen alle in primär, intensiver Behandlung gewesen.

Jahr: 1952 Sitzungs Nr.: 294 2 3 4 5 6 7 8 9 300 1 2 3 4 5 6 7 8 9 310 11 12 13 14 15 16 –17 ...

Tag: 1 8 15 22 29 5 12 19 26 | 2 4 16 23 30 7 14 21 28 4 | 11 18 25 | 2 9 16 23

Juli – Dez. Monat: VII | VIII | IX | X | XI | XII

Therapeut: S. H. F.
Mit: E. T. A.

Anwesenheitsquotient:

Anwesenheitsanzahl: 6 8 8 7 8 6 7 | 5 6 6 7 7 6 7 5 8 8 | 8 8 8 6 7
Gesamtanzahl: 8 8 8 8 8 8 8 | 8 7 7 7 7 7 7 7 7 8 8 | 8 6 6 6

Namen der Patienten (Einzelheiten auf der Rückseite):

Dr. O
Frl. K
Frau (Dr.) B
Herr E-N
Frau H
Frau N
Herr S
Herr L

Feiertage (rechts) { Feiertage

Frau Gr.

Symbole:
/ Anwesend
- Abwesend nach Vereinbarung
L Zu spät
O Unerwartet abwesend

Abb. 10

GRUPPENANALYTISCHE ANWESENHEITSLISTE

Nr.: III B

Treff- und Zeitpunkt der Sitzung: Krankenhaus
Gruppenart: gemischt. mittlere u. untere Schicht. haß-offen. Durchschnittlich, neurotisch, keine vorherige Behandlung von Bedeutung.

Sitzung Nr.:	1	2	3	4	5	6	7	8	9	10	11	12	13	14	15	16	17	18	19	20	21	22	23	24	25	24	25
Tag:	2	9	16	23	30	6	13	20	24	4	11	18	1	8	15	22	29	5	12	19	26	4	11	13	25	18	15
Monat:	Oktober					November				Dez			Januar					Februar				März				April	

Jahr: 1951/52
Therapeut: Dr. W.D.
Dr. C.B.M.

Anwesenheitsquotient:

Anwesenheitsanzahl: 7 6 5 5 7 6 7 6 8 6 6 4 7 6 6 5 4 5 5 3 4 6 0 5 5 4
Gesamtanzahl: 7/7 8/8 8/8 7/8 7/8 8/8 8/8 7/8 8 8/8 7/7 7/7 7/7 7/7 7/7 7/7 7/7 7/7 7/7 7/7 7/7 7/7 7/7

Namen der Patienten (Einzelheiten auf der Rückseite):

Herr P.	/	/	0	0	0	/	0	/	0	0	0		/	0	d												
Herr N.	/	L	L	L	0	L	L	L	L	0		/	0	L	L	L	0	L	L	L	/	L	/	L	/		
Herr St.	/	/	/	0	L	/	0	/	0	0	0	d/	/	/	/	/	/	/	/	/	/	/	/	/			
Frau L.	/	/	/	/	/	/	/	/	L	L	L	L	/	/	/	/	0	/	/	0	/	/	0	/	0	/	0
Frau G.	/	0	0	/	/	0	/	/	/	/	L		0	L	L	/	/	0	0	0	L	/	0	0	L	/	0
Frau T.	/	/	/	/	/	/	0	/	L	L	0	/	/	/	L	0	0	0	/	0	0	/	/	/	0	0	0
Frau H.	/	/	0	0	/	/	0	/	L	L	L	L	L	/	L	L	L	/	L	/	/	/	/	/	/	/	/
Herr B.												L	Herr O.	/	/	/	0	/	/	0	/	-	/	L	L	0	0	L	/	/	/	0	/

Symbole:

/ Anwesend   L Zu spät
- Abwesend nach Vereinbarung   O Unerwartet abwesend

Abb. 11

zwecke oder statistische Untersuchungen von großer Bedeutung. Wir konzentrieren uns auf den unmittelbaren klinischen Gebrauch.

Das Protokoll wird nach jeder Sitzung vervollständigt und zeigt, wer zu jedem Zeitpunkt Mitglied der Gruppe war, wer bei den Sitzungen anwesend war und wie regelmäßig die Mitglieder kamen, vereinzelt und als Gruppe; wie die Zusammensetzung der Gruppe sich während eines bestimmten Zeitabschnitts änderte, was für relevante Ereignisse stattfanden, usw. Das Protokoll gleicht also einer vollkommenen historischen Aufzeichnung der Gruppe. Neuankömmlinge werden unten auf der Tabelle eingesetzt, damit zu jeder Zeit ersichtlich ist, wie die Mitglieder zueinander in bezug auf ihre Mitgliedsdauer in der Gruppe stehen. Das trifft besonders für halboffene Gruppen zu.

Abbildung 10 ist einer von mir mit verschiedenen Co-Leitern geleitete Gruppe entnommen und zeichnet die 291. bis 317. Sitzung auf. Auffallend ist die Regelmäßigkeit der Teilnahme bei dieser Gruppe. Dr. O., der Gruppenälteste, kommt unregelmäßig, was seinem Charakter und seinen Störungen sehr genau entspricht. Ohne Bescheid zu geben, war er dreimal abwesend, was in seinem Falle der Gesinnung entsprach: »Weil ich die Sitzungen bezahle, habe ich auch das Recht einer fernzubleiben, wenn ich will!« Frau N. beendete ihre Behandlung nach einer Pause und wurde nach einer kurzen Unterbrechung durch Frau Cr. ersetzt.

Zu Abbildung 11: es handelt sich hier um eine nicht so sorgfältig ausgewählte Krankenhausgruppe von ambulanten Patienten einer anderen sozialen Schicht. Der ursprüngliche Arzt wurde von einem zweiten abgelöst, beide waren Anfänger. Unter diesen Umständen ist es kein besonders unregelmäßiges Anwesenheitsbild, aber die Tatsache bleibt, daß nur in den seltensten Fällen alle anwesend waren. Einmal war die Gruppenzahl von sieben auf drei, ziemlich oft von sieben auf vier, oder von acht auf fünf, reduziert. Wir haben zwei Ausfälle, es waren sehr unregelmäßige Teilnehmer. Einer wird durch einen neuen Patienten ersetzt. Die Tatsache, daß es soviele unangemeldete Abwesenheiten gab, hat wahrscheinlich etwas mit der Sozialzugehörigkeit der Patienten und mit ihren Gewohnheiten zu tun, ganz im Gegensatz zu meiner Gruppe, die aus hochgebildeten und im Berufsleben hochstehenden Personen bestand.

Doch selbst unter diesen recht chaotischen Verhältnissen kann man Hinweise darauf finden, wann Abwesenheit auf die ganze Gruppe betreffende Faktoren zurückgeführt werden kann. So wurde z. B. in der 20. Sitzung, als alle sieben Teilnehmer anwesend waren, ein Test angekündigt. Als in der folgenden Woche der Test stattfand, waren nur drei von sieben Patienten anwesend.

Tabelle der Sitzordnung

Damit ist das Notieren der Namen der Patienten nach ihrer Sitzordnung am Tisch gemeint. Diese Aufzeichnungen sind wertvoll, besonders für diejenigen, die die Psychodynamik der Gruppe studieren. Der Leiter, der diese Dinge beobachtet und auf sie im richtigen Augenblick in der Gruppe hinweist, stellt fest, wie wichtig sie sind, und ist erstaunt, wieviel die Gruppe davon weiß. Die Gruppenmitglieder verfügen unter sich über ein außerordentliches Beobachtungs- und Deutungsvermögen, obwohl sie mit ihren Beobachtungen nie hervortreten, bis der Leiter dafür Interesse zeigt. Ich aber selber arbeitete, inspiriert von einem Taschen-Schachspiel, mit einer Pappscheibe, auf der ich die Ankunftszeiten, die Einfluß auf die Sitzordnung haben, zurückverfolgen konnte. Dafür braucht man Auskünfte von der Gruppe über vorzeitiges Erscheinen. (siehe auch Abschnitt 5.1.1.)

6.1.2. Hilfsmittel

Einwegtrennwand, Tonband- und Videoaufnahmen

Die *Einwegtrennwand* ist ein wertvolles Ausbildungs- und Forschungsmittel. Sie besitzt die einzigartige Eigenschaft, daß sie Beobachtungen zuläßt, die das beobachtete Geschehen nicht beeinflußt. Ethische Überlegungen sprechen allerdings dagegen und man ist im allgemeinen der Ansicht, daß Patienten über diese Einrichtung informiert werden müßten. Vielleicht sollten wir mehr Vertrauen in uns setzen, daß wir dieses Gerät nicht mißbrauchen, selbst wenn die Patienten über dessen Funktion nicht orientiert sind.

Tonbandaufnahmen sind auch ein wertvolles Lehr- und Forschungsmittel, aber sie fördern die Therapie nicht. Obwohl es richtig ist, daß die Gruppe »die Aufnahme bald ganz vergißt«, ist das wahrscheinlich auf Verdrängung zurückzuführen. Ich habe keine persönliche Erfahrung mit Videotonbändern, für die dennoch dieselbe Bemerkung gelten dürfte.

Falls eine von diesen Methoden verwendet wird, kann man davon Gebrauch machen, indem man sie der Gruppe gelegentlich vorspielt. Die Gruppe erlangt Einblick in das tatsächlich Geschehene und kann sich »von außen« betrachten. Ich hege nicht den geringsten Zweifel, daß diese Methoden auf diese Weise zuweilen nützlich sein können. Vom rein klinischen Gesichtspunkt soll man lieber darauf verzichten. Wenn sie trotzdem verwendet werden, müssen gruppenanalytische Grundsätze unbedingt berücksichtigt werden; man darf nicht einfach darüber hinweggehen.

Munise bekommt Führer-Rolle zugeschrieben

6.1.3. Co-Leiter und Beobachter

Der Co-Leiter ist für Lehrzwecke von großem Wert und hat gewisse Vorteile. Im ganzen ist es für die Gruppe besser nur *einen* Leiter zu haben. Auf jeden Fall soll nur *einer* mit der Führung beauftragt sein und der andere mehr als Hilfsleiter fungieren. Dieser zweite Leiter darf zuweilen die Gruppe übernehmen, kann einen sehr wichtigen Beitrag leisten und muß keineswegs zweitrangig sein. Ich ziehe einen Co-Leiter einem sogenannten Beobachter vor.

Auch wenn dieser sich wirklich auf eine Beobachterrolle beschränkt, stört er und verursacht Mißtrauen und eine gewisse paranoide Ängstlichkeit in der Gruppe. Leiter und Co-Leiter müssen sich unbedingt die Zeit nehmen, ihre Beobachtungen und Ansichten auszutauschen. Sie müssen persönliche Meinungsverschiedenheiten und Differenzen vermeiden, die allzu oft von der Gruppe provoziert werden. Wenn diese Vorbeugemaßnahmen getroffen werden, ist es für beide ein Vorteil, die Behandlungsmethoden des anderen kennenzulernen.

6.1.4. Aufzeichnungen

Während der Sitzungen dürfen keine Notizen gemacht werden. Bei Sitzungen, die zweimal wöchentlich stattfinden und wo die Zwischenpausen nicht so groß sind, kann man ohne Notizen auskommen. Die Kontinuität oder offensichtliche Diskontinuität aufeinander folgender Sitzungen wird viel deutlicher, wenn die Sitzungen nicht nur einmal, sondern zweimal wöchentlich stattfinden.

Natürlich besitzen Notizen für jemanden einen großen Wert, der seine Erfahrungen niederschreiben oder sonstwie vermitteln will. In diesem Fall kann man sie nicht entbehren. Wenn man über längere Zeit hinweg keine Aufzeichnungen macht, gehen viele Einzelheiten verloren. Notizen können aber nur eine gekürzte Fassung und eine Auswahl dessen, was vor sich ging, darstellen. Man macht Notizen am besten sofort nach der Gruppensitzung, wenn alles im Gedächtnis noch frisch ist.

Eine andere Art von Notizen ist relevant für ein bestimmtes Problem oder Thema oder einen bestimmten Patienten. Auch ohne Notizen sollte man sich nach jeder Sitzung darüber Gedanken machen, was tatsächlich vorging. Ich muß aber eine Warnung hier hinzufügen, die paradox klingen mag: das Denken in der Zwischenzeit, mit oder ohne Begleitnotizen, darf unter keinen Umständen den Therapeuten daran hindern, jeder Gruppensitzung neu zu begegnen und sowohl dem

Einzelpatienten als auch der Gesamtgruppe unvoreingenommen entgegenzutreten. Ich hoffe, daß meine Bemerkungen über das offensichtliche Paradox zwischen gutem Gedächtniswert von Notizen und der Notwendigkeit vollkommener Spontanität nicht zu widersprüchlich klingen. Ein guter und erfahrener Leiter wird in der Lage sein, den richtigen Ton zu finden und sich in bezug auf Teilnahme, Gruppensituation und Kommunikation innerhalb seiner Grenzen halten. Seine Reflektionen sollten vereinbar sein mit der Fähigkeit, spontan und natürlich zu wirken.

6.2. Die Arbeit als Gruppenanalytiker

Bisher haben wir die organisatorischen Aufgaben des Leiters behandelt. Er wählt die Patienten aus, bildet die Gruppe und schafft die gruppenanalytische Situation als den Bezugsrahmen, in dem er arbeitet. Nach unserer grundsätzlichen Überzeugung bestimmt die so geschaffene dynamische Situation, die immer wieder aufrechterhalten werden muß, den Charakter und alle Teilprozesse der Psychotherapie. Der gruppenanalytische Leiter weiß, daß eine Anzahl von therapeutischen oder antitherapeutischen Faktoren von der Atmosphäre, die er aufbaut, abhängig sind. Er hat sich zum ersten Diener der Gruppe gemacht und dient ihr als Werkzeug der gruppenanalytischen Psychotherapie. Bei dieser Behandlungsart fungiert die Gruppe selbst als Auslöser von Veränderungen. Es müßte inzwischen deutlich geworden sein, daß der Leiter Teil dieser Gruppensituation ist; gleichzeitig aber ein Mitglied mit besonderer Funktion.

Im folgenden betrachten wir den Leiter als Therapeuten im engeren Sinne. Das ist eine schöpferische Tätigkeit, die einiger Intuition bedarf. Der Leiter muß mit der Gruppe leben, sich den ihn und sie durchdringenden Strömungen aussetzen, das Sich-Entfaltende deuten und diese Deutung relativieren. Nur im Augenschein dieser Orientierung kann er seine verschiedenen Eingriffe, ihre Natur und den Zeitpunkt ihres Einsatzes bestimmen. Seine Grundhaltung ist als die *analytische Haltung* bezeichnet worden. Sie entspricht der des Psychoanalytikers in der Einzelbehandlung, weicht aber davon erheblich ab, entsprechend seiner Gesamtrolle als Leiter in einer Gruppensituation. Er muß also theoretisch anders als in der psychoanalytischen Einzelsituation denken. Die Phänomene, deren Existenz wir als Psychoanalytiker erkennen, haben ihre Entsprechungen auch in der Gruppe.

Andererseits sind bestimmte Phänomene der Gruppensituation eigen, wie ich bereits in meinem ersten Buch i. J. 1948 betonte. Die Reichweite der Behandlung und die Beschaffenheit der zu erwartenden therapeutischen Veränderung ändern sich in der Gruppe. Unter analytischer Haltung verstehe ich die Kenntnisse eines Leiters von Psychodynamik, wie wir sie aus 50- bis 80-jähriger Erfahrung in der Psychoanalyse kennen; Widerstand, Abwehr, struktureller Gesichtspunkt, die unbewußte Natur aller dieser Prozesse und die Bedeutsamkeit von symbolischem Ausdruck. Es bedarf also zusätzlicher Ausbildung und Erfahrung für einen Gruppenleiter. In der analytischen Haltung ist es weiterhin wesentlich, nicht vorschnell zu urteilen, sondern zuhören zu können, ein Gespür für die Wahrheit und für innere Ehrlichkeit angesichts der Konfrontation mit Konflikten zu entwickeln. Grundwissen über Neurosen und deren Wurzeln und vom Weg zur Genesung gehören zur therapeutischen Theorie, worauf wir hier nicht weiter eingehen.

6.2.1. Ziele der Behandlung

Was verstehen wir unter Therapie? In erster Linie wollen wir den Patienten zu Veränderungen befähigen. Der Patient muß sich verändern wollen oder, um es vorsichtiger auszudrücken, er muß soviele Konflikte und Leiden haben, daß er einer Veränderung gegenüber disponiert ist; seine Verhältnisse müssen sich ändern, wenn er danach verlangt verhältnismäßig glücklich und sinnvoll zu leben oder von der Qual seiner Symptome oder von Selbstzerstörung befreit werden will. Die Beurteilung dieser Haltung des Patienten ist ein Gesichtspunkt bei der Auswahl und bezieht sich auf das wichtige Element der *ausreichenden Motivation für Veränderung*, um die Therapie überhaupt zu ermöglichen. In der Gruppenanalyse, wie sie in diesem Buch dargestellt ist, ist es klar, daß Veränderung andere Menschen einschließt, insbesondere den inneren Plexus oder die Vernetzung von Menschen, der der Patient angehört. Bei der Beurteilung der Möglichkeit einer Veränderung und ihrer Intensität müssen wir deshalb die Gesamtkonstellation innerhalb dieser Vernetzung in Betracht ziehen und nicht nur die Verfassung des Einzelpatienten.

Wir wollen den Patienten weder nach unserem Eigenbild verändern, noch nach dem Vorbild der sogenannten Normalität oder der ideal wünschenswerten Verhaltensweise innerhalb seiner Umgebung. Wir wollen den Patienten hingegen von jenen Mächten befreien, die ihn an der Entwicklung seiner eigenen Persönlichkeit und seiner eigenen Leistungsfähigkeit hindern. Natürlich muß das letztlich mit den Umständen, in denen er sich befindet, und mit seinem Milieu in Einklang stehen. Die angestrebte Befreiung im inneren psychischen Leben des Patienten von Hemmungen, die eine Veränderung erschweren, bedeutet gleichsam einen Prozeß des *Verlernens*. Unser Interesse gilt deswegen an erster Stelle der Analyse unbewußter Hemmungen, Einschränkungen, die ein Teil des Ichs und des Über-Ichs des Patienten bilden. Diese Prozesse sind von innerer psychologischer Natur und doch sehe ich sie so, daß sie die ganze Gruppe durchdringen. Wenn wir die Ansicht akzeptieren, daß das gruppenanalytische Verfahren selbst auf einem in sich geteilten psychischen Leben beruht, liegt kein Widerspruch vor; es beruht auf einem engen Kommunikationsgeflecht, das sich allmählich in eine organartige Matrix verwandelt, innerhalb derer sich alle Prozesse entfalten. Deshalb spreche ich von *zwischenmenschlichen Prozessen* innerhalb des psychologischen Gesamtgeflechts der Gruppe. Der Wunsch nach Veränderung beim Einzelpatienten macht sich bemerkbar, wenn er zum Lernen bereitwilliger wird. Er lernt, fühlt, denkt, erkennt frei als eigene Person weiter – um sein Selbst zu entwickeln.

Die Zunahme der Selbsterkenntnis geht Hand in Hand mit dem erhöhten Verständnis für andere; die Erweiterung des Horizonts ist von fundamentaler Bedeutung. Die Achse dieser ganzen Prozesse bildet *verbesserte Kommunikation* und Zunahme an Reichweite der Kommunikation und deshalb auch des Verstandes und der Information. Die Gruppe ist und bleibt der aktive Vermittler und der entscheidende Zusammenhang, während der Leiter der Berater ist, nicht der Führer, weil er die Gruppe oder die Patienten auf eine bestimmte Weise oder in einer bestimmten Richtung nicht führt, sondern den Neigungen der Gruppe folgt.

Er muß bei seinen Eingriffen bezüglich seines Handelns und dessen, was er vertritt, vorsichtig vorgehen, weil man ihn gerne als Vorbild ansieht und es ist schwierig aber wichtig, die Gruppenmitglieder von dieser Vorbildsfunktion des Therapeuten als Richtlinie für ihre eigene Entwicklung zu befreien. Diese Neigung, die beim Einzelnen mehr oder weniger stark ausgeprägt ist, ist ein deutlicher Widerstand und muß ständig analysiert werden.

Da die Eingriffe des Leiters meist verbal sind, verbindet man sie meist mit der Vorstellung von Interpretationen. Deutungen sind wichtig und wir müssen uns dazu äußern, aber sie sind nur eine Art des Eingriffs. Der Leiter muß manchmal das Diskussionsthema wählen, Aufmerksamkeit auf das lenken, worüber die Gruppe hinweggehen will; er muß manchmal widersprechen; verkannte Verbindungen oder die Bedeutsamkeit vom Verhalten erläutern. Er kann sich an Einzelpersonen oder die Gruppe wenden. Er kann Fragen stellen, Information erbitten usw. Eine Anzahl von Eingriffen sollte nicht als Interpretation bezeichnet werden, weil diese eine spezifischere Bedeutung besitzt. Wann schweigen und wann sprechen, was für ein Thema anschneiden, wie und wann, an wen man seine Bemerkungen richten darf, all das hängt von dem Orientierungssinn des Leiters ab, von seinem Spürsinn, von seinem bewußten oder unbewußten Einfühlungsvermögen in die Situation.

Im ganzen können wir sagen, daß der Leiter vom Manifesten zum Latenten, zur versteckten Bedeutung, vordringt. Das bezieht sich nicht nur auf das Gesagte, sondern auch darauf, *wie* es gesagt wird, *was* geschieht und *warum*. Von den offenkundigen Ereignissen darf man nicht irrtümlicherweise annehmen, daß sie verstanden, oder gar wahrgenommen werden. Zuerst muß man das »was« des Problems erkennen und sich dann fragen: »wie«, »auf welche Weise?«, »welche Implikationen waren im Spiel?« Es bedarf einer Reihe von Deutungen, bevor alle in der Gruppe die Antworten auf diese Fragen einsehen und ihnen zustimmen.

Die Frage »*warum*« bedeutet nicht ausschließlich »warum letzten Endes«, sondern sie bezieht sich auf die unmittelbare Gegenwart; »warum gerade auf diese Weise?«, »warum ausgerechnet bei ihm oder bei ihr?« Wir gehen also *vom Symptom* im weitesten Sinne des Wortes *zum dahinterstehenden Konflikt* oder Problem. Dieses Verfahren enthält viele Stufen, die alle zusammen die Analyse bilden. Deutung ist bloß eins der Mittel im Dienste dieser Analyse, wenn auch ein wichtiges.

Analyse bezweckt Bewußtmachen einer unbewußten Bedeutung oder eines unbewußten Ausdrucks. Dabei geht ein doppelter Prozeß vor sich von unten nach oben und von der Oberfläche in die Tiefe. Wenn wir Deutungen im einzelnen besprechen, kommen wir darauf zurück.

Man kann diese ganzen Prozesse betrachten, als ob sie Übersetzungen von einer Art Ausdruck, von einer Sprache in eine andere, von symptomatischer und symbolischer Bedeutung zum klaren Verständnis wären. Wenn wir auf die gesamten Prozesse verweisen, sprechen wir manchmal von »Übersetzung«.

Der Leiter muß es vermeiden im Mittelpunkt zu stehen, sondern muß im Hintergrund bleiben. Dies hat nicht nur den Sinn ihn als Übertragungsfigur, als Figur der Vergangenheit, die in der Gegenwart lebendig wird, geeignet zu machen, sondern er ist auch der Träger sehr starker Emotionen. Wenn es ihm gelingt, seine Bedeutung zu vermindern, statt sie hervorzuheben, erfüllt er zwei wichtige Zwecke: Erstens wird ihm die Analyse dieser Projektionen und klarstellender Deutungen zu seiner Handlung und seiner Person erleichtert; zweitens verhilft er der Gruppe zu mehr Selbstvertrauen und eigenem

Handeln. Die Gruppe lernt, sich mehr auf sich selber zu verlassen und mehr Zutrauen zu eigenen Erkenntnissen zu fassen. Dies dient als Schutzmaßnahme gegen Vorurteile, auch die des Leiters, die aus persönlichen Zuneigungen, Erziehungsfaktoren oder ähnlichen Ursachen entstehen. Die als Ergebnis der sich gegenseitigen beeinflussenden Prozesse in der Gruppe stattfindenden Veränderungen sind dauerhaft und solide.

Die Zurückhaltung des Leiters darf auf keinen Fall mit Passivität verwechselt werden. Er ist im Gegenteil geistig tätig, hört zu, widmet sich dem, was die Gruppe zum Ausdruck bringen will und beschäftigt sich mit seinem eigenen Eingreifen. Er muß zuweilen wirklich sehr aktiv sein. Es wäre falsch, den Grundsatz der Zurückhaltung so verstehen zu wollen, als wenn ein Therapeut allem aus dem Wege ginge, um so wenig wie möglich engagiert zu sein. Am Anfang jeder Sitzung, besonders in den frühen Stadien, ist seine aktive Hilfe unentbehrlich und indiziert. Je besser er seiner Funktion nachkommt, desto wahrscheinlicher wird er von der Gruppe dadurch belohnt, daß sie ein wirksameres und leistungsfähigeres Mittel der Therapie wird.

Der Leiter soll niemals eingreifen, bevor seine Hilfe vonnöten ist. Bei der Verminderung seiner Bedeutung als eine autoritäre Elternfigur in einer infantilen und irrationalen Begriffswelt der Macht, die vom Teufel bis zum Herrn selber reicht, leistet er einen wertvollen Beitrag, indem er die irrationale Tyrannei des Über-Ichs reduziert.

Worauf oben hingewiesen wurde, könnte als eine Art *Übertragungsanalyse durch Handlung* verstanden werden, die im Gegensatz zur Übertragungsanalyse durch andere Mittel des Eingreifens, besonders durch Deutung, steht. Dieser Ausdruck entspricht der Vorstellung der Ich-Analyse durch Handlung, verstanden als Psychodynamik des Ichs. An den Ich-Prozessen, wie an allen anderen, hat meiner Meinung nach die ganze Gruppe Anteil. Sie sind im Context der Interaktionen der Gesamtgruppe durch die Gruppe selbst und den Leiter analysierbar. Wie bei der Übersetzung des Unbewußten ins Bewußte, versteht sich das gleichermaßen in einem totalen Sinne. Es bedeutet nicht einfach die verbale Übersetzung des unbewußten Inhalts in einen bewußten Inhalt. Es bedeutet hingegen, daß die gesamte intrapsychische Wechselwirkung zwischen den verschiedenen Strukturen des Geistes, insbesondere des Ichs, Über-Ichs und Es, sichtbar und explizit in der Gruppe zum Ausdruck gebracht wird, damit die Gruppenmitglieder sich dieses dynamischen Kampfes bei jedem Einzelnen bewußt werden können. Durch das gruppenanalytische Verfahren und die damit verbundene Arbeit, alles hervorzukehren oder zu einem möglichen Ausdruck zu bringen, nehmen alle Teilnehmer an einem therapeutischen Prozeß teil.

6.2.2. Deutungen

Deutungen ereignen sich ständig, in Worten und Taten, durch Übergehen oder Ausführen, bewußt oder unbewußt und alle Gruppenmitglieder nehmen an Deutungen teil. Teilweise versuchen sie es sogar bewußt, ähnlich dem, was sie beim Leiter sehen oder meinen, daß er tun müßte. Gelegentlich können solche Deutungen wertvoll sein, aber wegen ihrer Tendenz, den Leiter nachzuahmen, ihn als Vorbild zu benutzen, oder ihn, sozusagen, zu korrigieren, mit ihm zu rivalisieren oder selber die Rolle von Co-Leitern zu übernehmen, sind sie meist suspekt.

Hier interessieren Deutungen als ein praktisches, durch den Leiter bewußt angewendetes Werkzeug. Ich wiederhole, der Leiter unternimmt viele Eingriffe, die manchmal als Deutung bezeichnet werden, die aber zu unterscheiden sind vom eigentlichen Sinne des Wortes. Deutung ist eine verbale Mitteilung seitens des Leiters an die Gruppe, oder an Gruppenmitglieder, um ihre Aufmerksamkeit auf einen bestimmten Sinn zu lenken, dessen sie sich seines Erachtens nach unbewußt sind, aber mittels dieser verbalen Beihilfe bewußt werden könnten. Er muß auch dafür sorgen, daß seine Deutung im richtigen Augenblick geäußert wird. Das ist dann der Fall, wenn alle oder einige Gruppenmitglieder, oder sogar ein Einzelmitglied, nahe daran sind etwas zu verstehen. Eine zutreffende Deutung ruft ein »AHA-Erlebnis« hervor: das heißt, es »klickt«, ist richtig am Platze und die bisher verborgene Bedeutung wird ersichtlich.

Der Leiter soll nur dann eine Deutung geben, wenn er geduldig aber vergebens auf diese Einsicht seitens der Gruppe gewartet hat. Selbst dann ist es vielleicht besser, die unbewußten Abwehrsysteme und Widerstände zu analysieren, die die Patienten daran hindern, zu eigenen Erkenntnissen zu gelangen. Diese Analyse von Abwehrsystemen und Widerständen impliziert das unbewußte Ich und den unbewußten Einfluß des Über-Ichs.

Eine andere Art Deutung ist die Übertragungdeutung. Insofern sie den Leiter selber anbetrifft, soll sie hauptsächlich von ihm gemacht werden und er müßte in dieser Hinsicht etwas entgegenkommend und aktiv sein, denn die Gruppe tendiert dahin, sich nicht über diesen Vorgang bewußt zu sein, sondern die Übertragung auszuagieren, d. h., sie durch ihre Reaktionen zum Ausdruck zu bringen. Der erste Schritt besteht darin, der Gruppe bewußt zu machen, was gesagt wird wie es sich verhält, und erst, wenn das verstanden ist, kann der Leiter deutlich machen, *warum* sie das tut und was es mit ihm zu tun haben könnte.

Meiner Meinung nach steht jede Deutung im Dienst der Analyse und ist von der richtigen Einsicht und der Gesamtdeutung abhängig, die der Leiter angesichts der Geschehnisse in der Gruppe zu einem bestimmten Zeitpunkt entwickelt. Wir berühren hier das Problem von Gegenübertragung, das besonderer Berücksichtigung bedarf. Ob während der Sitzung oder, wie es oft geschieht, zwischen den Sitzungen, muß sich der Leiter natürlich zuerst seiner Gegenübertragung bewußt werden, um nicht nur sich selbst, sondern auch sein Verhalten in der Gruppe entsprechend zu modifizieren. Manchmal ist es angebracht, daß der Leiter seine Gegenübertragung offen vor der Gruppe analysiert; das darf aber trotz seiner Bedeutsamkeit niemals zur Routine werden. Jedenfalls muß der Leiter mit dieser Art von Mitteilungen sparsam umgehen. Wenn er selber feststellt, daß Widerstand gegen Kommunikation von ihm ausgeht, daß er beteiligt oder gar die Ursache ist, sollte das ein Hinweis darauf sein, daß eine Deutung durch ihn nützlich, wenn nicht gar notwendig ist. Dabei befolgt er die allgemeine Regel nur zu deuten, um die Kommunikation zu verbessern und zu vertiefen.

Betreffs der Frage der sogenannten Tiefendeutungen kann man sagen, daß sie insbesondere einen Wert bei der Behandlung von psychotischen Fällen besitzt, aber auch in den meisten Fällen von Neurose. Ich denke hauptsächlich an Patienten, die an oberflächlichen Alltagsgeschichten festhalten, sich in Geplauder ergehen oder einen hartnäckigen aber vollkommen schweigsamen Widerstand zeigen. In solchen Fällen kann eine »Tiefendeutung« den Widerstand durchbrechen oder ihn wenigstens akuter und handgreiflicher machen. Dem allgemeinen Grundsatz folgend, sollen alle Deutungen den von Freud festgelegten Richtlinien folgen. Sie sollen nämlich immer von der Oberfläche der Dinge ausgehen, von dem, was gegenwärtig manifest ist.

6.2.2.1. Beispiel einer Deutung: Das alte Haus

Herr Ch. ist ein Mann, der durch die Gruppe in dem Sinne eine Besserung gezeigt hat, daß er bei seiner Arbeit selbstsicherer geworden ist. Er war bereitwilliger, seiner Stelle als Arbeitsführer nachzukommen, und war auch zu Hause im ganzen befreiter. Innerhalb der Gruppe kämpfte er noch mit seiner Zurückgezogenheit, es entgingen ihm deshalb wichtige Informationen. Machmal schlief er ein oder döste vor sich hin. Dieses Verhalten ist als eine Auflehnung gegen seinen Vater gedeutet worden, von dem er nichts annehmen konnte, obwohl er gleichzeitig meinte, daß es wichtig war, ihm zuzuhören. Diese Störung in seiner Beziehung zur Gruppe und zum Leiter war der Kern seines Konflikts. Herr Ch. erzählte nun von wiederholten Träumen über das alte Haus. Darunter verstand er das Haus, in dem er und seine Familie noch gewohnt hatten, als er sich vor zwei Jahren der

Gruppe anschloß. Dieses alte Haus ähnelte dem, in dem er aufgewachsen war. Damals, als er umzog, wurde dies in der Gruppe diskutiert und mit Veränderungen in Verbindung gebracht, die sich mit ihm vollzogen. Seine Frau haßte es in London zu wohnen und wollte auf dem Lande leben. Herr Ch. entsprach ihrem Wunsch und war froh darüber. Er war glücklich über seinen neuen Wohnsitz, der an einem Fluß auf dem Lande lag, und alles war nett. Nichtsdestoweniger träumte er sehnsüchtig von dem alten Haus.

An dieser Stelle sagte Herr H., ein anderes Gruppenmitglied: »Na, es ist klar, was es bedeutet. Es bezieht sich auf irgendwelche Veränderungen in Ihnen außerhalb der Gruppe.« Herr Ch. schien diese Deutung, die er offenbar für richtig hielt, zu akzeptieren, indem er behauptete, er hätte sich darüber keine Gedanken gemacht. Dennoch beschäftigte ihn das alte Haus als Symbol des Elternhauses. Trotz seiner Auflehnung gegen die Maßstäbe des Vaters hatte Herr Ch. es weiter als sein Vater gebracht, der Beamter gewesen war. Er war unternehmungslustiger als sein Vater. Er hatte neulich z. B. Pläne entwickelt, neben seinem Beruf als Journalist eine Boutique zu kaufen. Er behauptete, es wäre ihm jetzt leichter, sich manchmal einen Abend auswärts vorzustellen, obschon er damals keine engeren Beziehungen zu einer Frau unterhielt. Er hatte wiederholt diese Neigung gezeigt. Einmal versuchte er, mit einer verheirateten Frau intim zu werden, aber er erwies sich als impotent. Jetzt scheint sich die Haltung seiner Frau geändert zu haben. Früher hätte sie verstehen können, wenn er derartige Sachen unternahm. Sie hätte ihm auch verzeihen können, aber wenn sie es gewußt hätte, hätte es nie wieder wie vorher sein können. Vor kurzem hatte die Frau angefangen mit einem Mann zu flirten, wovon beide Ehepartner wußten. Herr Ch. stand dieser Sache ambivalent gegenüber aber er gab zu verstehen, daß gerade diese Erfahrung ihn davon befreien würde, sich sexuell ein wenig zügellos zu geben. An dieser Stelle habe ich ihm lediglich gesagt: »Ihr Vater hätte sich da ganz anders verhalten, nicht wahr?« Das stieß auf Widerhall bei Herrn Ch. Es wurde klar, daß der Hauswechsel auch sexuelle Nebenbedeutungen besaß, wie z. B. die Frau wechseln. Seine eigene Frau bedeutete gleichsam das alte Haus. Das Gefühl, unternehmungslustiger als sein Vater zu sein, hatte auch eine doppelte Bedeutung. Diese Art der Bedeutung zeigt vortrefflich die Beziehung zwischen seiner Auflehnung gegen den Vater bezüglich seiner Schulerziehung sowie seiner Karriere und der dahinter stehenden sexuellen Rivalität und Freiheit.

Es besteht kein Zweifel, daß Deutungen einen wesentlichen, nützlichen und wichtigen Teil unserer Technik bilden, aber wir sollen uns dabei stets bewußt sein, daß wir die eigentliche Arbeit des Patienten verrichten. Im Zweifelsfalle ziehe ich es deshalb vor, daß der Patient selber seine Probleme aufdeckt. Es scheint mir nicht nötig zu sein, Deutung und Annahme oder Ablehnung von Deutungen dauernd mit Introjektions- und Projektionsprozessen zu verbinden, weil sie eher metapsychologische Konzepte sind, um *Freuds* Begriffe zu benutzen. Es ist, als ob man mitten im Satz auf die Grammatik verweisen würde.

Das führt dazu, daß der Patient die ganze Zeit redet und sich das laufend Geschehene in der wesentlichen oral-regressiven Form von Einverleiben und Wiedergeben, vom Akzeptieren und Ablehnen im libidinösen und destruktiven Sinne, versinnbildlicht. Es ist nicht sicher, ob nur Übertragungsdeutungen »mutativ« sind, um *Stracheys* treffenden Begriff zu benutzen. Es leuchtet mir nicht ein, daß tief mutative Veränderungen während unserer Analyse oder Deutung der wichtigen Bedeutung in anderen tatsächlichen Erlebnissen oder Verhältnissen innerhalb oder außerhalb der Sitzung nicht vorkommen können. Das ist in einer Gruppe besonders augenfällig.

Die moderne Tendenz, Übertragungsdeutungen ganz und explizit in den Mittelpunkt des analytischen Verfahrens zu verlegen, enthebt sie keineswegs einer gewissen Skepsis. Dieses Verfahren kann übertrieben werden und verstärkt dann die Neurose. Es scheint mir, daß das Übertragungsphänomen in einem gewissen Sinne den Sieg der Neurose über den Therapeuten und Patienten widerspiegelt. Ich kann also mit dem in manchen Methoden zugestandenen Monopol der Übertragung und ihrer Interpretation nicht übereinstimmen. Jede Deutung hat Übertragungs- und Gegenübertragungsimplikationen. Das ist von den Deutungen zu unterscheiden, die sich direkt auf Übertragung beziehen. Die bloße Tatsache, daß der Therapeut auf den Stoff reagiert, indem er ihn deutet, hat erhebliche Übertragungsimplikationen, ähnlich dem Fehlen einer Reaktion und abwartender Haltung.

Bevor ich auf Deutungen in der Gruppenanalyse im einzelnen eingehe, möchte ich nochmals die Wichtigkeit der Unterscheidung zwischen Deutung und Analyse unterstreichen, wobei letztere weit umfassender ist. Man könnte sogar sagen, daß *Deutung dort anfängt, wo die Analyse scheitert*. Analysieren ist in diesem Sinne das Herausarbeiten einer immer spezifischer werdenden Bedeutung durch geduldige Erforschung des Patienten. Wir ziehen natürlich auch die unbewußte Deutung in einer symbolischen oder anderen Sprache in Betracht, aber nur insofern wir Beweise dafür im tatsächlichen Zusammenhang der Kommunikation besitzen.

Für alle Deutungen gilt, ob in der Einzel- oder Gruppensituation, daß sie weder zu tiefgehend noch zu oberflächlich sein sollen. Ich gebe weiter unten einige Beispiele von Deutungen, die ich zu vermeiden suche, wie z. B. was ich als »überstürzte« (pluning) oder aggressive Deutungen bezeichne.

6.2.3. Deutung in der Gruppenanalyse

6.2.3.1. Seitens der Patienten

In der gruppenanalytischen Gruppe sind Deutungen ständig im Gang, bewußt oder unbewußt. Die analytische Gruppe entwickelt gleichsam interpretative Eigenschaften, die sie in dem Maße anwendet, wie sie sich der Nützlichkeit und Bedeutsamkeit der Deutung bewußt wird. Dieser an sich willkommene Beitrag kann aber sehr leicht zu entschlossenem Widerstand ausarten. Das zugrundeliegende Prinzip dieses Verhaltens kann zur Identifizierung mit dem Therapeuten und zu Konkurrenzverhalten führen.

Resonanz, besonders zwischen zwei Männern

Wir fangen mit einem relativ einfachen Beispiel an, das sich auf die Beziehung zwischen zwei Teilnehmern beschränkt. Herr U. fing an, mich, den Leiter, anzugreifen, weil ich ihm gesagt hatte, daß er machmal im Unrecht wäre. Auf leicht paranoide Weise drehte er das in einen Vorwurf um, als ob ich ihn gefährdet und ohne die gebührende Rücksicht auf seine Empfindlichkeit behandelt hätte. Das verunsicherte ihn nicht nur bei Interpretationen innerhalb der Gruppe, sondern vor allem außerhalb, z. B. bei seiner schriftstellerischen Tätigkeit und er wollte mich dafür verantwortlich machen. Ich hörte ihm genau zu, machte einige Bemerkungen, aber im großen und ganzen konnte ich die Sache den anderen Gruppenmitgliedern zur Behandlung überlassen. Es wurde deutlich, daß solche Bemerkungen ihn in seinen eigenen Gefühlen kastrieren können, sie können die ganze Sicherheit seines Daseins in Frage stellen und seine Zuversicht, daß das, was er hervorbringt, Gültigkeit besitzt, zerstören. Er nannte das eine »Bloßstellung«. Später erwähnte Herr U. seine Besorgnis wegen des menschlichen Verfalls. Er dachte insbesondere an ein Schauspiel von Beckett. Der Gedanke an den Verfall erschreckte ihn. Herr L., der an diesem Abend zum ersten Mal auf der Sitzung war, nahm das auf. Er sprach sehr ausführlich. Seine ersten Worte waren »man kann es in sich selbst finden ...«, »Ich finde es selber in meiner eigenen Person«, wobei er den Verfall meinte.

Im Laufe seiner Rede an die Gruppe sprach U. sehr viel über seine Impotenz. Er habe mit einer Frau nie richtig intim werden können. Weiterhin ging es bei seinem Problem um die Tatsache, daß er halb jüdisch sei und darüber schweigen müßte. Seine Mutter sei der jüdische Elternteil und die Geschichte konzentrierte sich dann auf seine Beschneidung, die er sich später als gewöhnlich unterzog und mit der er folglich etliche Schwierigkeiten hatte. Hier besteht eine deutliche Verbindung, eine unbewußte Deutung, zwischen Verfall, Beschneidung, Kastration und Jude sein. Er erwähnte auch, daß man ihm als Kind gedroht habe, daß, wenn ein Kind seine Mutter schlägt, es getötet und so begraben würde, daß es im Grab aufrecht steht. Die sündige Hand würde dann aus dem Grab herausragen und verwelken. Ein Zusammenhang zwischen Kastration, Tod und Onanie wird deutlich. Er hatte auch über die Bedeutung seiner Mutter für ihn gesprochen und über seine Reaktion auf die Bemerkung eines anderen Therapeuten, daß er sich mit seiner Mutter identifiziere. Dieser Bericht von U. erzeugte große Ängstlichkeit bei Herrn L., daß er vielleicht latent homosexuell sein könnte. Er wüßte, daß Homosexuelle sich meistens mit ihren Müttern identifizierten. Für ihn wäre die Vorstellung, ein »Schwuler« zu sein, das Schrecklichste. In diesem Zusammenhang schilderte er, wie seine Mutter es niemals ausstehen konnte, wenn sein Brunder oder er wirklich etwas wüßten. Wenn z. B. sein Bruder als fachärztlicher Berater ein Gespräch über medizinische Angelegenheiten geführt habe, hätte die Mutter es abgewertet und unterbrochen. Kurzum, die Mutter kastriert den Bruder und ihn verbal. Auf diese Weise nahm Herr L. U.'s Reaktion auf mich wahr. Man sieht, daß ein vollkommen unbewußtes Einvernehmen zwischen den beiden herrschte, indem der eine sich von mir genau so behandelt fühlte, wie Herr L. von seiner Mutter. Anderseits hatte Herr L. die Angst vor dem Verfall als Auslöser zur Erzählung seiner Lebensgeschichte aufgenommen. Es ist auch interessant, daß Herr U. die Gruppe mit starker verbaler Aggressivität buchstäblich durchdrungen hat, wie ihm bei dieser Gelegenheit klargemacht wurde, in verdrängter Form seine Kastration zu leugnen. Er hatte sich tatsächlich auf eine aggressive und gewissermaßen potente Weise gegeben, während er das im wirklichen Leben beim Kontakt mit Frauen nicht vermochte. Auf der Sitzung führte er Schritt für Schritt sein Gesamtverhalten vor (in Bezug auf mich meist als Vater und auf die Gruppe als Mutter), obgleich er im tatsächlichen Leben davor Angst hatte, genau wie vor dem Inneren einer Frau. Aus einer tieferen Ebene symbolisierte die Gruppe das Innere einer Frau, letztlich das der Mutter.

Resonanz in der Gruppe

Das folgende Beispiel weist den gleichen Mechanismus unbewußter Kommunikation auf, wobei jedoch alle Gruppenmitglieder mitbeteiligt sind.

Die Sitzung fand nach Ostern statt. Bei den letzten beiden Sitzungen vor den Feiertagen stand das Thema »Tod« im Mittelpunkt, offensichtlich eine Reaktion der Gruppe auf die Unterbrechung. Auf dieser ersten Sitzung wurde hauptsächlich über Abhängigkeit gesprochen. Fräulein LA sprach von ihrer Verzweiflung und der Reaktion ihrer Familie, insbesondere der Mutter, gegen die Gruppe. Sie betonte ihren Konflikt zwischen der Familie und ihrer Abhängigkeit von der Gruppe. Gleiches schilderte Fräulein BI, nämlich ihren Abhängigkeitskonflikt mit der Mutter, was Frau MC ihrerseits aufgriff. Herrn U. bedrückte seine Abhängigkeit von Dr. F., den er mit einer Großmutter und einem Geistlichen verband. Das Thema vom Tod wurde von Herrn N. angeschnitten, der eine lange Geschichte über seine Frau berichtete. Diese hatte Ängste, daß ihr Neugeborenes wegen Aussetzen der Atmung sterben würde. Das rief bei Fräulein BI die Erinnerung an Alpträume über Schwierigkeiten und Qualen beim Atmen wach. Sie deutete ihren Alptraum als eine Form der Geburts- und Trennungsangst. Herr N. sprach von der Abneigung seiner Frau gegen seine eigene Abhängigkeit von der Gruppe, was Herrn B. veranlaßte, das Gleiche von seiner Frau zu berichten. Es scheint, als ob in dem Beispiel dieser beiden Ehefrauen, bzw. der Mutter von Fräulein

LA, die regressive Abhängigkeit von der Gruppe so empfunden und gedeutet wird, daß diese ihnen ihren eigenen mütterlichen Platz nimmt und somit Verlust dieser Abhängigkeit droht (wir würden es als Fixation bezeichnen). Nachdem ich das interessante unterschiedliche Verhalten zwischen zwei anderen Mitgliedern nach der Gruppensitzung erwogen hatte, gelangte ich zu der Schlußfolgerung, daß die Angst durch Todeswünsche gegenüber dem Therapeuten und Ängste, ihn und die Gruppe zu verlieren, geschürt wurde. In diesem Falle hatte der Übertragungsmechanismus eine bestimmte Gesamtreaktion ausgelöst.

6.2.3.2. Unbewußte Deutungen seitens der Gruppe

Bei einer Gruppenanalyse betrachten wir die Beiträge der Einzelmitglieder, wie sie aufeinander in assoziativer Verknüpfung (Gruppenassoziation) folgen. Hier sind häufig Elemente unbewußter Deutung enthalten. Im folgenden kann ich nur ein einziges kurzes Beispiel bieten, das insofern atypisch ist, weil es nur drei Personen einschließt, aber es demonstriert, wie tief solche Deutungen wurzeln und wie wichtig sie sind.

Herr E. sitzt da mit ganz offenen Schuhen. Der Co-Therapeut weist nach einigem Schweigen darauf hin. Er weiß nicht darauf zu antworten, weshalb seine Schuhe offen sind. Herr M., ein relativer Neuankömmling in der Gruppe, der bisher wenig über Herrn E. weiß, sagt: »... Schuhe gleichen so etwas wie einer zweiten Haut«. Ich führe einige Hintergründe dieser Assoziation oder unbewußter Deutung an. Herr E. ist belastet mit Kastrationsangst und Beschneidung. Als dieser Patient ein Junge war, wurde er wegen einer Blinddarmentzündung operiert. Mit Einwilligung des Vaters, der auch Chirurg war, wurde der Junge gleichzeitig beschnitten. Der Patient litt unter Schmerzen und wurde von den Krankenschwestern getröstet. Danach war er mehrere Jahre hindurch, auch in Bezug auf Onanie, impotent, bis er mit der Beihilfe »sehr freundlicher Krankenschwestern« diese Impotenz überwand. Im Leben wirkte sich seine Impotenz als Ablehnung gegen den Vater aus, indem er erfolglos war. Gegenwärtig macht er große Anstrengungen vorwärts zu kommen und überträgt einen großen Teil seiner Ablehnung auf die Gruppe, und insbesondere auf mich. Gelegentlich bricht seine Besorgnis um das männliche Glied, um das Glied seines Vaters, durch, was er aber strikt verleugnet.

Um des Interesses willen muß ich noch etwas von der Analyse in dieser Hinsicht hinzufügen, auch weil sie ein gutes Beispiel dessen liefert, was ich als *Randereignisse* bezeichne, Ereignisse, die sich am Rande der therapeutischen Situation abspielen. Derselbe Patient, Herr E., verpaßte einmal eine Sitzung und erklärte das nächste Mal, er hätte einen Termin bei seinem Zahnarzt unmittelbar vor der Sitzung gehabt. Der Zahnarzt hätte das Herausziehen eines weiteren Zahnes empfohlen, »wenn wir schon mal dabei sind« und er hätte deswegen die Sitzung versäumt. Der Charakter eines Randereignisses ist hier typischerweise durch den Übergriff in die therapeutische Situation selbst gekennzeichnet. Die Analyse dieses Ereignisses brachte erstmals die Geschichte seiner Blinddarmoperation zum Vorschein, worauf die Beschneidung folgte, wobei *die gleichen Worte gebraucht wurden*: »... wenn wir schon mal dabei sind«. Er verlor also seine Vorhaut mitsamt allen geschilderten Konsequenzen.

Der andere Patient, der davon überhaupt nichts wußte, als er sagte: »... Schuhe gleichen so etwas wie einer zweiten Haut« hatte unbewußt die Bedeutung der offenen Schuhe als einen Bezug auf die Vorhaut gedeutet. Wie immer spielten noch viele verschiedene Elemente, sowohl Einzelne als auch die Gruppe betreffend, mit, aber wir wollen es hierbei belassen.

Die »Deutung« eines Patienten

Es handelt sich hier um eine Situation, die die ganze Gruppe betraf, aber durch eine erhellende Beobachtung eines Patienten entscheidend geändert worden war. Nach dem sie von mir und anderen erläutert worden war, kam ihr entscheidende Bedeutung zu, die die Situation nicht nur für diesen Patienten, sondern für die ganze Gruppe änderte und ein anderes und neues Verständnis des anstehenden Problems zuließ.

Das Thema ist an sich einfach und recht häufig: der Therapeut gibt der Gruppe keine richtigen Deutungen usw., auch wenn er die Antworten weiß. Aus irgendeinem Grunde will er die Gruppe nicht an seinem Wissen teilhaben lassen. Herr Ch., den wir schon kennen, personifiziert und dramatisiert diese Situation in Bezug auf die Gruppe und den Leiter. Er verfällt in eine Art Traumzustand, der oftmals analysiert wurde. Das bezieht sich sicher auf die Aufmerksamkeit, die er vom Therapeuten als Vaterfigur erwartet, aber er fühlt sich gleichzeitig verlegen, sie zu verlangen oder anzunehmen. Diesmal brachten die Gruppenmitglieder besonders deutlich zutage, daß ihre Eltern das Geheimnis *wußten*, es aber nicht verraten oder ihren Kindern keinen Zugang gewähren wollten. Sie verwiesen auf das sexuelle Wissen ihrer Eltern; der Vater wußte, wie man mit der Mutter schläft. An dieser Stelle erinnerte sich Herr Ch. plötzlich, wie er bereits mit etwa elf Jahren vom Sex wußte, aber er bestand trotzdem darauf, daß sein Vater ihn aufklärt.

Sein Vater geriet deswegen in Verlegenheit. Er versuchte, den Forderungen seines Sohnes nachzukommen, aber vergeblich. Als dieser Drang etwas zu wissen, das die Eltern wußten, aber ihnen nicht preisgeben wollten, erstmals gedeutet wurde, wurde die Gruppe schweigsam. Die früher vorgebrachte Bemerkung über den ungeschickten und unzulänglichen Vater wurde jetzt von Herrn NE aufgenommen, der als Junge immer mit seinem Vater nach Hause fuhr, manchmal, nachdem der Vater einiges getrunken hatte. Dieser pflegte dann im Zug einzuschlummern und »wie ein Schwein« zu schnarchen. Der junge NE wechselte seinen Platz und tat so, als ob er seinen Vater nicht kennen würde. Das verwies auch deutlich auf Ch.'s Eltern, die er als stumpfsinnig beschrieb und verleugnete. Die neue, von Herrn Ch. vorgebrachte und von mir aufgenommene Bemerkung, daß »Wissen« das *Wissen des Aufgeklärtseins* im biblischen und sexuellen Sinne bedeutet, warf neues Licht auf die ganze Situation. Die Gruppe beschäftigte sich mit den größeren Rechten und dem überlegenen Wissen der beiden Therapeuten, die die beiden Eltern darstellten, und ihrer Freiheit im Sexualleben. Die Gruppe betrachtete das mit infantiler Neugierde und Impotenz, mit der zweideutigen Forderung nach Wissen und Ablehnung, sich es sagen zu lassen. Wirkliches Wissen *muß* jedoch von der Elternfigur herrühren. Ich, der Patient, darf nicht wissen oder mich verraten; ich muß meinen Vater immer noch bitten, mir sein Wissen, seine sexuelle Potenz, sein sexuelles Geheimnis zu übertragen. Aber solange ich meinen Vater bitten muß, gerate ich in meinen eigenen infantilen zweideutigen Konflikt.

Im nachhinein betrachtet hatte M. der Gruppe auf dieser Sitzung das sexuelle Thema bereits durch einen Traum zugeführt, aber sie hatte es umgemünzt in Wissen über Psychologie, in die Frage, ob sie die richtigen Deutungen bekäme, usw. Jetzt, da das Problem durch Personifizierung erhellt worden war und ein Kurzschluß zwischen einem oder zwei Patienten und dem Therapeuten entstanden war, konnte die Gruppe Einsicht in ihre tatsächlichen Besorgnisse gewinnen.

Kommunikation in einer Gruppe, die dem Kern einer fundamentalen universalen Sprache entstammt, kann auf verschiedene Stufen verstanden werden. Die bewußten oder unbewußten Deutungen, von denen einige Beispiele gegeben wurden, sind ebenso bedeutsam für den Geber wie für den Empfänger. Sie haben alle ihren Sinn im gemeinsamen Nenner der Bedeutung, im Geflecht der Kommunikation und in der Matrix der Gruppe. Auf der Tatsache, daß ein Sinngehalt sich gleichzeitig auf verschiedene Ebenen bezieht, beruht dessen besondere Bedeutung für den Einzelnen. Er wählt für sich aus einem gemeinsamen Pool das aus, was für ihn persönlich am bedeutungsvollsten ist. Das ist eine grobe Beschreibung dessen, was ich als *Resonanz* bezeichnet habe. Theoretisch ausgedrückt, basiert sie auf der Unterschiedlichkeit in Stufen der psychosexuellen Entwicklung, auf den regressiven Stufen; sie beruht auf den verschiedenen Reaktions- und Abwehrformen, durch die sich das Ich mit Konfliktstoff auseinandersetzt. Diese Prozesse spielen sich auf einer Skala ab, die von der frühesten Entwicklung bis in den heutigen Tag hineinreicht. Sie umfassen Über-Ich-Reaktionen, Einstellungen oder spezifische Wechselwirkungen von Einstellungen gegenüber bestimmten Reizen oder Problemen. Das gilt sowohl für die ganze Gruppe, als auch für jede teilnehmende Person.

6.2.3.3. Deutung seitens des Leiters

Wir können uns hier auf die selektiven Aspekte der Deutung seitens des Leiters als eine überlegte Form der verbalen Kommunikation konzentrieren. Wie schon erwähnt, gründet sich die Wahl dessen, was, wann und in welcher Weise aufgegriffen wird, auf das Gespür des Leiters.

Deutungen sind immer für die Gruppe als ein Ganzes bedeutsam. Man kann sie an jeden beliebigen Einzelnen richten oder sie auf Teil-Gruppen oder Beziehungen innerhalb der Gruppe oder zwischen der Gruppe und dem Leiter beziehen. Deutungen beziehen sich nicht nur auf die gegenwärtige Sitzung, sondern auf die ganze Geschichte der Gruppe. Während Deutungen meist knapp und, bei mir, unaufdringlich und fast im Geprächston gegeben werden, gibt es bestimmte Ausnahmen für längere Ausführungen, wie z. B.:

(a) Einzelpersonen betreffende, zusammenfassende Ausführungen.
(b) Randereignisse
(c) wenn es notwendig ist, der Gruppe eine Deutung ihres Gesamtverhaltens zu geben, besonders in Krisenfällen.

6.2.3.4. Hauptsächliche Bereiche der Deutung

Die Deutungen beziehen sich hauptsächlich auf folgende Bereiche:

(1) Den stattfindenden Gruppenprozeß und die Interaktionen innerhalb der Gruppe.
(2) Konflikte, die die Einzelperson in der Gruppensituation wiederholt. Als Ausdruck eines Wiederholungszwanges tritt Einzelneurose auf diese Weise in der Gruppe am deutlichsten zutage.
(3) In Verbindung mit (2) auf frühere Erlebnisse, insbesondere aus der Kindheit, die sich offenbaren, ohne daß man sie sucht.
(4) Gegenwärtige Erlebnisse außerhalb der unmittelbaren Behandlungssituation (innerhalb des Plexus und im Zusammenhang damit).
(5) Auf den besonders wichtigen Bereich der »Randereignisse« auf der Grenze zwischen der Gruppe (1) und dem alltäglichen Leben (4).

All diese Bereiche werden unter Heranziehung der dynamischen Situation in der Gruppe untersucht. Die reale Situation, in der die Patienten und der Therapeut sich befinden, muß bei der Analyse und Deutung stets respektiert und in Betracht gezogen werden.

Das Deuten ist nur eine der Funktionen des Analytikers. Es ist ein langsames Verfahren, das ständig im Gang ist und nur ab und zu in einer geäußerten Deutung gipfelt. Diese Mitteilungen sind anfänglich unzusammenhängend, weil sie sprachlich verschieden ausgedrückt werden und in zeitlichen Abständen erfolgen. Wir müssen uns von den Anhaltspunkten des Patienten leiten lassen und vermeiden, ihm unsere eigenen Schemata aufzuzwingen.

Die Richtlinien für das Deuten seitens des Therapeuten können wie folgt dargelegt werden: Wenn der Kommunikationsfluß blockiert ist,

ist Deuten angebracht. Die Deutung bezieht sich besonders auf Widerstände, einschließlich Übertragung. Form und Inhalt der Deutung sollen dadurch bestimmt werden, wie Interaktion und Kommunikation von der Gruppe erlebt werden, wobei die Emotionen der Patienten zu berücksichtigen sind.

(1) Ich führe hier einige kurze Beispiele solcher Deutungen an, die ich gewöhnlich *vermeide*.

A) »*Überstürzte*« *Deutungen*. Sie hängen häufig mit voreiligen und unangebrachten Eingriffen in Übertragungsreaktionen zusammen. Ich gebrauche zur Verdeutlichung Beispiele, weil sie oft den Vorteil haben, wörtliche Einzelheiten der tatsächlichen Deutungen wiederzugeben. Ich kann natürlich nur sehr zusammengefaßte Versionen zitieren.

(a) Das Masturbationsthema war aktuell. Die Patientin hatte mit großem Schamgefühl zugegeben, daß sie onanierte. Eines Tages erschien sie mit scharlachrotem Nagellack und verbrachte den ersten Teil der Sitzung damit, ein Stück Papier immer kleiner zu zerreißen. Sie war an der Brust gestillt worden und sie hatte Assoziationen, die sich auf ihren Ekel davor bezogen (man kann annehmen, daß diese Assoziationen bereits auf die Stellungnahmen des Analytikers zurückzuführen sind).»Ich bedeutete ihr, wie die Brust für sie ekelerregend war, denn unbewußt hatte sie sie mit ihren Nägeln, die mit Blut gefärbt waren, zerstückelt. Sie bat mich so etwas nicht zu sagen, weil es sie erschreckte. Ich deutete, sie fühlte sich von dieser zerrissenen Brust erschreckt, die sie für eine innere Verfolgung hielt, deren Vertreter ich wäre, wenn ich ihr diese Dinge so deutete.«
(b) Der Patient berichtet, daß, als er ungefähr sechzehn Jahre alt war, in das Elternhaus eingebrochen wurde. Er habe ein intuitives Gefühl gehabt, daß dergleichen geschehen könne und habe seine Nummer zu Hause angerufen. Als er wieder zu Hause war, stellte er fest, daß tatsächlich Einbrecher da waren. Er hatte sie durch seinen Telefonanruf gestört, weil sie ihre Aktion nach Durchsuchung seines eigenen Zimmers, das der Schwester, sowie der Hälfte des Zimmers der Eltern abgebrochen hätten. Die Vorstellung, daß er die Einbrecher unterbrochen hätte, vermittelte ihm ein allmächtiges Gefühl. Nachher veranlaßte er seinen Vater alle Fenster mit Gittern zu versehen und er fürchtete sich dermaßen, daß er zwei Wochen lang im Schlafzimmer der Eltern schlief. Ich deutete: »... der Einbrecher, den Sie vom Haus fernhalten wollten, ist der böse Vater, der einbricht, um Geschlechtsverkehr mit Ihrer Mutter zu haben. Sie glauben, er kommt und bringt Sie um, weil Sie die Eltern allmächtig und aus der Ferne gestört haben. Später schliefen Sie tatsächlich in deren Zimmer um den Geschlechtsverkehr zwischen den beiden zu verhindern.« Der Analytiker fügt hinzu: »Weil er mir erzählte, daß er nach diesem Ereignis im Schlafzimmer der Eltern geschlafen hatte, nahm ich an, daß der Einbrecher den bösen Vater darstellte, den er von seiner Mutter

fernhalten wollte. Aber ich glaube, der Einbrecher mußte auch einen bösen Teil von ihm dargestellt haben, der seine Eltern überraschte.« Der Patient behauptet jetzt, die Deutung des Analytikers würde ihm wie eine Erleuchtung eingehen, aber innen werde sie zerstreut und zerlegt und würde sich in Fäkalien verwandeln. Dann entsann er sich anders und sagte: »... nein, sie verwandelt sich in Samen und ich bewahre ihn in mir auf.«

Der Analytiker berichtet: »Ich sagte: ›Die Deutungen, die ich Ihnen gebe greifen Sie selber an, Sie zerlegen sie und verwandeln Sie in Fäkalien und dann in Samen. Aber ich glaube nicht, daß Sie die Deutungen dazu benutzen würden, um ein Baby zu zeugen. Sie stehlen den Samen und heben ihn für sich selbst auf.‹« Nicht gerade überraschend fährt der Bericht fort: »Es folgte ein Zeitabschnitt, in dem manche Dinge sehr unzusammenhängend waren und der Patient selber redete darüber.«

Der Patient rief dann die Tatsache ins Gedächtnis, daß die Absicht seiner Mutter, nach Englang zu kommen, ihm mißfalle. Ich deutete: »Sie empfanden später keine Scham bei sich, denn der Teil von Ihnen, den Sie für gestört hielten und der mit Fäkalien verbunden war, war abgespalten. Als Ihre Mutter, die Sie als Träger des Übels ansahen, vorschlägt, nach England herüberzukommen, und als gestern nacht die Katze auf Sie sprang, fühlten Sie, daß der böse anale Teil von Ihnen wiederkehrt und Sie schrien.«

Ich würde diese Deutungen als *überstürzt* bezeichnen, selbst wenn sie richtig sind. Im Zusammenhang würde ich ihre Gültigkeit bezweifeln und meinen, daß sie wenigsten soviel Phantasie des Analytikers wie des Patienten enthalten.

(c) Frau S. beschrieb, wieviel besser es ihr im allgemeinen ging. Sie erinnerte sich an Magenschmerzen, die sie an dem Morgen hatte, und fragte sich, ob sie kommen könnte. Selbst während sie das dachte, bereitete sie sich auf die Fahrt vor. Weil der Schaffner und der Fahrer sprachen, fuhr der Autobus verpätet ab und sie dachte, sie würde gewiß zu spät ankommen. »Dann ging es mir blitzartig durch den Kopf, daß Männer mich physisch anziehen oder anekeln können und ich wußte, ich wollte ein sexuelles Erlebnis.« Der Analytiker deutete, Frau S. glaubte, daß sie den Penis aufgegessen hatte und daß er sie von innen angreifen würde. Weil sie Liebesgefühle gegenüber dem Analytiker als Vater empfunden hatte, würde sie sich geekelt fühlen, weil der Analytiker durch das Verhältnis entstellt worden wäre. Der Autobus hätte dann Verspätung und sie auch. Mit anderen Worten hätte der Autobus den kürzeren gezogen und sie wäre durch Identifikation ähnlich behindert.

Ich habe Beispiele absichtlich wahllos gebraucht, um zu zeigen, daß diese keine vereinzelten Eigentümlichkeiten sind, obgleich sie in dieser Form für eine bestimmte Art Psychoanalytiker, die in der Minderheit ist, vielleicht charakteristisch sind. Man kann oft dem Analytiker einen aggressiven Ton anmerken, oder seine paranoide oder narzißtische Schminke oder seine Depression u. a.

Andere Deutungsarten, die zu vermeiden sind

B) Man findet oft die Tendenz, besonders bei Anfängern, den Patienten durch die Gegenüberstellung von Widersprüchen zu *ertappen,* wie z. B.: »... und Sie haben doch schon gesagt, daß Ihr Vater dieses und jenes war ...« oder »... aber letztes Mal behaupteten Sie ganz im Gegenteil, daß Ihre Mutter sehr lieb zu Ihnen wäre ...«

C) *Deutungen verbinden.* Damit ist gemeint, daß der Analytiker für den Patienten denkt, indem er Verbindungen herstellt. Das ist unter Analytikern besonders beliebt, die etwas unsicher sind. Sie sind zufrieden, wenn sie der Gruppe ihre analytischen Funktionen vorführen können. Solche Deutungen sind meist unschädlich, aber sie sind weder nützlich noch behilflich, besonders in der Form von Übertragungsdeutungen nicht. Sie verhindern die Unmittelbarkeit der Übertragung.

D) Als letzte Kategorie auf der Liste von Deutungen, die zu vermeiden sind, sind jene Deutungen zu erwähnen, die *klassifizieren* oder *kategorisieren,* statt bei dem tatsächlichen konkreten Erlebnis zu bleiben, wie es durch den Beitrag des Patienten offenkundig wird. Obwohl das eine wichtige Überlegung ist, kann ich hier nur andeuten, was gemeint ist. Beispielsweise sprach ein Patient, dessen Hauptsymptom die Impotenz war, von seiner Angst davor, in der Gruppe lächerlich gemacht zu werden, wie er sich klein vorkäme, wie er sich tatsächlich klein fühle und nicht entwickeln könne; nach reiflichem Überlegen fügte er hinzu: »... will ja gar nicht.« Oder ein Mann, dessen Firma mit einer anderen auf eine Fusion einging, sprach von seiner tiefen Besorgnis, daß er der älteste der neuen Partner sein würde. Er rief wieder die tiefe Überzeugung in sich wach, daß man entdecken würde, daß er eigentlich nicht berechtigt wäre, eine derartige, führende Stelle innezuhaben.

In beiden Fällen führte ein Co-Leiter das Konzept der »Kastration« ein. Das war zweifellos richtig, aber es war ungelegen und nutzlos, weil die tatsächliche Kastrationsangst durch die Aussagen des Patienten emotional und erlebnismäßig viel lebhafter zum Ausdruck kam. Man muß vor Augen halten, daß die Mitteilung nicht nur das Früherlebnis, sondern oft die besonders wichtige *spezifische* Bedeutung beinhaltet, in der die Angst vorkommt.

(2) *Übertragungsdeutungen.* Patienten zeigen häufig Übertragungsverhalten in Bezug auf den Therapeuten oder in Bezug aufeinander. Es ist für sie lehrreich, seine unmittelbare Bedeutung in der Gruppe und im gegenwärtigen Leben zu erfahren und dann von allei-

ne die sehr wichtigen Verbindungen von vergangenen Eltern- oder Geschwister-Verhältnissen zu entdecken. Meiner Erfahrung nach folgt die Erkenntnis über die Bedeutung zurückliegender Übertragung eher einer Veränderung als daß sie ihr vorausgeht. Einzelmenschen übertragen auch deutlich auf die Gruppe als Ganzes. Das muß wie alles andere auf verschiedenen Ebenen gesehen werden. Auf einer sehr tiefen, archaischen Ebene, wie ich schon sagte, stellt die Gruppe die Mutter dar. Auf anderen Ebenen stellt sie zu verschiedenen Zeiten und für verschiedene Patienten allerlei Dinge dar, sehr oft eine Art Über-Ich, eine kritische und gefürchtete Autorität. Es ist mir besonders in den letzten Jahren klar geworden, daß die individuelle Übertragungsneurose in der Gruppe durch die Wiederholung entsteht. Dieses regelmäßige Vorkommnis enthält immer den Schlüssel zu der fundamentalen und *individuellen* Seite der Neurose des Patienten. Eine Parallele zur Übertragungsneurose ist eine Zweipersonensituation in der Psychoanalyse. Freud zustimmend wäre ich dazu geneigt, dies zulänglicherweise als Wiederholungszwang zu bezeichnen.

Übertragungsdeutungen im weiteren Sinne sind natürlich mannigfaltig und beschäftigen uns laufend. Dennoch stehen sie in meinem Ansatz weder im Mittelpunkt des Interesses der Gruppe noch meines Interesses. Wir betrachten sie innerhalb des größeren Rahmens der Behandlungssituation, die, wie erwähnt, nicht nur die unmittelbare Sitzung sondern auch Ereignisse im alltäglichen Leben und die Randereignisse umfassen.

In dem folgenden Beispiel betrifft die Übertragungsreaktion in diesem weiteren Sinne die Gruppe als Ganzes.

Auf einer bestimmten Sitzung schloß mich die Gruppe vollkommen aus. Hätte ich wärend der Sitzung nichts gesagt, hätte sie von mir keine Notiz genommen. Nach ungefähr einer Stunde verwies ich auf ihr Verhalten und legte dar, wie es auf mich wirkte. Verschiedene Anzeichen bestätigten meine Deutung, insbesondere die Tatsache, daß niemand mich anschaute oder von mir Notiz nahm, als ich das Zimmer betrat. Während der folgenden Sitzung sprach die Gruppe ausgiebig über den Tod, von Leichen und sterbenden Menschen u. a. Es wurde deutlich, daß sie mich das letzte Mal zum »Schweigen« gebracht hatten, sozusagen getötet. Das war nicht nur ein Ausdruck von Aggression mir gegenüber, sondern auch von phobischer Angst vor mir. Sie hatten erheblich darunter gelitten, daß ich mich nicht angeschlossen oder Lebenszeichen gezeigt hatte. Diesmal wollten sie mich nicht ausschließen oder töten, sondern sie engagierten sich untereinander mit einer derartigen Geschwindigkeit und Intensität, daß ich sehr aktiv sein mußte, um mir Gehör zu verschaffen. Dann lauschten sie respektvoll. (Bei der Besprechung von Gesamtgruppendeutungen kommen wir auf dieses Thema zurück.)

»Übertragungsdeutungen« als Abwehr

Wir wollen hier eine bestimmte Art der verbindenden Interpretation unter dem Aspekt ihrer Bedeutung als unbewußte Gegenübertragung, als Ablenkung vom Hier und Jetzt betrachten.

Einmal beschäftigte sich Fräulein PA, ein schizoides Mädchen, sehr damit, daß sie nicht wußte, was ich dachte. Ich hegte die Hoffnung, eine tiefliegende Verwirrung in ihrer Identität anpacken zu können, als meine Co-Leiterin eingriff und sagte: »Ist das nicht dasselbe Gefühl, das Sie Ihrer Mutter gegenüber hatten?« Das ermöglichte es der Patientin, das Gespräch auf ihre Mutter zu lenken.

In einem anderen Beispiel war die Co-Leiterin selber die Zielscheibe intensiver Gefühle seitens Frau A. Sie sagte dieser auf einmal: »Tun Sie Ihrer Mutter nicht dasselbe an?« oder ». . . ist das der Grund, weshalb Sie es nicht gerne haben, wenn Ihre Mutter Sie berührt?«

6.2.4. Analysieren

Ich möchte noch einmal betonen, daß das Deuten im engeren Sinn nur eine der Tätigkeiten des Gruppenanalytikers ist. Seine Gesamttätigkeit ist das Analysieren. Das kann in einem engeren oder in einem weiteren Sinne verstanden werden; im weiteren Sinne bezieht sich Analysieren auf den gesamten Prozeß, auf das Herstellen und Aufrechterhalten der gruppenanalytischen Situation und auf die Übersetzung von Bedeutungen von einer weniger bewußten Form in eine bewußte, verbale Form der Mitteilung. Wir haben diese Tätigkeiten bereits besprochen und sie durch Beispiele erläutert.

In dieser Art therapeutischer Gruppe ist die Entwicklung des Einzelnen unser Endziel. Wir bezwecken keine Konformität oder Gleichschaltung. Selbst was normal ist oder nicht, ist eine Frage von Werten, die man teilt oder nicht und die doch kritisch betrachtet werden sollten, selbst wenn die Gruppe diese Werte anerkennt. Die schöpferische Eigenschaft der Tätigkeit des Leiters wurde erwähnt, ebenso, daß sein persönlicher Einfluß unvermeidlich stark ist, trotz aller Vorsichtsmaßnahmen. Er soll ihn deshalb eher bewußt als wahllos oder unbewußt zur Geltung bringen, um den Patienten sich selbst finden zu helfen. Schon aus diesem Grund kann der Leiter nicht auf die gleiche Weise wie die anderen Gruppenmitglieder teilnehmen. Wo der Kommunikationsprozeß es wünschenswert macht, soll er sein eigenes Engagement klarlegen. Er muß aber nicht seine persönliche Gegenübertragungsreaktion in das Verfahren einbringen, außer wenn es die Gruppe angeht oder er damit allein nicht fertig wird. Auch vom Gesichtspunkt des Leiters bietet die offene Diskussion mit den Gruppenmitgliedern die beste Möglichkeit, mit persönlicher Reaktion fertig zu werden.

6.2.5. Orientierung

Wir haben darauf hingewiesen, daß die sich gegenseitig beeinflussenden psychologischen Prozesse in der Gruppenmatrix stattfinden, während sie gleichzeitig die verschiedenen Einzelpersonen spezifisch und in verschiedenen Konstellationen berühren. Genau so, wie der Geist des Individuums eine Gesamtheit aufeinander wirkender Prozesse (persönliche Matrix) ist, beeinflussen sich gegenseitige Prozesse innerhalb der Gruppe (Gruppenmatrix). Diese Prozesse beziehen sich aufeinander in mannigfaltiger Weise und auf verschiedenen Stufen. Man hat die gruppenanalytische Gruppe als eine Gruppe von Psychen bezeichnet. Wir beschäftigen uns durchaus mit psychologischen Prozessen. Während der Leiter sich mit der Summe dieser aufeinander wirkenden Prozesse befassen muß, betreffen die Mitglieder nur ihre eigenen Erfahrungen, Gefühle, Beobachtungen, Ausdruckswünsche und letztlich ihre Wünsche. Für den Leiter steht das Interesse der Gruppe an erster Stelle. Er steht im Dienst der Gruppe und seine Funktion ergänzt die der anderen Mitglieder. Alle Ereignisse, alle bemerkbaren Phänomene werden als Kommunikation angesehen, deren Bedeutung verständlich und teilbar werden soll.

Bezüglich dessen, was ausgedrückt wird, gibt es eine Reihe von Konfigurationen. Zum Beispiel kann ein Mitglied mit einem anderen oder mit anderen sprechen. Ein Teil der Gruppe kann sich an ein anderes Mitglied oder an einen anderen Teil wenden. Einer, ein Teil oder die ganze Gruppe können sich an den Leiter wenden. Ein solches Verfahren umfaßt die Gesamtheit einer ganzen Gruppe und ist die Grundlage für das Abgrenzen von Bedeutungen und für das Wachrufen von Deutungen.

6.2.5.1. Lokalisation

Die primäre Aufgabe des Leiters ist nicht lediglich das Wahrnehmen von Bedeutungen, sondern sie auch im richtigen dynamischen Zusammenhang zu sehen. Dieser Prozeß von Lokalisation kann am besten aufgrund der Gestalttheorie verstanden werden. Lokalisation setzt voraus, daß sich der Leiter der Konfiguration der beobachtbaren Phänomene bewußt wird. So kann er entschlüsseln, was in der Gruppe gerade geredet wird. Nur wenn er der Gruppe im gleichen Schlüssel antwortet, kann er die Hoffnung hegen, relativ gut verstanden zu werden. Einfacher gesagt, der gute Leiter oder Therapeut bedient sich der Sprache, die unter den Mitgliedern geläufig ist.

Unterschiedliche Deutungen sind nicht widersprüchlich, sondern entsprechen bestimmten Perspektiven, ähnlich wie bei Gegenständen, die aus unterschiedlichen Blickwinkeln photographiert werden. Diese Lokalisation ist besonders wichtig, wenn sie sich auf eine *Kommunikationsstörung* bezieht, auf Widerstand oder Abwehr, die einen freien Verlauf der Kommunikation oder ihre Rezeption und so das Teilhaben an ihr hindern. Wir müssen wissen, daß die Sprache dieser Wechselwirkung sich nicht der Worte allein bedient, sondern auch der Modulationen wie Sprechweise, Gesichtsausdruck, Gestikulation; auch Bewegungen oder nur beabsichtigte Reaktionen; ferner alle Arten von emotionalen Reaktionen wie Sympathie, Verwerfung, Verachtung, Anziehung, Abneigung, Liebe, Haß und Gleichgültigkeit.

Diese primären Stufen entsprechen der *Grundlagenmatrix*, die auf den biologischen Eigenschaften der Spezies beruht, aber auch auf den kulturell fest verankerten Werten und Reaktionen. Diese sind übermittelt worden, besonders in der Stammfamilie, in der sozialen Vernetzung, der sozialen Schicht u. a. und sind im Plexus, in dem der Mensch sich jetzt bewegt, lebendig.

Das alles wird nun vorübergehend von einer künstlich geschaffenen, fremden, aber sehr engen Gruppenvernetzung in der Behandlungssituation ersetzt, die intensiver als jede andere Begegnungsart in therapeutischen Gruppen ist. Diese *dynamische* Matrix ist somit das Wirkungsfeld für Veränderung.

6.2.5.2. Resonanz

Alle Teilnehmer sprechen und verstehen diese Sprache, jeder deutet sie, richtig oder falsch, nach seiner besonderen »Resonanz«, die seiner eigenen Psychopathologie oder seiner bestimmten Reaktion auf den Menschen oder auf Rückschlüsse in diesem Augenblick entspricht. Diese Kommunikationsübertragung ist instinktiv und wird auf unterschiedlichen libidinösen und aggressiven Stufen zu ein und derselben Zeit regressiv aktiviert und mobilisiert die frühen Entwicklungsstufen, sowie auch die entsprechenden Abwehr- und Reaktionsbildungen des Ichs und des Über-Ichs. Transfer und Wiederholungszwang fließen in diesen primären Prozeß ein, in eine beinahe psychotische Erfahrungs- und Ausdruckswelt, und bringen infantile und weit zurückliegende Erfahrungen in lebendigem Zusammenhang mit der therapeutischen Situation.

Der Leiter muß diese Sprache beherrschen. Er soll sie aus eigener

Erfahrung und der Erfahrung von anderen erlernt haben und sie fortwährend in einem nie aufhörenden Lernprozeß benutzen. Er soll seinen Patienten darin voraus sein und soll der »Stimme des Symbols«, wie M. *Grotjahn** es neulich bezeichnete, lauschen. Dann muß er geduldig abwarten, bis die Patienten Erkenntnisse gewinnen; er hilft vielleicht vorsichtig hier und da, aber er bemüht sich vorallem herauszufinden, was das Verständnis der Gruppe blockiert.

Er muß immer prüfen, ob dieses Hindernis er selbst ist, ob er an ihm teilhat, oder sogar von ihm stammt. Dem Leiter muß immer gegenwärtig sein, daß die Gruppe ihm mehr sagen will als er begreift oder ganz etwas anderes.

6.2.5.3. Die analytische Haltung

Nachdem ich über die analytische Haltung des Leiters gesprochen habe, will ich versuchen, das Wichtigste zusammenzufassen:

(1) Er empfängt alle Kommunikationen, verhält sich nicht direktiv, er erklärt und deutet, wobei er sich vorwiegend verbaler Mittel bedient, die letztlich zur Einsicht führen.

(2) Das Verhältnis, das Gruppenmitglieder zu ihm und zueinander haben, wird selbst zum Gegenstand der Kommunikation und Analyse.

(3) In dem Verhältnis ist er nicht manipulativ, da er sich als Übertragungsfigur versteht. Er behandelt die zwischenmenschlichen Beziehungen als Übertragungssituation, selbst wenn Transferenzaspekte im strengen Sinne des Begriffs nicht bedeutsam sind.

Diese analytische Haltung fördert immer zunehmendes Verständnis und entsprechende Toleranz und begünstigt von allein eine freiere Entwicklung des Einzelnen.

6.3. Beobachtungen und Maximen

Im ganzen können wir den eigentlichen Beitrag des Therapeuten am besten erklären, wenn wir eine sich selbst überlassene Gruppe mit einer Gruppe unter seiner Leitung vergleichen. Wir bringen eine Anzahl von weiteren Beispielen, um den Leiter bei der Arbeit in verschiedenen Gruppensituationen zu zeigen.

---

* *Grotjahn, Martin*: The Voice of Symbol. Los Angeles, Mara Books 1971.

6.3.1. Randereignisse

In dem Abschnitt über Deutungen durch die Gruppe auf einer unbewußten Ebene wurde ein Beispiel eines Randereignisses bereits gegeben, in dem der zahnärztliche Termin eines Patienten verlängert wurde. Die Analyse dieses Zwischenfalles führte direkt zu einer seiner wichtigsten, tiefen, neurotischen Ängste.

Um die Grenze der therapeutischen Situation zu verdeutlichen, erfolgen einige Bemerkungen. Meines Erachtens umfaßt die therapeutische Situation einen präzis umrissenen psychologischen Raum, der sich nicht auf das Sprechzimmer beschränkt; noch weniger ist er in der gruppentherapeutischen Situation auf den Therapeuten beschränkt. Alles, was unserer Kenntnis bewußt wird, gehört zur therapeutischen Situation, ob das Ereignis im Sprechzimmer oder sonstwo stattfindet. Meiner Erfahrung nach sind alle diese Ereignisse extrem wichtig, und ich sehe sie nicht, wie es manchmal geschieht, als eine *innerhalb-außerhalb* Polarität. Häufig aber macht sie die Gruppe zu »Innerhalb«- und »Außerhalb«-Ereignissen. Wie z. B., als einige Mitglieder erwähnten, wieviel besser es ihnen draußen im Leben ginge und daß die Schwierigkeiten hier innerhalb der Gruppensitzung lägen. In jeder deutlich umrissenen therapeutischen Situation muß sich der Therapeut bewußt sein, wie weit er die Grenzen der therapeutischen Situation ausdehnt und wie weit er in seinem Kontakt mit dem Patienten geht. Obwohl das der Gruppe nicht in theoretischen Begriffen definiert wird, findet die Gruppe durch Ausprobieren und Erfahrung heraus, wo die Grenzen liegen.

Nachdem Übereinstimmung darüber herrscht und die Gruppe genau weiß, wo die Grenzen liegen, komme ich jetzt zu den Ereignissen, die genau an diesen Grenzen vorkommen. Wir gehen von Grenzen der Behandlungssituation aus, die eine konventionelle therapeutische Umgebung, insbesondere eine analytische bildet. Es gilt für das vorherige und das jetzt zu berichtende Beispiel, daß die Überschreitung der Grenze durch eine Grenzverletzung der konkreten therapeutischen Situation zum Ausdruck gebracht wird: eine Sitzung versäumen.

Fräulein LA hatte eine Sitzung versäumt und eine Nachricht diesbezüglich hinterlassen. Als sie das nächste Mal in der Gruppe erschien, erzählte sie eine Geschichte, die beschrieb, weshalb sie das letzte Mal gefehlt hatte: Sie hätte einen *Bandscheibenriß*, den sie jetzt oft bekäme, wenn sie sich auf eine bestimmte Weise bücke. Sie hätte das erste Mal angerufen, weil sie zur Gruppensitzung kommen wollte und hoffte, daß ich jemanden kennen würde, der ihren Rücken rechtzeitig für die Sitzung am Montag in Ordnung bringen würde (ihr eigener Arzt könnte sie erst am Dienstag sehen). In dem Zustand, in dem sie sich befände, könnte sie unmöglich kommen. Erst nachdem es ihr nicht gelungen wäre mich zu erreichen, hätte sie ein zweites Mal angerufen, um mitzuteilen, daß sie an der Sitzung nicht teilnehmen könnte. Sie wäre dann zu ihrem eigenen Arzt gegangen, der ihren Rücken wieder in Ordnung gebracht hätte. Die Patientin hatte also bereits angedeutet, daß ihre Rückenkrankheit hierhergehörte und daß sie *von mir eine Besserung durch Behandlung erwartet* oder daß ich als Vermittler fungieren sollte. Sie brachte ihren Ärger wegen ihres Leidens zum Ausdruck: Warum müsse sie das haben und außerdem noch zur Gruppe kommen? Sie sagte immer: ». . . es ist schrecklich, hierherkommen zu müssen«. Für sie glich diese Situation einer in ihrer Kindheit, als ihre Eltern sie in einem Krankenhaus im Ausland zurückließen, wo sie sich verlassen fühlte. Sie brachte noch etwas vor. Vor einiger Zeit hatte sie Frau MC als vermeintliche Mutter heftig angegriffen. Jetzt sagte sie: ». . . das ist Frau MC gegenüber nicht fair – sie ist nicht meine Mutter«. In der Tat hatte sie vor drei Sitzungen über Frau MC gesagt: »Ich weiß was sie will, aber ich gebe es ihr nicht«. Bis zu diesem Zeitpunkt war das Engagement von Fräulein LA minimal gewesen und auf der vorherigen Sitzung hatte sie kein Wort gesagt. Jetzt nahm sie aktiv teil, nicht nur öfter, sondern mit häufigerem Sprechen, mehr Engagement und Spürsinn für das, was im Gang war. Selbst wenn sie sich zurückzieht, ist es nicht wie früher.

Die weitere Analyse brachte zutage, daß sie den Menschen, zu denen sie keine starke Bindung hatte, im Gegensatz z. B. zu ihrer Familie oder ihrem Freund, ihre Gefühle nicht ausreichend zeigen konnte. Es ist ziemlich klar, daß sie einen Durchbruch ihrer Emotionalität in der Übertragung befürchtete. Man kann sagen, daß in ihrem Fall die Menschen in der Gruppe, die innere Gestalten und Bilder repräsentieren, ihr näher stehen als ihre wirklichen Verwandten. Einige Zeit danach schilderte diese Patientin eine vollkommene Veränderung in dem Verhältnis zu ihrer leiblichen Mutter. Zum ersten Mal in ihrem Leben konnte sie mit ihr sprechen und merkte, daß ihre Mutter sich ihr gegenüber stark verändert hatte und mit ihr ganz anders als früher sprach.

Dieses Beispiel zeigt die tiefliegende Bedeutung, die solche Randereignisse haben. Man muß diesem wichtigen Behandlungsbereich viel Aufmerksamkeit widmen. Genau an der Trennlinie dessen, was Patienten als zur Behandlung gehörig und außerhalb derer liegend empfinden, liegt dieser Bereich. Manchmal geht es nur darum, daß jemand unter besonderen Umständen später kommt und eine Erklärung dafür abgibt. Natürlich gibt es besondere Gründe, weswegen bestimmte Patienten ihre vordringlichsten Konflikte auf diese Art ausdrücken.

6.3.2. Interaktionen außerhalb der Gruppensituation

Ich habe Aufmerksamkeit auf die Notwendigkeit gelenkt, den Bereich, den ich als die *Grenzlinie* der therapeutischen Situation bezeichne, zu beobachten. In den folgenden Beispielen wird dargelegt, *auch positive Randereignisse*

wie vergleichsweise harmlose »Randereignisse« bedeutsam sind, wie z. B. das gegenseitige Mitnehmen im Wagen nach der Sitzung oder das gemeinsame Mittagessen.

Beziehungen außerhalb der Gruppe sind oft mit der Einstellung gegenüber dem Therapeuten oder ähnlichen Ereignissen in der Gruppe verbunden, die den Patienten relativ unbewußt sind. Hierfür gibt es augenfällige und unmißverständliche Anzeichen. Es gelingt der positiven Analyse manchmal, diesen Teufelskreis zu durchbrechen.

Unter positiver Analyse versteht man, daß der Therapeut diesen Verbindungen aktiv nachgeht und sie untersucht. Es genügt beispielsweise nicht, eine Frau darauf hinzuweisen, daß ein Mann, in den sie sich außerhalb der Gruppe verliebt hat, gewisse Ähnlichkeiten mit dem Therapeuten hat. Es wäre zweckmäßiger, auf ein kleines Detail zu verweisen, z. B. auf die Benutzung gleicher Worte über beide oder auf eine Bemerkung, die sich eindeutig auf den Therapeuten bzw. auf ein anderes Gruppenmitglied bezieht, und die in ganz gleicher Weise über die Person außerhalb geäußert wurde.

Die folgenden Beispiele verdeutlichen die Bedeutsamkeit des Kontakts außerhalb der Gruppe zwischen Mitgliedern und anderen Menschen im Leben des Patienten.

Die Frage des Kontakts außerhalb der Gruppe wurde angeschnitten. Ich gab einige Ratschläge bezüglich der allgemeinen zu berücksichtigenden Vorsichtsmaßnahmen, bewilligte aber in diesem bestimmten Fall einigen Patienten, anderen eine Mitfahrgelegenheit anzubieten. Es wurde betont, daß keine Regeln oder Gesetze auferlegt würden, aber es eine Sache der Erfahrung sei, daß Kontakt außerhalb der Gruppe soweit wie möglich vermieden werden sollte. Diese Bemerkung stieß auf gewissen Widerstand bei S und in einer intellektuelleren Form bei Frau A. Sie offenbarten jetzt, daß sie außerhalb der Gruppe Sachen besprachen, die wichtig waren, die sie aber während der Sitzungen nicht angeschnitten hatten. Ein interessanter Punkt im Zusammenhang war, daß S, ein sehr intelligenter und aufgeweckter Psychiater, fast Gedächtnisschwund hinsichtlich dieses Vorfalls vorgab. Er neigte dazu, Frau A's Einfluß herabzuspielen und sie im allgemeinen zu verteidigen. Hierdurch war Gelegenheit gegeben, auf S's allgemeine Neigung zu verweisen, eine Trennlinie zwischen »tiefgehenden Erfahrungen außerhalb der Gruppe«, wie z. B. mit seiner Freundin, und der Gruppe zu ziehen. Diese Neigung war typisch für ihn und er schien es zu erkennen. Wie bedeutsam solche Ereignisse und Verhältnisse sind, ist an der Tatsache abzulesen, daß dieser Mann seine Freundin später heiratete, weil sie schwanger wurde! Diese Ehe wird sicherlich sein ganzes zukünftiges Leben beeinflussen; sie war offensichtlich eine Art Lösung eines Konflikts mit der Mutter. Das brachte auch Konsequenzen für die Behandlungssituation durch »finanzielle« Schwierigkeiten mit sich. Viele Jahre später ist diese Ehe jetzt ebenso glücklich wie zufriedenstellend.

Frau A. sprach dann von seinem (S.'s) Verhältnis zu seiner Mutter. Er war im Begriff, von seiner Mutter fortzuziehen und darin lag auch der Grund, daß er sich finanziell unsicher fühlte. Er verband das mit der Notwendigkeit, seine Unterkunft nun selbst bezahlen zu müssen, und bat um eine Herabsetzung der Gebühren, der ich zustimmte. Das geschah eine Woche vor der hier geschilderten Sitzung. Auf einer vorangegangenen Sitzung, als er die Gruppe verlassen wollte, gingen auch bedeutsame Veränderungen im Verhältnis zu einer anderen Freundin vor. Er behauptete, er könnte sich nicht mehr an diese Veränderungen erinnern, obwohl sie auch finanzielle Schwierigkeiten hervorgerufen hätten, die seinen Entschluß bekräftigten, die Gruppe zu verlassen. Der Konflikt wurde innerhalb der Gruppe und im tatsächlichen Leben ausgetragen, aber die Tendenz ging dahin, eine Zwischensituation als Kompromiß anzusteuern. Er agierte die Konflikte außerhalb der Gruppe aus und versuchte gleichzeitig, dies der Analyse in der Gruppe vorzuenthalten, dennoch stellte er vorsichtig die Verbindung zu den Vorgängen in der Gruppe her. Frau A. war für ihn eine Mutterfigur, mit der er sich unterhalten konnte. Sie war zugleich Mitglied der Gruppe und er sprach mit ihr, mit der Mutter allein, statt mit der Gruppe und mir. Als Frau A. auf der erwähnten Sitzung hierüber die Gruppe unterrichtete, gab S. Gedächtnisschwund vor und verlieh seiner Angst Ausdruck, indem er Frau A. verteidigte, als ob sie für diese Art »sündhaftes« Verhalten nicht verantwortlich wäre. Zur gleichen Zeit lebte er eher seinen Konflikt mit seiner wirklichen Mutter durch, die Frau A. andeutete. Die Freundin stellte auch einen Anlaß dar, was damals nicht richtig verstanden wurde, für seinen Wunsch, die Gruppe zu verlassen oder herausgeschmissen zu werden, weil er nicht zahlen konnte oder, als Alternative, für seine Bitte um besondere Berücksichtigung durch mich.

In dem folgenden Beispiel hatte Fräulein MG etwas Kontakt außerhalb der Gruppe mit einem anderen Gruppenmitglied, Herrn P. Er hatte sie manchmal mit seinem Wagen mitgenommen und sie hatten auch zu Mittag zusammen gegessen. Über dieses Verhältnis bestand Klarheit in der Gruppe, auch durch verschiedene andere Kontakte der beiden. Als P. im Zusammenhang mit Vorbereitungen für seine bevorstehende Ehe nach Schottland abreiste, gestand Fräulein G., daß sie um seine Abwesenheit bekümmert war. Sie sprach über ihn und bemerkte dabei, das sei eine häßliche Eigenschaft von ihr, nämlich hinter dem Rücken von anderen zu reden. Dahinter stand ihre Verwicklung in ein Dreiecksverhältnis, denn sie hatte sich mit einem Ehemann eingelassen, den sie nicht heiraten konnte. Ihr Bedürfnis, sich um Versager zu kümmern, entsprach diesem Verhältnis. Man konnte Herrn P. so bezeichnen. Während sie Mitglied dieser therapeutischen Gruppe war, unterhielt Fräulein G. eine Reihe von unglücklichen Beziehungen, die einseitig und nicht ausbaufähig waren – sie wollte dringend heiraten und Kinder haben. Schließlich ging sie auf eine Beziehung ein, die ihre Heiratsabsichten sehr wahrscheinlich machte. Der Mann war diesmal keine Enttäuschung. Er war schon einmal verheiratet gewesen, aber seine Ehe war ein paar Jahre, bevor er Fräulein G. kennenlernte, in die Brüche gegangen.

P's eigenes Verhalten war auch für ihn charakteristisch. Er hatte sich mit Fräulein G. verabredet und sie wiederholt zum Mittagessen eingeladen, ohne die Gruppe davon in Kenntnis zu setzen. Auch mit anderen Gruppenmitgliedern hatte er das so gemacht. Einige von ihnen waren Ärzte oder Psychiater und es gelang ihm, sich von ihnen außerhalb der Gruppe beraten zu lassen. Der psychologische Hintergrund seiner Ehe widerspiegelte die besonderen Schwierigkeiten, die er mit Frauen hatte. Dadurch ergab sich aber eine Lösung seines Problems und es gingen grundsätzliche Veränderungen in ihm vor. Ursprünglich war er vom Ausland gekommen und hatte sich in einer Konfliktsituation hierzulande niedergelassen, die mit dem Versuch zusammenhing, sich von seiner Mutter zu trennen. Seine damalige Verlobte besaß Eigenschaften der Mutter oder vielleicht provozierte er sie in einer Weise, daß sie auf ihn wie seine Mutter reagierte. Er betrachtete die Gruppe im übrigen auch als seine Mutter. Seine Verlobung verursachte ein Dreiecksverhältnis und er ging damit in seiner Phantasie ziemlich weit.

Anhand dieses Beispiels kann man deutlich die tiefe Verwicklung in grundsätzliche Probleme und das Gefahren-Risiko durch diese scheinbar harmlosen Zusammenkünfte außerhalb der Gruppensituation erkennen. In der Tat blieben sie harmlos, weil sich keine intime Lebenssituation, keine sexuelle Bindung entwickelte. Es mag sein, daß dies nur durch die rechtzeitige Gruppendeutung dieser Zusammenkünfte und dieser Art Wechselbeziehungen außerhalb der Gruppe verhindert wurde. In diesen Beispielen sind Elemente des »Ausagierens« zweifellos vorhanden, aber das »Ausleben« hat das Übergewicht. Es scheint mir von besonderem Interesse, daß diese Ereignisse die therapeutische Situation überschreiten, aber gleichzeitig in der Symbolsprache genau die Grenze erkannt und damit eine erfolgreiche Analyse ermöglicht wird.

6.3.3. Deutungen über die Gruppe als Ganzes

Es folgt ein Beispiel zweier *aufeinanderfolgender* Sitzungen, auf denen der Leiter das Problem der Gruppe als Gesamtheit, wie er es deutet, untersucht.

Auf Sitzung 1 herrschte eine erdrückende, deprimierte und zornige Atmosphäre und viele schwiegen, was für diese Gruppe außergewöhnlich war. Nur ein Mitglied, Fräulein A., das normalerweise nur zögernd spricht (meist am Anfang der Sitzung), leistet einen spontanen Beitrag. Herr H. ist heute vollkommen deprimiert und will nicht sprechen. Mit Ausnahme von Fräulein I. haben alle Mitglieder sexuelle Beziehungen *außerhalb der Gruppe* mit *Komplikationen*, aber gesellschaftlich geht es ihnen viel besser. Fräulein A. z. B. ist mit einem Mann sehr beschäftigt; es gibt eine typische Angstsituation, die ihre Schuldgefühle gegenüber ihrer Mutter widerspiegeln – sie macht sich wegen der anderen Frau viele Sorgen. Frau H. hat einen Konflikt mit ihrem Mann und eine Auseinandersetzung ist im Gange. Herr O. sagt, er müsse mit seiner Freundin Schluß machen. Er ärgert sich und kommt auf die Idee, nicht sprechen zu wollen, wobei er seine Angst offenbart, verspottet zu werden. Er selbst überwand neulich seine Impotenz und ist sehr besorgt um den anderen Mann. Hatte seine Freundin Geschlechtsverkehr mit ihm oder nicht? Herr C. erzählt von einer Offenbarung der Treulosigkeit seiner Frau, aber sie (die Frau) erklärt ihm (ihrem Ehemann), er sei als Mann viel befriedigender. Das erzeugt in Herrn C. eine eigentümliche Gleichgültigkeit, eine Abwehr, von der er auch ansonsten Gebrauch macht. Fräulein I. fürchtet sich chronisch davor, daß ihre vollkommene Unfähigkeit der Gruppe enthüllt wird. Sie verweist auf die vier schweigsamen Mitglieder und deutet die Schweigsamkeit als eine Umkehrung der Taktik von Herrn C., den sie jetzt selber trifft. Herr L. hatte auch eine Auseinandersetzung mit seiner Frau. Er sagt, er könne nicht genügend sexuelles Interesse in ihr erwecken, aber Ärger sei besser als nichts. Betreffs der heutigen Sitzung spüre er Frieden und Ruhe in der Gruppe. Fräulein M. fühlt sich draußen wohl, aber in der Gruppe schlecht – sie widerspiegelt immer in ihrer eigenen Person die Laune der Gruppe und ihre unbewußten Unterströmungen. Die ganze Gruppe verhält sich heute so, wie das Frau M. gewöhnlich tut. Fräulein L. triumphiert – sie sieht ihren Eindruck bestätigt, daß die Gruppe tatsächlich unsicher und feindselig *ist*. Sie hat das Gefühl, daß die Gruppe niemandem etwas gebe und zerfalle und sie spricht davon, die Gruppe zu verlassen. Obwohl der Leiter ihr in der Vergangenheit sehr geholfen habe, sei sie dennoch davon überzeugt, daß er sie nicht möge, und sie greift ihn vehement an.

Auf Sitzung 2 kommt Fräulein I. etwas spät. Frau H. erzählt von Schwierigkeiten, die sie im Urlaub mit ihrem Mann hatte. Aufgrund seiner Abhängigkeit verlangt er, daß sie ihre Arbeit, die dilettantisch sei, aufgeben solle, zumal sie entlassen werden könnte. Das war ihr zuviel – sie erlebt gleichzeitig eine heftige Reaktion auf L. wegen seiner Haltung gegenüber seiner Frau, besonders weil er glaubt, daß es einen männlich/weiblichen Konflikt in ihr gibt, eine Auffassung, die der Leiter teilt. Nach dem Eintreffen von Fräulein I. knüpft der Leiter an die letzte Sitzung an. Er gesteht seinen Ärger und sie reagiert anscheinend positiv darauf.

Dann schneidet er Fräulein M.'s Problem an. Fräulein M. weint lautlos. Jetzt nimmt Fräulein I. aktiv teil. Da die Gruppe es nicht vermochte, spricht der Leiter Fräulein M. wegen ihrer Depression an, die auch außerhalb der Gruppe jetzt wieder auftritt. Er weist darauf hin, daß sie alle unangenehmen Gefühle in die Gruppe hineinprojiziert. Sie glaubt, es wäre vollkommen egal, ob sie spricht oder nicht. Sie fürchtet sich vor einer Bloßstellung und glaubt, daß man sie wertlos findet.

Fräulein A. spricht jetzt von ihrem Fortschritt, denn sie sieht ein, daß sie sich wegen eines wertlosen Mannes selbst entwertet hat. Die restliche Zeit wird hauptsächlich Frau H.'s hysterischen Erwiderungen und ihrer Verleugnung aller sexuellen Bedeutungen gewidmet. O. war abwesend, aber das war zu erwarten wegen eines seit langem bestehenden Grundes.

Die Bedeutung der Situation ist so zu verstehen, daß ein innerlicher sexueller Konflikt ganz allgemein dramatisiert wurde. Es handelte sich deutlich um ödipale Transgressionen und deren Bloßstellung, um eine Verurteilung durch die Gruppe als Vergeltung seitens des Über-Ichs, teilweise deutlich als eine in die Gruppe hineinprojezierte Kastration. In diesem Falle zieht der Leiter keine Feindseligkeit auf seine eigene Person, läßt aber zu, daß die Gruppe die Übertragung erduldet.

Diese beiden aufeinanderfolgenden Sitzungen sind als eine sich gegeneitig beeinflussende Sequenz anzusehen; die zweite war ein absichtlicher Plan seitens des Therapeuten, als eine Erwiderung auf die erste. Auf beiden Sitzungen ereigneten sich bedeutsame Vorkommnisse, insbesondere bei denjenigen mit einem Dreiecksverhältnis außerhalb der Gruppe. Kontroversen innerhalb der Gruppe gegenüber der Gesamtgruppe und gegenüber einzelnen Mitgliedern riefen Zorn, Ruhepausen und die Abneigung zu sprechen und sich bloßzustellen hervor. Die Gruppe identifizierte sich zunehmend mit einem angsterregenden, bestrafend dominierenden Über-Ich. Das war eine entschiedene Abwendung von der vorherigen Tendenz, im Therapeuten eine drohende Über-Ich-Figur zu sehen.

Auf der ersten Sitzung gab es einen dreifachen Austausch zwischen Fräulein A., Herrn O. und Herrn C. – wiederum mit der Betonung der sexuellen Verhältnisse außerhalb der Gruppe. Innerhalb der Gruppe herrschte ein allgemeines Gefühl der Passivität, Entziehung und sogar eine gewisse Entschlossenheit zur Nichtteilnahme. Die Deutung dessen führte zu offenkundigen und subtilen Zornesausbrüchen, die sich auf die Gruppe als Gesamtheit und eine von ihren Mitgliedern getrennte Einheit richteten. Eine auf Fräulein I. gerichtete Deutung wurde von ihr als Angriff empfunden, dem sie in gleicher Weise begegnete.

Während der zweiten Sitzung kam der Leiter auf die Situation mit Fräulein I. zurück, was zu einer Verdichtung des Zorns und zu leidenschaftlichem Zerstörungsdrang führte. Das Hineinprojezieren von negativen Gefühlen in die Gruppe wurde besprochen. Die Mitglieder fühlten sich in der Gruppe unsicher, verlegen und unfähig zu sprechen. Die Spaltung zwischen den Dingen innerhalb und außerhalb der Sitzungen dauerte an und wurde von Schweigen, Pausen und der Herausstellung von sexuellen Dreiecksverhältnissen außerhalb der Gruppe begleitet.

Eine weitere Sitzung war lebendig und produktiv. Das Ergebnis entsprach den Erwartungen und Wünschen des Therapeuten. Wenn wir die nächste Gruppensitzung noch in Betracht ziehen, kann man sagen, daß Fräulein I. und Fräulein M. zu einer positiven Kommunikationsweise zurückgekehrt sind. An dem Tag war Frau H. abwesend, weil sie sich in einem zweiwöchigen Urlaub befand. Herr L. war wegen einer langfristigen Verpflichtung auch abwesend. Auf dieser dritten Sitzung waren wir also eine sehr kleine Gruppe, denn Frau C. hatte eine Nachricht zukommen lassen, daß sie eben zu einem Ferienausflug nach Irland gefahren sei. Eigentlich überraschte das nicht, denn es war die Zeit um Ostern. Das Ergebnis auf der dritten Sitzung war, daß die Hauptstörenfriede, die, wie es sich herausstelle, für die anderen Furchterregendsten, abwesend waren, so daß die übrigen Mitglieder viele Dinge klären konnten. In diesem Zusammenhang können wir auf Einzelheiten dieser dritten Sitzung nicht weiter eingehen.

Wir können uns ganz allgemein die Frage stellen: Was geschieht, wenn die Gruppe kleiner als gewöhnlich ist? Intensive negative Gefühle, die gegen andere Mitglieder empfunden wurden, aber nicht zum Ausdruck kamen, werden in Abwesenheit dieser Mitglieder diskutiert, müssen aber natürlich bei deren Anwesenheit wieder zur Sprache kommen. Die kleinere Gruppe erzeugt anscheinend noch zwei Phänomene:

(1) Die Tätigkeit des Therapeuten wird intensiver – als ob er einen Ausgleich für die fehlenden Mitglieder bieten müßte.

(2) Eine Veränderung des Kommunikationsmusters (in dem obigen Beispiel seitens Fräulein A.) tritt ein. Im allgemeinen sprach sie entweder am Anfang der Sitzung oder gar nicht. In dieser kleinen Gruppe war sie mehrmals während der Sitzung aktiv, obwohl sie kein Bedürfnis hatte, als erste zu sprechen.

Die intensivierte Tätigkeit des Therapeuten und Co-Therapeuten war ein bemerkenswertes Merkmal in dieser Gruppe. Bedeutende Fortschritte wurden mit mehreren Gruppenmitgliedern erzielt, besonders bei der Erkennung der Gefühle von Zorn und Feindseligkeit gegenüber gewissen abwesenden Mitgliedern. Das Thema von Zorn und destruktiven Phantasien war während etlicher vorangegangener Sitzungen ein Störfaktor gewesen. Auf dieser Sitzung erkannte man, daß diese Gefühle sich auf bestimmte abwesende Mitglieder richteten, im wesentlichen auf Übertragungsbasis. Es stellt sich die Frage, ob diese Gefühle und Übertragungsbeziehungen auch ohne die Abwesenheit einiger Mitglieder zutage getreten wären. Nach meiner Ansicht lautet die Antwort ja, aber wahrscheinlich nicht zu diesem Zeitpunkt. Eine selektive Bedeutung liegt zwar in den abwesenden Mitgliedern, jedoch kein Zufallsmoment.

6.3.4. Unerwartete Wirkung einer Äußerung des Leiters.

Auf einer vorangegangenen Sitzung gab es einen oder zwei Neuankömmlinge und ich machte die Bemerkung in Hinblick auf die ausgeschiedenen Mitglieder, daß zwei oder drei Jahre jedermann genügen müßten. Diese Äußerung verursachte Ängste wegen eines möglichen Verlusts der Gruppe, einer Relegation. In einigen hatte sich die Überlegung festgesetzt: »Was machen wir jetzt?« Die Vorstellung die Gruppe zu verlassen, unabhängig zu sein und die wahre Natur dieses Problems wurden vielleicht am besten von Fräulein A. dargelegt. Sie berichtete, daß sie gerade diese Erfahrungen zu Hause mitgemacht hätte. Sie erzählte weinend von der Mahnung ihrer Mutter: ».. . diese Gruppe ist ein Luxus. Gib sie auf!« Das ist alles mit dem Verlust ihrer Arbeit verbunden und mit der Tatsache, daß sie ihrer Mutter erzählte, daß sie unabhängig sein und einen Wagen fahren wolle. Sie glaubt aber eigentlich nicht, daß sie das könnte oder daß sie unabhängig sein will. Frau H. eröffnete die Sitzung mit der Erklärung, daß sie einen großen Schritt nach vorne gemacht hätte. Sie sprach von den Geldsorgen und der Eifersucht ihres Mannes, weil sie an der Gruppe teilnimmt. Sie verglich ihn mit ihrem eigenen Vater, der ihrer Meinung nach ihre Existenz verwünschte. Er hätte sich beispielsweise Gedanken über das Geld für ihren Musikunterricht gemacht. Die Gruppe befaßte sich intensiv mit diesem Thema. Daraus ergaben sich ödipale Anhaltspunkte oder wenigstens Material, das so gedeutet, eindeutig mit dem Problem von Abhängigkeit/Unabhängigkeit verbunden war, das sich wiederum auf die Teilnahme an den Sitzungen, die damit verbundenen Gebühren und die augenblickliche Abhängigkeit von den Eltern bezog. Das Gefühl die Gruppe zu verlieren, war im übertragenen Sinne mit elterlichen Forderungen nach Selbstständigkeit und mit elterlicher Rücksichtslosigkeit und Ablehnung weiterer materieller Unterstützung verbunden. Das spiegelte deutlich die Gefühle gegenüber der Gruppe und dem Leiter in der therapeutischen Situation wieder. Auch Rückwirkungen auf das familiäre Verhältnis, den Plexus der Patienten werden deutlich. Fräulein B. erzählte von einem Traum, der als Resonanz zu verstehen sei. In dem Traum erlebte Fräulein B. eine gewissen Hilflosigkeit gegenüber Männern. Sie hätte sich vollkommen passiv verhalten – gleichzeitig wären die Fenster offen gewesen. Sie verband das mit ihrer Unfähigkeit, ihrem Vater etwas abzuschlagen, und auch mit ihrer Erfahrung, daß sie Freundschaft mit Männern schließen und intime Beziehungen zu ihnen unterhalten könne, solange sie anderweitig verpflichtet wären. Wenn irgend ein Mann, wie es jetzt er Fall wäre, sich für sie interessieren würde, aber nicht anderweitig verpflichtet wäre, würde sie zögern intim zu sein und sich somit selbst zu verpflichten. Sie hätte die Erfahrung gemacht, daß sie am Telefon nicht sprechen könnte, weil dann nicht zum Ausdruck käme, was sie wirklich sagen wollte. Das hing mit verschiedenen Ereignissen in der Gruppe zusammen und ich lenkte ihre Aufmerksamkeit auf den eigentlichen Grund – ihr Kampf gegen den Wunsch, vollkommen hilflos und abhängig in der Beziehung zu ihrem Vater zu sein.

Das sind nur wenige charakteristische Beispiele, die zeigen, wie sie aus der Gruppensituation entstanden, dadurch, daß ich die Gruppe daran erinnerte, daß sie keine Einrichtung sei, auf die man sich ewig verlassen kann. Der Leiter soll seinen Patienten Freiheit gewähren, um sich zu entwickeln und ihnen helfen, ihr Leben selbst in die Hand zu nehmen. Das verursacht tiefe Konflikte und ruft charakteristischerweise die frühe Familiensituation, die ödipale Situation mit ihrer Angst vor dem Unabhängigwerden – eine Art Freiheitsangst – wach. Sie klammern sich an Abhängigkeit in der Gruppe, die so eine viel tiefere Bedeutung annimmt.

In diesem Zusammenhang ist ein spezifischer Faktor erwähnenswert, der besonders von Frau H. und Fräulein O. betont wurde. Sie fühlten, daß ihre Hilflosigkeit in der neurotischen Provokation ihres Partners wurzelte. Als Dr. N. daran zweifelte, daß eine andere betroffene Person wichtig und wirklich verantwortlich war, waren sie gereizt. Ich glaubte persönlich, daß sie Recht hatten und glaubte ihnen, daß die Bezugsperson in diesem Fall der aktive Verursacher von neurotischen Verhalten und Reaktionen war. Im Dunkeln dieser Diskussion blieb die Tatsache, wie bereits erklärt wurde, daß ich die wirkliche provozierende Ursache ihrer neurotischen Reaktionen war. Vielleicht hatte ich unbeabsichtigt das traumatogene Verhalten der Elternfigur wiederholt. Wurde ich dazu verleitet? Wenn ja, war ich mir dessen nicht bewußt.

Ein anderes Mal hatte der Leiter Aufmerksamkeit darauf gerichtet, wie Patienten Entschlossenheit zeigen, an ihren Neurosen festzuhalten. Es fielen Worte wie: Wenn Du so eine Einstellung hast, kannst Du ebenso gut bleiben, wie Du bist.« Das führte zu einer Selbstanalyse seitens einer der Patientin, die behauptete, sie wäre zu der Erkenntnis gelangt, daß sie die Gruppe bitte, sie an die Brust zu nehmen und zu füttern. Darin erkannte sie ihre eigenen Schwierigkeiten beim Stillen ihrer Tochter und wie das ihr späteres Verhältnis zu dem Kind beeinflußte. Sie wünschte, die Gruppe wäre ihr eine bessere Mutter, die sie liebte, aber wie die Dinge standen, klammerte sie sich an ihre Neurose.

Es leuchtete einer anderen Patientin ein, daß eine Verschiebung ihrer Deutung des eigenen Verhaltens stattgefunden hätte. Sie hatte früher fest geglaubt, daß die Gruppe zwischen sie und ihr Zuhause trete, aber jetzt weiß sie, daß es ihr Freund ist. Sie erwähnte, daß sie mit ihrem Freund wirklich glücklicher als zu Hause sei. Sie hätte das Ganze als ein Sicherheitsventil gegen bestimmte Verwicklungen in der Gruppe aufgefaßt, vor der sie Angst habe.

6.3.5. Übertragungsdeutungen: Richtig, aber abwehrend

Die folgenden Notizen verdanke ich meinem Co-Leiter, der die Gruppe während meiner Abwesenheit übernahm. In der persönlichen Analyse war er ein Anfänger. Der ungünstige Vergleich, der zwischen ihm und mir gezogen wurde, war offenbar auf eine unterschiedliche Verteilung von Übertragung zurückzuführen, aber entsprach in gewisser Weise auch unseren verschiedenen Deutungsmethoden. Es gibt auch eine deutliche Angst der Gruppe, wegen meiner Erkrankung und die Reaktion meines Kollegen war in dieser Hinsicht wenig beruhigend. Es ist interessant zu überlegen, ob der Co-Leiter die Angst ganz unbewußt aus persönlichen Gründen verstärkt hatte. Sein eigener Analytiker stand ungefähr in meinem Alter. Der Co-Leiter wußte z. B., daß ich zu ihm nach einer Gruppensitzung von meinem Eindruck sprach, er könnte kaum erwarten, meine Gruppe zu ›erben‹, was er in Abrede stellte. Mein auch damals diskutiertes Hauptargument ging dahin, daß Übertragungsdeutungen abwehrend sind, wenn sie es dem Therapeuten ermöglichen, alles der Übertragung der Gruppe zuzuschreiben, anstatt deren Kritik ernstzunehmen. Anscheinend ist es für jeden Therapeuten sehr schwierig, diese Abwehr zu vermeiden und die Hinweise der Gruppe auf seine Unzulänglichkeiten ernsthaft zu erwägen.

Bericht

Donnerstag: Mary B. und Dr. L. kamen etwa 20 Minuten zu spät. Nach meinem Eintritt gab ich bekannt, das SHF nicht teilnehmen würde und Dr. L. berichtete über seine augenblickliche Erleichterung wegen SHF's Abwesenheit. Etwas später erzählte er von einer Begegnung mit einer Nymphomanin, von seinem Wunsch sich loszureißen und sie loszuwerden (ein Gesellschaftstreffen in einem Klub, das zu Geschlechtsverkehr hätte führen können) und von der Verbindung zwischen dieser Gegenüberstellung mit ihrer sexuellen Herausforderung und seiner diesmal vermiedenen Gegenüberstellung mit SHF. Dessen symbolische Rolle als verbietender oder herausfordernder Vater war unübersehbar. Dr. L. war besorgt wegen des Alters von SHF. Im allgemeinen herrschte das Gefühl, daß SHF vermißt wurde, aber zugleich auch eine Ablehnung wegen möglicher Verwicklungen. Auf der nächsten Sitzung wurde das noch deutlicher... R sah in SHF, wie in einem Onkel eine gütige und freundliche Vaterfigur. Bei einem intensiven Wortwechsel mit Frau G. prüften beide, wie sie Zornesgefühle, Phantasien und die damit verbundenen Vorstellungen bändigen könnten. Für R., im allgemeinen überpassiv und zu keinen Zornesausbrüchen fähig, wäre es ideal, wenn er derartiges unter passenden Umständen den richtigen Menschen frei anvertrauen könnte. Für Frau G. würde das nur zu einem Bruch führen. Für sie standen Zornesgefühle zu sehr im Vordergrund. Sie berichtete über Zornesgefühle in Gegenwart ihrer Eltern, denen gegenüber Zorn nicht ausgedrückt werden durfte, weil damit Gefahr verbunden sei. Im wesentlichen galt die Sitzung einer Analyse ihrer Zornesgefühle und ihrer Angst oder Wünsche, sie auszudrücken. O. fürchtete sich davor; R. hielt es für einen Weg zur Befreiung. Frau G. fürchtete, daß so etwas zu einer Katastrophe führen würde, usw. Angesichts des Verlaufs der nächsten Sitzung betone ich besonders diese letzten beiden Punkte.

Montag: Ich berichtete, daß SHF weiterhin krank sei, aber ich konnte keine Antwort auf besorgte Fragen wegen der Art und Dauer der Erkrankung geben... O. beschrieb sehr ausführlich, wie die Leute, denen er das Haus seiner Mutter verkauft hatte (wobei er einen Teil des Grundstückes behielt), eine Garage gebaut hätten, die etwa zwei Meter auf seinem Grundstück stand. Seine Frau müßte wegen einer Operation an Krampfadern ins Krankenhaus und er müßte allein mit allem fertig werden. Er fühlte sich hilflos und unfähig die Situation zu meistern. Wenn sie da gewesen wäre, hätte sie die Sache mit der Garage erledigt. Er äußerte Angst, daß er es nicht könnte, ohne zu destruktiv zu werden, indem er sagte: »*Wie kann man sich über nette Leute ärgern?*« Wenn sein älterer Partner ihn tadelt, fühlt er sich, als ob er zwei Jahre alt wäre. Vieles kam wegen der tagtäglichen Schwankung seiner Gefühle an's Licht. An einen Tag fühlt er sich, als ob er zwei Jahre alt wäre und unfähig, mit etwas fertig zu werden. Am nächsten Morgen fühlt er sich erwachsen und imstande, alles wunderbar zu bewältigen.

Ich beschäftigte mich viel mit O., indem ich seine Aggressionsängste mit seinen Befürchtungen nur zerstören oder sich unterwerfen zu können, verband. Unter Verwertung weiteren Materials machte ich ihm klar, wie wichtig sein Masochismus als Abwehr gegen seine sadistischen Phantasien sei. Von Zeit zu Zeit entstanden Schweigepausen, wohl zum Nachdenken, die ich zweimal unterbrach, um das Gespräch wieder in Gang zu bringen, wobei ich mich im wesentlichen auf O. konzentrierte, als Hauptwortführer für Ängste der Gruppe Zorn auszudrücken.

Nach einer dieser Gesprächspausen wandte sich Frau G. an mich mit einem unglaublich heftigem verbalen Angriff. Ich hätte die Gruppe zum Schweigen verurteilt. Ich sei derjenige, der die Antworten gebe und die Gruppe hindere, ihre eigenen zu finden und ihre eigene Entwicklung voranzutreiben. R., der auf der vorangegangenen Sitzung gesagt hatte, ich würde seiner Ansicht nach für alles vorgefaßte Erklärungen haben, beteiligte sich an dem Gespräch ebenso wie Mary. Wenn SHF sich zurückzöge und ich die Gruppe übernehmen würde, würde sie nicht bleiben. Da sie mir Dank schulde, glaube sie, mir das eigentlich sagen zu sollen. Während wir das untersuchten, wurde deutlich, daß ich die Übertragungsfigur für ihre Mutter war, die sie nie direkt habe angreifen können, weil sie sich ihr gegenüber zu Dank verpflichtet fühlte, obwohl diese sie stets bekrittelte, und ich würde das auch tun (obgleich ich keinen Anhaltspunkt dafür finden konnte). SHF verurteilte sie niemals. Der Angriff auf mich dauerte an: Schulbuchantworten, zu sehr nach Freud, ich schlösse Vorgänge einfach ab mit einer gewissen Endgültigkeit; SHF sei zurückhaltend uns lasse die Dinge reifen.

Nach diesem Angriff brachte ich die Gefühle der Gruppe mit SHF's Abwesenheit in Verbindung, was R. angesprochen hatte. Im Augenblick sei ich, wenn ich es richtig verstehe, für Mary die Mutter, für Frau G. der »vergewaltigende« Bruder und für R. sowie Frau G. jemand, dem sie bei ihrer Arbeit oder im täglichen Leben begegne und mit dem sie nicht auskommen können. R. verteidigte mich, indem er sagte (mit Zustimmung von O., Dr. L. und M.), daß die beiden Methoden sich ergänzen könnten. Mary wollte ihren Angriff rückgängig machen, da sie befürchtete, er könnte mir schaden. R. schien es, als ob ich an einem bestimmten Punkt von dem Angriff verletzt gewesen sei, aber mich inzwischen erholt hätte. Ich gestand dies ein – es wäre äußerst seltsam gewesen, wenn die Angriffe mich nicht getroffen hätten. Ich fügte hinzu, es sei wichtig, daß die Gruppe imstande gewesen sei mich anzugreifen, daß diese Gefühle lange gegärt hatten und daß die Ergründung und Lösung derselben zu sehr wichtigen Fortschritten führen könnten. Marys Problem mit ihrer Mutter hat jetzt eine Parallele in ihrer Einschätzung meiner Person in der Gruppe. Das gleiche gilt für Frau G.'s Gefühle ihrem Bruder gegenüber, »der immer alle Antworten parat hat«.

6.3.6. Der Anfang einer Gruppe

Das folgende, etwas längere Beispiel beruht auf Aufzeichnungen über eine eigene Gruppe von mir, die mehr als fünfzehn Jahre bestand. In diesen anfänglichen Stadien war es eine Gruppe für Ärzte Psychiater, Analytiker, Psychotherapeuten, Soziologen und Sozialarbeiter, die in Ausbildung standen. Eine Zusammenfassung der ersten Sitzungen schildert, wie eine derartige Gruppe anfängt und welche verschiedenen Mechanismen am Werke sind.

Die erste Sitzung war durch die unerwartete Abwesenheit von Dr. L. gekennzeichnet. Mehrere Sachen wurden besprochen und die Gruppe wurde einbezogen, indem sie gebeten wurde, ihre Gefühle, Meinungen und Entschlüsse zu äußern. Sofort wurden realistische Dinge zur Sprache gebracht, denn die Meinungen der Gruppe wurden ernsthaft in Betracht gezogen und nicht wie rhetorische Fragen oder Bemerkungen behandelt. Zum Beispiel wurde die Frage von Ferientagen diskutiert und man stellte fest, daß diese Gruppe vorzog, ganz zu unterbrechen, wenn ein oder zwei Mitglieder wegen Urlaubs fehlen würden. Ich machte anschließend einige Bemerkungen über die Sitzordnung und andere Vorkehrungen, wie z. B. das Rauchverbot, was nur kurze Auflehnung bei einem oder zwei Mitgliedern hervorrief. Diese Gruppe lehnte Tonbandaufnahmen beinahe kategorisch ab. Das überraschte, denn es waren Personen, denen es sehr um die wissenschaftliche und theoretische Seite ging. Sobald es aber auf persönliche Offenlegung ihrer selbst ankam, erhob man etliche Einwände. Dr. M., der später kam, platzte mitten in die Diskussion, was Dr. AR. reizte, der sich darüber unverblümt äußerte. Derselbe Dr. M. sprach entschieden gegen die Anschaffung eines Mikrophons, weil er es einfach nicht lassen könne, dann dauernd seine eigene Stimme zu hören und damit würde er die ganze Diskussion beherrschen. Daraus ergaben sich verschiedene Reaktionen und analytische Überlegungen. Ein anderes Mitglied, Fräulein G., sagte, daß sie nicht im geringsten etwas gegen die Aufnahme ihrer Stimme hätte, aber sie wolle sie nicht hören. Dr. AR. machte einige recht überraschende Bemerkungen über seine Hemmungen, besonders bezüglich der Autoritätsfigur, die ich für ihn verkörperte. Dies bezog sich auf seine Selbstsicherheit in vielen Bereichen. Er beschrieb sein Herzklopfen, als er M. widersprach. Als Grund für seine Ablehnung der Tonbandaufnahmen führte er seinen Wunsch an, wirklich beteiligt zu sein. Sobald die Sitzungen eine »wissenschaftliche« Wende nähmen oder zu etwas wie einer Studiengruppe werden sollten, könnte er ebenso gut eine wissenschaftliche Tagung besuchen. Auf diese Weise äußerte er ein Vorurteil, das häufig in diesen Kreisen anzutreffen ist: eine gegenseitige Ausschließlichkeit oder wenigstens ein Gegensatz zwischen emotionaler und intellektueller Geisteshaltung. Selbst das bloße Wissen, daß man etwas aufnehmen und möglicherweise wissenschaftlich verwerten wollte, würde ihn seiner Unvoreingenommenheit berauben. Es stellte sich heraus, daß ein weiterer Gedanke, der gleich wichtig und interessant für Lehrzwecke ist, dahinter stand: er war sehr besorgt um seinen Ruf als Arzt. Wenn jemand seine Stimme hören und erkennen würde, wäre das katastrophal. Das wäre etwas, das ihn sehr bekümmern würde. Früher, bevor er Arzt war, hätte ihm so etwas nichts ausgemacht. Diese naive emotionale Einschätzung, Arzt zu sein, schien mir im allgemeinen sehr interessant. Gleich auf der ersten Sitzung tauchte somit die Angst vor »draußen« auf. Dieser Arzt trat selbstsicher und unbesorgt inmitten einer Gruppe von Kollegen auf, aber er fürchtete sich vor »draußen«. Diese Unterscheidung zwischen der Situation innerhalb und außerhalb der Gruppe führt zu interessanten Problemen. Im Grunde genommen handelt es sich nach meiner Meinung um eine paranoide Spaltung. Die Reaktion der ganzen Gruppe auf den Gedanken »draußen gehört zu werden«, lag in der gleichen Richtung, obwohl sie genau wußten, daß das Material nur mit ihrer Zustimmung, die sie nur für wissenschaftliche und ganz legitime Zwecke gegeben hatte, verwendet werden würden. Diese Sitzung brach ziemlich abrubt ab.

Die zweite Sitzung: es war klar geworden, daß Dr. L. nicht teilnehmen würde. Er hatte sich offensichtlich anders entschlossen und gab seinen gesundheitlichen Zustand als Grund an. In der Zwischenzeit hatte ich einen anderen geeigneten Mann gebeten, der Gruppe beizutreten. Weil er sich verspätet hatte, entstand Ungeduld in der Gruppe. Die Mitglieder fragten: »Na, kommt er oder nicht?« Bei diesem bestimmten Patienten war das Zuspätkommen ein seit langer Zeit bestehendes Symptom, dessen spätere Analyse von entscheidender Bedeutung war. Als es in der Gruppe analysiert wurde, bahnte es den Weg für eine große und sehr positive Veränderung in seinem ganzen Leben, aber die Veränderung war kritisch. Aus Gründen der Diskretion kann ich auf dieses höchstinteressante Material nur andeutungsweise eingehen. Die ganze einbezogene klassische anale Verflechtung kam deutlich zum Vorschein, und wenn wir zu diesem Punkt kommen, verweise ich wenigstens im Prinzip darauf. In diesem Stadium kann ich nur sagen, daß eine der Hemmungen dieses Mannes es ihm erschwerte, Arbeiten zu Ende zu führen, denn sobald er eine Arbeit vollendet hatte, überkam ihn das Gefühl sterben zu müssen. Auf dieser zweiten Sitzung herrschte eine gespannte Atmosphäre, die ich mit den Worten lockerte: »Na, wir sind aber nicht gerade fröhlich.« Nachher ging es aber doch lebendig zu. Nach anfänglichem Schweigen trat Dr. M. mit einem »Gruppentraum« auf: er hatte tatsächlich einen Traum gehabt, der sich eindeutig auf die letzte Sitzung bezog und etwa dahingehend analysiert wurde. Unter den Umständen nahm die Gruppe weniger daran teil, als man erwartet hätte und ich hatte entsprechend mehr zu tun. Selbst in dem offenkundigen Traum gab es einen Kreis mit einem leeren Stuhl. »Es war ein Kreis genau wie dieser, aber ein Stuhl hatte Lehnen.« Er wäre plötzlich zum

Stuhl hinmarschiert, hätte ihn genommen und mit meiner Einwilligung und gegen die Mißbilligung von AR. sich mitten im Kreis hingesetzt. Dr. AR. behauptete, er hätte auch einen Gruppentraum gehabt und wäre recht überrascht gewesen, daß er in bezug auf mich ausgesprochen homosexuell gewesen wäre. Im Traum hätte ich ihm eine Spritze gegeben, die sich als Wahrheitsserum erwiesen hätte. Ich sagte, daß es sich in bezug auf mich um einen Übertragungstraum handelte, der das Homosexuelle gar nicht so sehr betonte, sondern sich auf die Behandlungssituation bezog: ich würde ihn nämlich zwingen, der Gruppe die Wahrheit zu sagen. Die Frauen in der Gruppe nahmen den Traum lebendig auf, wahrscheinlich weil sie darin nicht vorkamen. Die ganze Gruppe wurde nunmehr sehr lebendig und ich kann nur ein paar Hauptmerkmale aussuchen. Ein solches Merkmal war die Art und Weise, wie einige Gruppenmitglieder, ständig schwankend, die Probleme mal intellektuell, mal überstürzt persönlich, anpackten. Die Gruppe faßte es anscheinend als ihre Funktion auf, über gegenseitige Wechselbeziehung Bemerkungen zu machen. Gleichzeitig herrschte erhebliche Ungewißheit und Rätselraten wegen meiner Rolle. Es gab deswegen eine Menge Voreingenommenheit. Ich wagte den Durchbruch mit den Worten: »Wer hat Ihnen das gesagt?« oder »Wer sagt so etwas?« Ich verhielt mich locker und aufgeschlossen und bestätigte verschiedenartige Erwartungen von meiner unverletzlichen Stellung in keiner Weise. Wenn ich »locker« sage, meine ich nicht, daß ich persönlich und willkürlich Einzelheiten aus meinem Privatleben preisgab, sondern äußerte meine Gedanken als Mitglied der Gruppe und lieferte gefühlsmäßig Beweise für meine aktive Teilnahme an den Auseinandersetzungen. Ich tat das teilweise, weil die Gruppe nicht bereit war, es aus freien Stücken zu tun, wie sie es vielleicht hätte tun können. Die Auflehnung gegen das Rauchverbot nahm uns jetzt in Anspruch — also die Frage der natürlichen und künstlichen Situation. Die Diskussion geriet ins Fachliche. Eine Ärztin, Anita, hob ihren persönlichen Analytiker hervor. Zwei oder drei Patienten wurden bei anderen Analytikern einzeln analysiert. Das wurde auf die Spitze getrieben, aber damals akzeptierte ich noch die Situation. Sie (Anita) schien dieses Problem gelöst zu haben, aber es tauchte plötzlich auf eine Weise auf, daß ihre ganze Teilnahme in Zweifel geriet. Es widerspiegelte auch Widerstand seitens ihres Analytikers. Schließlich traf sie ein Übereinkommen mit ihrem Analytiker.

Abgesehen von denjenigen, die noch außerhalb der Gruppe bei einem Analytiker waren, hatten sich auch andere bereits einer Analyse unterzogen. Fragen wurden häufig gestellt wie: »Was ist bei Ihrer Analyse in dem Zusammenhang herausgekommen?« Ich mußte mich deshalb einschalten und sagen: »Lassen wir uns das alles hier herausfinden!« Diese Ärztin, Anita, neigte dazu, die Diskussion auf eine fachliche Ebene zu lenken. Ich fühlte mich beinahe provoziert, sie wegen dieser Tendenz zu tadeln, aber sie sagte plötzlich fast reumütig: »Nimmt es zuviel Zeit in Anspruch eine persönliche Sache zu besprechen, die mir sehr am Herzen liegt?« Ich versicherte ihr, das wäre genau der Sinn der Sitzung. Daraufhin erzählte sie eine Geschichte, die erst einen oder zwei Tage alt war. Ein verheirateter Mann, zu dem sie seit 9 Monaten Beziehungen unterhalten hätte, hätte einen Rückzieher gemacht und das Ganze als Irrtum erklärt. (Solche plötzlichen Reaktionen seitens eines Mitgliedes der intimen Vernetzung eines Patienten, seines Plexus, kommen nicht selten vor und sind ein wesentlicher Bestandteil der Therapie.) Das hatte alles in Zusammenhang mit einem Patienten gestanden. Ihr Freund wäre auch praktischer Arzt und dieser Patient wäre gleichzeitig bei ihr und ihm in Behandlung, so daß die beiden mit ihr ähnlich umgingen. Der Patient hätte eine parallele Geschichte über sich zu erzählen gehabt. Als der Praktiker ihre schuldhafte Reaktion bemerkte, faßte er Mut und sagte: »Es ist nicht richtig – wir müssen uns trennen.« Anita war dadurch sehr betroffen. Sie meinte ihn umbringen zu müssen, aber sie konnte nicht an ihn herankommen und sie hegte gleichzeitig die Angst, daß sie ihn brechen könnte. Sie war in dieser Hinsicht voller Konflikte. Bei alledem zeigte sie nicht allzu viel Einsicht. Zum Beispiel, daß das Ganze durch unbewußten Einfluß ihrerseits geschehen sei. Ich war, wie viele in der Gruppe, davon überzeugt.

Das veranlaßte Fräulein G., etwas Intimes über sich selbst vorzubringen. Sie sagte: »Ich habe eine ähnliche Geschichte – jemand lief mir davon, aber ich bin überzeugt, daß ich selbst schuld war.« Diese sehr emotional besetzte Sache entstand bei Anita folgendermaßen. Sie hatte sich auch dem Urteil über Rauchen widersetzt, aber *es war nicht das Rauchen, das eine Rolle spielte*, sondern sie konnte keine Bevormundung erdulden. Sie störte die Tatsache, *daß jemand ihr etwas wegnehmen oder verhindern könnte*. Mit anderen Worten, es trat eine tiefliegende orale Frustration ihres Charakters in die Transfersituation ein. In diesem Stadium bestätigten die Gruppenmitglieder, wie zufrieden sie miteinander wären. Das war ungewöhnlich für sie, besonders für Dr. Anita, Fräulein J. und Fräulein G. Als Gründe dafür gaben sie alle die Tatsache an, daß sie mit der Psychoanalyse vertraut wären und wüßten, wovon sie redeten. Hier handelte es sich meines Erachtens um ein verstandesmäßige Äußerung, die einen tieferen Zusammenhang verschleiern sollte.

Als ich Dr. Anita andeutete, daß das Problem in Wirklichkeit aus ihren impulsiven Reaktionen, aus ihrem Charakter und nicht aus dieser speziellen Sitzung resultierte, meinte sie, sie müßte es mit dem Mann selber besprechen können. Ich mußte daher erwähnen, daß persönliche, sowie auch gruppenanalytische Behandlung besonders auf der Tatsache beruht, daß diese Art Sichaussprechen eher in einer Situation wie der vorliegenden angebracht ist, als mit der betreffenden Person selbst zu reden. Diese Bemerkung war in einer Gruppe mit dieser Zusammensetzung möglich. Es wirft Licht auf eine der grundsätzlichen Annahmen der ganzen Gruppenanalyse – auf die Tatsache, daß Menschen sich innerlich fremd sind. In einem gewissen Sinne sind sie der Übertragungsperson näher als ihrer eigenen Person. Andererseits sollen sie, wie es sooft geschieht, es nicht zur Angewohnheit werden lassen, ihre Probleme im täglichen Leben auszubreiten.

Als ich Dr. Anita darauf hinwies, daß der mögliche Ursprung ihrer Irritation und Frustration der Umstand sein könnte, daß jemand die Macht hätte, wie ich in bezug auf das Rauchverbot, ihren Vorhaben Einhalt zu gebieten, stimmte sie mit mir vollkommen überein. Dann machte sie einen Gedankensprung rückwärts: »Ja, ich wurde verhältnismäßig schnell entwöhnt. Ich bin in Südafrika geboren, wurde

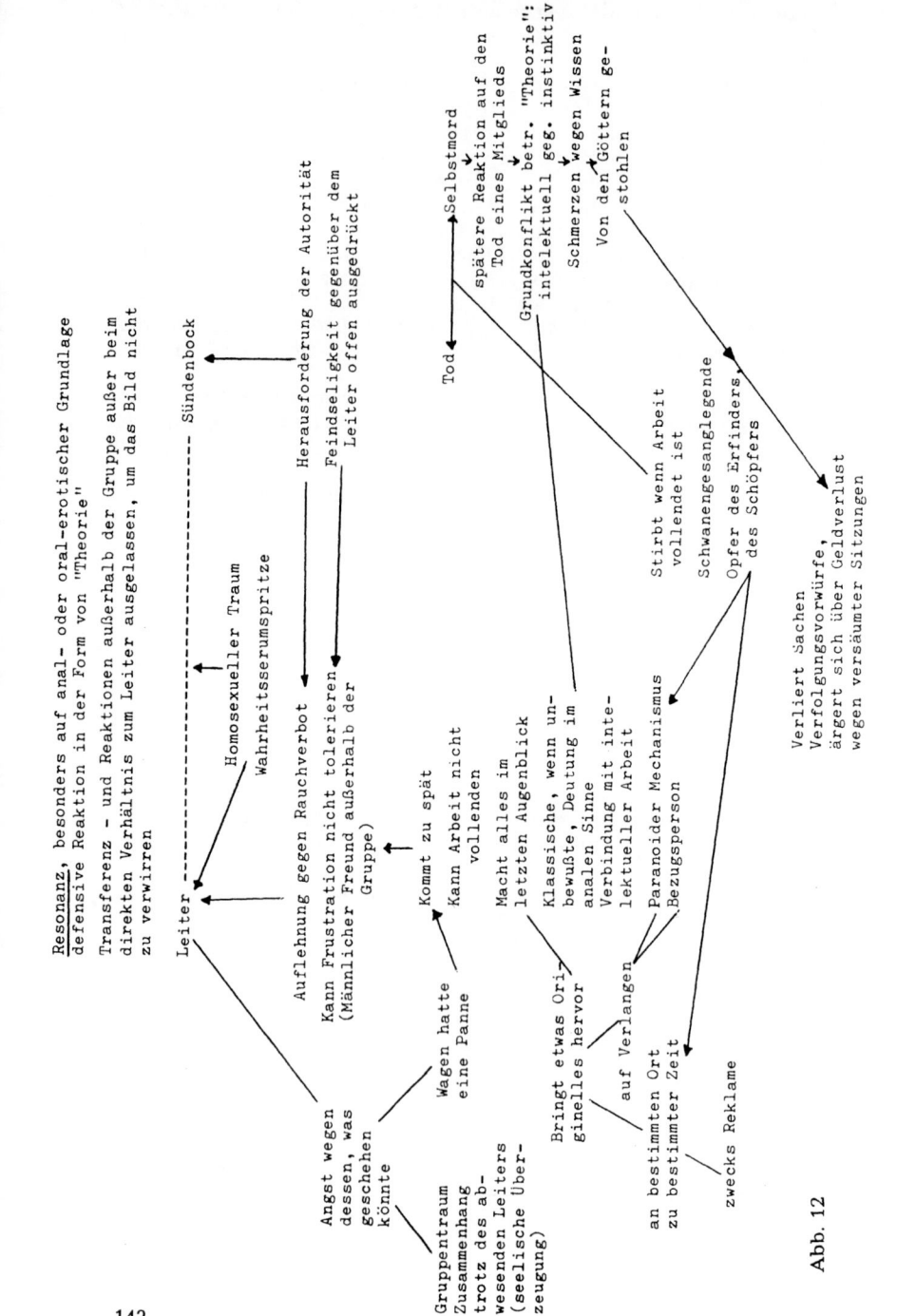

Resonanz, besonders auf anal- oder oral-erotischer Grundlage
defensive Reaktion in der Form von "Theorie"
Transferenz – und Reaktionen außerhalb der Gruppe außer beim
direkten Verhältnis zum Leiter ausgelassen, um das Bild nicht
zu verwirren

Homosexueller Traum
Wahrheitsserumspritze

Leiter ———————————————————————————————→ Sündenbock

Auflehnung gegen Rauchverbot
Herausforderung der Autorität
Feindseligkeit gegenüber dem
Leiter offen ausgedrückt

Kann Frustration nicht tolerieren
(Männlicher Freund außerhalb der
Gruppe)

Kommt zu spät
Kann Arbeit nicht vollenden

Macht alles im letzten Augenblick

Klassische, wenn unbewußte, Deutung im analen Sinne
Verbindung mit intellektueller Arbeit

Tod → Selbstmord
spätere Reaktion auf den
Tod eines Mitglieds
Grundkonflikt betr. "Theorie":
intelektuell geg. instinktiv
Schmerzen wegen Wissen
Von den Göttern gestohlen

Stirbt wenn Arbeit vollendet ist
Schwanengesanglegende
Opfer des Erfinders,
des Schöpfers

Paranoider Mechanismus
Bezugsperson

auf Verlangen

Bringt etwas Originelles hervor

Wagen hatte eine Panne

Angst wegen dessen, was geschehen könnte

Gruppentraum Zusammenhang trotz des abwesenden Leiters (seelische Überzeugung)

an bestimmten Ort zu bestimmter Zeit

zwecks Reklame

Verliert Sachen
Verfolgungsvorwürfe,
ärgert sich über Geldverlust
wegen versäumter Sitzungen

Abb. 12

früh entwöhnt und verlor die Brust früh.« Diese Bemerkung, obwohl sie richtig und zutreffend sein mochte, wurde nichtsdestoweniger von ihren Kenntnissen einer bestimmten Art psychoanalytischer Deutung bedingt. Dr. AR. stellte ein paar theoretische Fragen bezüglich dieses spontanen Sprungs in frühe orale Erfahrung. Er fragte, ob das regressiv wäre und vor allem: »Was kann man machen? Was kann man tun, wenn die Dinge soweit zurückliegen?« Es war klar, daß dieser theoretische Punkt emotional stark besetzt war und wurde später im Laufe der Behandlung bestätigt. Ich erklärte, man könnte immer etwas tun, gleichwohl wie früh die ursprünglichen Eindrücke waren, die ein bestimmtes Verhalten verursachten. Wenn sie noch gegenwärtigen Schwierigkeiten oder Konflikten zugrunde lägen, müßte man sie hier und jetzt anpacken. (Er verzettelte sich anschließend mit ziemlich theoretischen Begriffen über Regression, Fixation, usw., aber ich fühlte mich unter den Umständen verpflichtet, mich mit ihm ein wenig darüber auseinanderzusetzen.) Das verursachte einen Protest von Fräulein G., die behauptete, sie käme nicht mit, und auch von SA., der dagegen protestierte, daß ich die Sitzung in eine theoretische Diskussion umwandeln würde. AR. bestätigte, daß allerlei Sachen von der Antwort auf seine Frage abhingen. Zum Beispiel sollte er seine eigene Analyse aufgeben? Ich bin sicher, daß das Material von der Sitzung für ihn bei seiner Analyse konfliktlösend war. Später entschloß er sich, seine Psychoanalyse tatsächlich zugunsten der Gruppe aufzugeben und sich auch noch zu vermählen. In späteren Jahren duldete ich nicht, daß jemand an meiner Gruppe teilnimmt, während er noch in persönlicher Behandlung bei einem anderen Therapeuten ist.

6.4. Leitsätze

Die folgenden Maximen sind eigentlich nur ein paar unzusammenhängende Bemerkungen über die Funktion oder Grundsätze des Leiters.

(1) Bereiten sie sich gut vor! Ihr eigenes Wissen ist niemals vollkommen. Sie bessern sich ständig in Ihrer Tätigkeit und Funktion. Ihre Leitung stellt einen fortwährenden Lernprozeß dar, aber das soll nicht auf Kosten der Gruppe geschehen.

(2) Sie sollten mit der Gruppe nicht kommunizieren müssen, um Ihre eigenen Bedürfnisse zu befriedigen, wie z. B. die Linderung Ihrer Ängste.

(3) Versuchen Sie, die Grundsätze der gruppenanalytischen Situation zu verstehen! Das müssen Sie sich erarbeiten und in Ihrer Funktion als Organisator und als verantwortlicher Leiter aktiv einsetzen.

(4) Richten Sie sich nach der Gruppe! Hören Sie genau zu, bevor Sie eingreifen! Wenn Sie glauben, das richtige Verständnis zu haben, hören Sie nochmals zu, um es zu bestätigen!

(5) Es ist *nicht* Ihre Aufgabe, der Gruppe Einsicht in Ihre Erkenntnisse oder Deutungen zu geben. Stellen Sie fest, ob sie Lösungen nicht selber finden kann und wenn nicht, stellen Sie den Grund dafür fest! Wenn es nötig ist, dürfen Sie manchmal diskret helfen. Gebrauchen Sie Analyse und Deutung – besonders aus der Vergangenheit – *nicht* als Abwehr!

(6) Versuchen Sie herauszufinden, warum und wie die Gruppe daran geht, nicht verstehen zu wollen! (Wie übrigens jeder einzelne Patient sich gegen eine Veränderung sträubt.) Bei der Analyse dieser Hindernisse oder Widerstände dürfen Sie aktiver sein und dabei helfen, die unbewußten Gründe aufzudecken. Ist das erfolgt, weisen Sie die Gruppe als eine Gesamtheit durch Gegenüberstellung, Analyse des Verhaltens und Deutung darauf hin!

(7) Alle Deutungen im weitesten Sinne, eigentlich alle Beobachtungen beruhen in erster Linie auf der Gruppe als eine Gesamtheit im Gruppenkontext. In diesem Zusammenhang ist die Orientierung über Persönlichkeit/Motiv und die richtige Lokalisation von Störungen wichtig. Das soll keineswegs bedeuten, daß Deutungen unbedingt an die Gruppe als Gesamtheit gerichtet werden müssen.

(8) Zwecks einer optimalen Behandlung soll diese nicht zu lange ausgedehnt werden. Nehmen Sie sich genügend Zeit und Mühe, den Patienten einzuführen und mit ihm über die Beendigung der Behandlung zu sprechen! Analysieren Sie immer jeden Wunsch oder ein Bedürfnis nach persönlichen Terminen möglichst innerhalb der Gruppensitzung selbst!

(9) Beachten Sie das Bedürfnis des Patienten, krank zu sein und seine Erkrankung und Selbstzerstörung zu verteidigen! Lassen Sie sich nicht für seine Genesung verantwortlich machen! Sie müssen ihm deutlich machen, daß Sie *nicht* sein Vater, seine Mutter usw. sind.

(10) Wie sollen Sie auf Herausforderungen und Provokationen der Patienten reagieren? Eine Gruppe von Patienten stellt Sie vor eine schwere Prüfung. Sie macht Ihre schwachen Punkte ausfindig, als ob sie ein kollektives, psychologisches Genie

wäre. Sie müssen mit derartigen Schwierigkeiten durch eigene psychohygienische Haltung fertig werden. Es ist nicht unbedingt die beste Antwort, wenn Sie sich selber wieder einer Analyse unterziehen. Die bessere Lösung mag darin liegen, solche Probleme mit verständnisvollen Kollegen auf technischer und wissenschaftlicher Ebene im Rahmen einer freien Gruppendiskussion zu besprechen. Wenn Sie ein verhältnismäßig gesunder und emotional ausgeglichener Mensch sind, müßte Ihr Leben selbst und Ihr eigenes Interesse Ihnen helfen, diese Traumen an Ihrer Selbstachtung in der richtigen Perspektive zu sehen.

(11) Ein echtes theoretisches und philosophisches Interesse an dem ganzen Gebiet hilft immer, glaube ich, das richtige Gleichgewicht zwischen der menschlichen Teilnahme und der wünschenswerten Objektivität herzustellen. Ein solches Interesse erlaubt es einem, eher die allgemeine und universale Bedeutung des Geschehens zu erkennen, als bloße Einzelheiten, die ihre unmittelbare Aufmerksamkeit verlangen.

7. Die Person des Leiters und seine Ausbildung

Wir ziehen hier die erwünschten und unerwünschten persönlichen Eigenschaften eines zukünftigen Analytikers in Betracht.

Seine Persönlichkeit ist durchaus wichtig, denn der ganze Stil, in dem er die Gruppe leitet, hängt davon ab. Ich würde die ethische Integrität des Aspiranten als Vorbedingung ansehen. Der Gruppenanalytiker hat einen sehr hohen Grad an Verantwortung gegenüber denjenigen, die sich seiner Obhut anvertrauen. Das überschreitet seine medizinische Verantwortlichkeit, wie gleich deutlich wird.

Sein Interesse an seinem Fach muß echt sein. Er darf nicht mit solchen Beweggründen wie »dem anderen helfen« überladen sein, weil das allzu oft auf tiefsitzenden persönlichen Beweggründen und sogar ungelösten Konflikten beruht. Sein Interesse sollte mehr objektiver, sublimierter Art, ähnlich der eines Wissenschaftlers oder Künstlers, sein. Eine psychologische Geisteshaltung und Begabung sind, ob angeboren oder früh erlernt, unerläßlich.

Die Rolle eines Leiters in einer gruppenanalytischen Gruppe ist mir stets als vergleichbar mit derjenigen eines Dichters oder Schriftstellers vorgekommen. Er soll in bezug auf die aktuellen Probleme seines

Zeitalters aufnahmefähig und schöpferisch bei seinen Äußerungen über sie sein, so daß sie näher an das Bewußtsein der Betreffenden herantreten. Ich brauche kaum zu erwähnen, daß er einer guten Intelligenz und eines ebensolchen Einfühlungsvermögens bedarf und es verstehen muß, sich mit einfachen Begriffen verständlich zu machen. Der gesunde Menschenverstand, jene seltene Eigenschaft, ist auch wichtig. Alle diese Eigenschaften können sich nur vollkommen durch seine Ausbildung in Verbindung mit Erfahrung entwickeln.

Eine bestimmte Fähigkeit kann kaum hoch genug eingeschätzt werden: aufnahmefähig zuhören und die eigenen Erwartungen oder Vorurteile zurückstellen zu können. Gleichzeitig muß die Fähigkeit vorhanden sein, den vielen Varianten des Beobachtens gegenüber offen zu sein. Diese Kombination ist nicht häufig anzutreffen.

Ehrlichkeit gegenüber sich selbst und anderen ist wesentlich, also eine Wahrheitsliebe, selbst wenn sie Unangenehmes bringt und im Gegensatz zu persönlichen Vorteilen steht. Nichts hat mich so sehr beeindruckt, wie das Maß, in dem Menschen ihren Geist, ihre Emotionen, Überzeugungen, Meinungen und selbst ihre Geisteshaltung nach persönlichen Vor- oder Nachteilen oder allerlei Veränderungen ihres Geschicks verdrehen. Das ist oft offenkundig und deutlich, aber Menschen wehren sich sehr heftig gegen Selbsteingeständnisse und die Richtigstellung solcher Voreingenommenheiten.

Der zukünftige Therapeut soll selber geistig und emotional ausgeglichen sein und ein volles Leben mit hinlänglichen Interessenbereichen führen, um Erfahrungen mit der Welt und mit Menschen zu sammeln. Er soll verhältnismäßig frei von neurotischen oder psychotischen Störungen, von Charaktermißbildungen und groben sexuellen Abweichungen sein. Es kann für ihn von großer Hilfe sein, wenn er Einsicht in die Macht seiner eigenen unbewußten Motivationen und in seine persönliche Erfahrung mit der Bedeutung von Übertragungsphänomenen, einem wesentlichen Bestandteil seiner Ausbildung, gewinnt.

Die in therapeutischen Gruppen geschaffene Atmosphäre muß dem Erlebnis von Hoffnungslosigkeit, Hilflosigkeit und dem Zweifel an Sicherheit Rechnung tragen. In einer derartigen Situation wendet sich die Gruppe an einen Führer, der ihr, wie Gott, Kraft einflößen soll. Wahre Bildung hindert den Therapeuten daran, seinem Machttrieb oder seinen allmächtigen Phantasien zu unterliegen oder übertriebene therapeutische Ambitionen zu hegen. Bei der Gegenüberstellung mit Gruppen gibt es gewisse typische Ängste, besonders bei Anfängern, die mit der unbewußten Annahme des Leiters zusammenhängen, daß er vollkommen, allgegenwärtig oder sogar allmächtig sein muß. Das sind seine eigenen Mutmaßungen und es ist kein Wunder, daß er Angst hat. Der echte Mensch fürchtet sich aber nicht, so gesehen zu werden wie er ist. Er hegt nicht die falsche Meinung, vollkommen sein zu müssen und teilt die Demut und Bescheidenheit, die wir als Menschen allen Grund haben anzustreben.

Ungeachtet seines eigenen Geschmacks und seiner politischen Überzeugungen als Bürger, muß er in einem tiefen Sinne liberal genug sein, um alle Menschen in seiner Gruppe gleich behandeln zu können. Das heißt nicht, daß sie in Wirklichkeit nicht ganz unterschiedlich wären. Einige sind gutaussehend, anmutig und verständnisvoll; andere schwierig und irritierend; einige sind einflußreich und wohlhabend und andere sogar häßliche, erbarmungswürdige Geschöpfe. Der Leiter muß das selbst nicht unbedingt übersehen, aber in einem tieferen Sinne sind wir Menschen alle gleich. Man könnte »gleich« fast in einem religiösen Sinne sagen und das bringt mich zunächst auf die Frage von Religion.

Religion, wenn sie überhaupt etwas wert sein soll, muß aufrichtig und tiefgläubig empfunden werden. Es ist schwierig, sich einen solchen religiösen Menschen vorzustellen, der andere Menschen nicht im gleichen Geiste umformen will. Dieser Einwand gilt nicht für jene Priester und Pfarrer, die gruppenanalytische Einsichten bei der Arbeit mit Glaubensgenossen verwenden, wenn wir unterstellen, daß alle sich auf den Wunsch geeinigt haben, an dem gleichen religiösen Geist teilzuhaben. Außerdem muß betont werden, daß es neben der Religion fanatischen Glauben an gewisse Bekenntnisse, einschließlich psychologischer Schulen, gibt. Gegen Religion im Sinne einer Konfession besteht außerdem der Einwand, daß wir als echte Wissenschaftler es schwer haben, zwischen einem solchen religiösen System und Mytologie oder Aberglaube zu unterscheiden. Angesichts der Prüfungen und Trübsale des Lebens ist es weitgehend schwieriger, ohne, als mit einem solchen System zu leben. Während wir als wahre Wissenschaftler keine Anhänger eines Glaubenssystems sein können, bietet uns die künstlerische und schöpferische Seite unseres Daseins ein volles Äquivalent. Goethe hat das trefflich ausgedrückt: »Wer an Wissenschaft und Kunst teilhat ist religiös, wem beides mangelt, dem bleibt nur die Religion.«

Ein Leiter soll natürlich nicht der Gegensatz dessen sein, was wir als erwünscht bezeichneten. Wir müßten Menschen ausschließen, die zu einem bemerkenswerten Grad pervertiert sind: z. B. Sadisten, Homosexuelle, paranoide Personen, Neurotiker, Mitglieder eines höchst neurotischen Plexus. Wir wollen keine Menschen, die auf ihre eigenen Vorteile, materielle oder sonstige bedacht, eitel und überempfindlich, fanatische oder von der Erfüllung einer Sendung überzeugt sind.

7.1. Die Ausbildung von Gruppenanalytikern

7.1.1. Auswahl von Kandidaten

Aufgrund der allgemeinen menschlichen Grundlage, die wir eben betrachteten, kommen wir jetzt zur Auswahl von Kandidaten für die Ausbildung. In mancher Hinsicht ist die Kandidatenauswahl nicht viel anders als bei Patienten. Wir sprachen von der Wichtigkeit der allgemeinen Bildung und selbstverständlich müßte ein Nachweis, wie z. B. ein akademischer Grad, als Kontrolle dienen. Wie der Psychoanalytiker muß der Gruppenanalytiker in vielen Disziplinen wie Soziologie, Anthropologie, Biologie, Philosophie, Geschichte, Politik, Wirtschaftsleben, Literatur und Kunst beschlagen sein. Wir müssen natürlich im besonderen medizinische Ausbildung, wie z. B. Psychiatrie und Psychoanalyse, beachten.

7.1.2. Medizinisches Wissen

Vorteile: Der Kandidat muß mit physischen Krankheiten, auch in Hinblick auf psychosomatische Gesichtspunkte, vertraut sein. Grundkenntnisse der Anatomie, insbesondere der Physiologie, sind wichtig und noch mehr biologisches Wissen, das ein Medizinstudent mitbringt. Vieles aus dem Bereich der medizinischen Ausbildung ist offensichtlich überflüssig: bsp. chirurgische Kenntnisse, Kenntnisse von Frakturen und Verrenkungen, ansteckenden Krankheiten, Gynäkologie oder Geburtshilfe. Dagegen gilt besonderes Augenmerk der psychiatrischen Ausbildung und einer besonderen Vertrautheit mit psychotischen Patienten und ihren mannigfachen Symptomen. Ich spreche von einer lebendigen Form der Psychiatrie, der sogenannten »dynamischen Psychiatrie«. Wo medizinische Ausbildung und psychiatrische Erfahrung fehlt, sind dem Betätigungsfeld des zukünftigen Psychotherapeuten Grenzen gesetzt.

Nachteile: Die medizinische Disziplin ist ihrer Orientierung nach fast antipsychologisch eingestellt – abgesehen von ein paar Professoren, die eine besondere Begabung und Interesse an diesem Gebiet besitzen. Das medizinische Vorbild, das auf Begriffen des Normalseins, Krankheiten und Heilung beruht, eignet sich kaum für die Aufgaben des angehenden Psychotherapeuten, Psychoanalytikers oder Gruppenanalytikers. Glücklicherweise ist es möglich, ein Denkmodell zu entwickeln, das diese Nachteile nicht aufweist und die menschlichen, psychologischen Faktoren einbezieht.

7.1.3. Psychoanalytische Ausbildung

Für und wider: Es steht überhaupt nicht zur Debatte, ob die psychoanalytische Ausbildung, einschließlich Erfahrung, wünschenswert sei. Sie ist gewissermaßen unerläßlich, aber wir müssen diese Situation näher in Betracht ziehen. Es ist sehr wichtig, daß der ausgebildete Psychoanalytiker Beschränkungen des Systems überwindet. Deshalb ist bei einem vollausgebildeten Psychoanalytiker gruppenanalytische Erfahrung und Ausbildung unerläßlich.

Von der Psychoanalyse müssen wir vor allem über die Frühentwicklung der Geschlechtlichkeit und des Ichs Bescheid wissen: über die universale Macht selbstzerstörerischer Instinkte, das strukturelle Persönlichkeitsmodell, die in *Freuds* Traumforschung verankerte Gesamtpsychologie, den Ansatz des Unbewußten in seiner klassischen Form von Abwehr und Widerstand und im weitesten Sinne, von Verdrängung. Unabhängig davon muß man vertraut sein mit dem Unbewußten in seinen nicht verdrängten Funktionen des Ichs und Überichs, und nicht zuletzt mit Übertragung von seiten des Patienten und des Psychoanalytikers, Gegenübertragung und als Ergebnis alldessen sich eine »analytische Geisteshaltung« aneignen.

Wenn unser Kandidat diese Erfahrungen noch nicht hat, könnte er sie in seiner eigenen Gruppenanalyse einüben, vorausgesetzt, daß diese genügend intensiv und weitreichend ist. Meiner Meinung nach ist die beste Reihenfolge folgende: der Kandidat unterzieht sich zuerst der Gruppenanalyse und verarbeitet diese Erfahrung in einer Zweipersonensituation. Es wäre wünschenswert, wenn diese Analyse nicht so verlängert wird, wie es oft bei Berufspsychoanalytikern der Fall ist, sondern eher nur ein bis zwei Jahre dauert. Eins ist sicher: man kann das nicht allein aus Büchern lernen. Intensives Studium, Denken, Lesen und Arbeit sind außer persönlicher Erfahrung notwendig.

Als allgemeiner Grundsatz kann gelten, daß der Therapeut eine ausgeglichene Fähigkeit erlangt, schwierige Patienten in einem analytischen Geist zu behandeln, also in einem von der psychoanalytischen Schule geformten psychotherapeutischen Geist. Diese Qualifikationen sind jedenfalls unerläßlich für seine Tätigkeit mit Einzelpatienten, wie in der Gruppensituation. Erfahrungen in der Gruppensituation ermöglichen einen Ausbildungsgrad, den niemand, der nur in der Zweipersonensituation geschult ist, erlangen kann. Man könnte die Sache ebenos gut umkehren und sagen, daß der Kandidat zuerst eine Ausbildung in Gruppenanalyse erfährt und anschließend eine solche in Psychoanalyse.

7.1.3.1. Ausbildungsweg für künftige Gruppenanalytiker und Gruppenpsychotherapeuten

Was ich bisher über die allgemeinen menschlichen Vorbedingungen bei der Auswahl von Kandidaten für diesen Beruf gesagt habe, ist natürlich ein etwas idealisiertes Programm, das wir nicht in jedem Fall verwirklichen können. Dennoch spreche ich hier weiter im gleichen Geiste eines optimalen Modells unter hervorragenden Bedingungen. Wir müssen aber auch die minimalen Bedingungen betrachten, denen wir bestehen müßten. Die meisten Menschen liegen wohl irgendwo zwischen diesen beiden Extremen, was bei dem folgenden Ausbildungsschema berücksichtigt ist.

Bei der Auswahl von Kandidaten und den subtileren Fragen nach inneren Vorbedingungen, sollte man vorsichtig vorgehen und sich hierzu genügend Zeit lassen und Mühe machen. Außer der persönlichen Psychopathologie des Kandidaten muß man auch seinen Plexus und andere Verhältnisse und Probleme, wie er sie löst oder nicht löst, in Betracht ziehen. Wie im Falle eines Patienten wäre es vielleicht angebracht, nicht nur den Kandidaten selbst zu überprüfen, sondern auch die relevanten Familienmitglieder und andere Menschen seines Umgangs.

Am wichtigsten ist die Teilnahme des Kandidaten als Vollmitglied an einer therapeutischen Gruppe. Will er Gruppenanalytiker werden, muß diese Gruppe von einem vollausgebildeteten Gruppenanalytiker geleitet werden. Diese Ausbildung muß abgeschlossen werden und nimmt etwa drei Jahre in Anspruch. Es gibt ein Für und Wider, ob solche Kandidaten gesondert in Gruppen auszubilden sind; wie ich bereits andeutete, hatte ich Erfahrung mit beiden Modellen und beide weisen ihre Probleme auf. Wenn es die Möglichkeiten bei der Ausbildung von Gruppenanalytikern erlauben, ist es wohl zweckmäßiger, die zukünftigen Kandidaten in Gruppen normaler Patienten unterzubringen. Dieses erste Jahr seiner Gruppenerfahrung dient zur weiteren Beurteilung des Kandidaten. Das soll nicht zu sehr in den Vordergrund treten, denn der ausbildende Analytiker gerät ansonsten zu sehr in die Rolle eines Prüfers oder Richters, was nicht wünschenswert ist. Am besten bleibt man vielleicht unverbindlich und sagt dem Kandidaten, daß er zuallererst einer solchen Gruppe beitreten soll. Seine Bereitschaft, sich diesem Verfahren zu unterwerfen, ist für sich ein wichtiger Prüfstein seines Ernstes und seiner Absichten. Im ganzen sind die zu bewältigenden Aufgaben die gleichen, wie in der psychoanalytischen Ausbildung.

Nehmen wir an, daß der Kandidat nach etwa einem Jahr von seinem Therapeuten für weitere Ausbildung empfohlen wird. In diesem Falle sollte der Ausbildungsleiter ein unabhängiges Urteil fällen. Wenn er dann angenommen wird, kann man ihm zu verstehen geben, daß er mit der Aussicht weiter machen könne, Gruppenanalytiker zu werden, obschon niemals eine feste Zusage gegeben werden sollte. Ungefähr um diese Zeit kann er als Gastbeobachter in der Gruppe eines anderen Therapeuten seine Ausbildung fortsetzen. Wenn der ausbildende Analytiker die Zeit für gekommen hält, kann er dem Kandidaten die Leitung seiner Gruppe unter Aufsicht anvertrauen. Gleichzeitig kann der Kandidat sich mit relevanter Literatur befassen, aber ein systematischer, theoretischer Lernprozeß soll erst nach etwa zwei Jahren beginnen. So können wir die aus den Erfahrungen des Kandidaten als Hilfsleiter oder als Leiter unter Aufsicht entstehende Probleme verarbeiten. Das theoretische Unterweisen soll dann fortgesetzt werden, wenn der Kandidat eine Gruppe erstmalig allein unter persönlicher Aufsicht und später selbständig leitet.

An dieser Stelle seien nochmals die Hilfsmethoden erwähnt, die sicher wertvoll sind, und die meiner Meinung nach eine größere Bedeutung für die Ausbildung als für die Behandlung besitzen. Hierher gehören also die Einwegtrennwand mit ihren augenfälligen Möglichkeiten, Tonband- und Videoaufnahmen. Wie man diese Hilfsmittel für Lern- und Forschungszwecke verwendet, soll uns hier nicht weiter beschäftigen.

Nachdem wir über die Ausbildung eines Gruppenanalytikers unter optimalen Bedingungen gesprochen haben, wenden wir uns den Mindestanforderungen zu. Man muß Zugeständnisse machen bei Schwierigkeiten, die nicht vom Kandidaten verursacht werden und man muß darauf achten, ob Fehlendes nicht komplementär wirken könnte. Es mag beispielsweise sein, daß einige Kandidaten keine psychoanalytische Ausbildung hatten – in diesem Fall besitzt ihre eigene Gruppenanalyse entsprechend mehr Bedeutung. Unter außergewöhnlichen Umständen könnte man umgekehrt auf die Forderung nach einer lang ausgedehnten persönlichen Gruppenanalyse verzichten, wenn eine gute Ausbildung in Psychoanalyse vorhanden ist und ein besonderes Interesse für Gruppenarbeit besteht. Auf diesem Gebiet sind wir noch in einem Entwicklungsstadium, wo wir recht oft Kompromisse schließen und vom optimalen Weg abgehen müssen.

Wenn auf medizinische und psychiatrische Ausbildung verzichtet werden muß, ist die Auswahl der zu behandelnden Patienten auf einen kleinen Kreis beschränkt. Fehlt eine gute psychoanalytische und gruppenanalytische Ausbildung und handelt es sich sonst um einen befähigten Mann, so könnte dieser eine Gruppenpsychotherapie ausüben – vorausgesetzt, daß er seine Behandlung entsprechend abändert und es vermeidet, sich auf Schwierigkeiten einzulassen, die weder ihm, noch den Patienten weiter helfen. Man soll solche Psychotherapeuten keineswegs als »zweitklassig« ansehen. Gruppenpsychotherapie von einer weniger betont analytischen Art ist eine Methode mit erheblichem Wert, deren Bedarf sehr groß ist. Bei einer Anzahl von Situationen ist sie zweckmäßiger als eine voll entwickelte Gruppenanalyse. Darüber hinaus kann der Gruppenpsychotherapeut, wie ich ihn vor Augen habe, sich später als Gruppenanalytiker voll qualifizieren.

8. Über das Lehren von Psychotherapie

8.1. Lehre und Psychotherapie

Beides überschneidet sich und hat gemeinsame Grundmechanismen. Selbst bei einfachen didaktischen Methoden ist das zwischen Lehrer und Schüler gebildete persönliche Verhältnis von ausschlaggebender Bedeutung. Sobald wir uns damit beschäftigen, neue Perspektiven zu lehren oder lernen, wird die Situation anders, denn hierzu müssen wir unsere Einstellung gegenüber den in Betracht kommenden Tatsachen ändern. Wir stehen also, wie Frau *Abercrombie* es so überzeugend darlegte, alten Meinungen und Gewohnheiten gegenüber. Der Lehr-/Lernprozeß ist ein und dasselbe. Der Lehrer muß seinerseits ein guter Lernender sein, um die Schwierigkeiten der Patienten zu verstehen. Unterziehen sich diese einer intensiven Psychotherapie (insbesondere einer analytischen), dann setzt ein Lernprozeß ein – richtiger ein *Verlernprozeß*. In der konventionelleren analytischen Sprache wäre das die Auflösung von Widerstand und Abwehr; in der strukturellen Sprache wäre es die Modifikation der Funktion des Ichs und Überichs durch Analyse. Psychotherapie und Lehre beschäftigen sich beide letzten Endes mit einer Einstellungsänderung des gesamten Menschen.

Wenn wir Psychotherapie selbst lehren, ist es sicherlich eine Sache intensiven persönlichen Engagements, und der didaktischen Methode oder dem Lernen aus Büchern kommt zweitrangige Bedeutung zu. Psychotherapie kann am besten am lebendigen Verlauf einer therapeutischen Sitzung gelehrt werden.

8.2. Widerstände

Es mag von Nutzen sein, wenn wir die Widerstände gegen Veränderungen, gegen das Lernen, betrachten, deren Ursachen in einem Verlernungsprozeß rückgängig gemacht werden müssen.

(a) *Widerstände gegen Belehrung.* Darunter verstehe ich eine Belehrung durch irgendjemanden. Dieser Widerstand, der vom Lernenden als ein Abhängigkeitsverhältnis, eine Art Unterwerfung, empfunden wird, ist zwischen Männern am ausgeprägtesten. Wegen der unbewußten sexuell-libidinösen Bedeutung ist die Unterwerfung zwischen Männern ein besonders empfindliches Gebiet. Mit anderen Worten bedeutet es für viele eine narzißtische Verletzung, von einer anderen Person überhaupt belehrt zu werden. Man soll daher niemals lehren, wenn man nicht ausdrücklich darum gebeten wurde und soll es vermeiden, sich für das Lernen des Auszubildenden übermäßig zu interessieren.

(b) *Gegen das Lernen.* Dies wurde bereits erklärt. Das Alte steht dem Neuen im Weg. Es handelt sich hauptsächlich um die Abwehr gegen das Verlernen. Dem kann man durch Deutung, Gegenüberstellung und in der psychotherapeutischen Situation durch Analyse abhelfen. .

(c) *Gegen die Einstellungsänderung.* Nur das, was auf Grund einer Veränderung der Einstellung gelernt worden ist, hat Bestand. Das beste Rezept für den Lehrer bei dieser Schwierigkeit ist, daß er mit gutem Beispiel vorangeht, d. h. daß er selbst Bereitschaft zur Veränderung und sich neuen und unerwarteten Seiten der Problematik zugänglich zeigt.

(d) *Widerstände, die sich spezifischer auf das therapeutische Verhältnis beziehen.* Diese umfassen natürlich den (wichtigsten) Teil der Analyse, der sich mit der Abwehr, dem unbewußten Einfluß der Struktur des Ichs, den hemmenden Funktionen des Überichs beschäftigt. Hinzu kommt die Übertragungsreaktion des Patienten, die den stärksten Widerstand darstellt, einen letzten Versuch die Grundneurose unangetastet zu lassen. Bei der Behandlung aller dieser Widerstände ist es wichtig, stets konkret und bei der Sache zu bleiben, in enger Fühlung mit seiner Abwehr als Schwerpunkt, damit es dem Patienten gleichsam unter die Haut geht.

Wir müssen unsere Aufmerksamkeit auf die Situation der Auszubildenden richten, in denen diese Prozesse in Gang gesetzt werden sollen. Hauptthema dieses Buches ist ja, den besonderen Wert der

Gruppensituation für Lehrer und Therapie deutlich zu machen. Im folgenden möchte ich eine von mir erfolgreich benutzte Methode in ihren Grundsätzen beschreiben.

Unsere Auszubildenden haben ihre eigenen therapeutischen Probleme – nicht nur in dem Sinne, daß sie der Therapie oder Analyse vom therapeutischen Standpunkt bedürften, sondern insbesondere als zukünftige Therapeuten. Gemäß dem Prinzip der Psychoanalyse, das teilweise auch für die Gruppenanalyse gilt, liegt ein besonderer Schwerpunkt bei der therapeutischen Analyse selbst, die durch spätere Erfahrung in der Supervision ergänzt wird. Genau wie der Patient ein halbes oder ein ganzes Jahr nach der Analyse braucht, bevor er wirklich sagen kann: ... »ich bin mit der Analyse fertig«, braucht der zukünftige Analytiker (ob bei der Einzel- oder Gruppenbehandlung) auch einige Jahre der selbstverantwortlichen analytischen Praxis, bis seine Ausbildung vollendet ist. Dieses Doppelverfahren, das sich in überschneidenden Etappen fortentwickelt, angefangen vom Patienten, der zum Auszubildenden wird, über den Therapeuten mit Supervision bis zum Therapeuten ohne Supervision ist, so weit wir es beurteilen können, das beste Verfahren; aber es löst nicht die Ausbildungsprobleme der Therapeuten, die sich nicht der fachspezifischen Ausbildung zum Psychoanalytiker oder zum Gruppenanalytiker unterziehen wollen.

Unter diesen Umständen, die ich im Maudsley Krankenhaus fünfzehn Jahre lang erlebte, entsteht die Frage, ob wir Ärzte ausbilden können, die in einer integrierten Situation wirkungsvolle Psychotherapeuten sein wollen. Ist das erreichbar? Ich glaube dies aufgrund der Supervisionsgruppe, die ich leitete, bejahen zu können, und allen Teilnehmern kann es zu einem Erfolg werden. Diese Gruppe wurde im 20. Kapitel meines Buches »*Therapeutic Group Analysis*« ausführlich beschrieben; hier befasse ich mich mit den wichtigsten Punkten.

Wie bereits erwähnt, waren die Teilnehmer Assistenten, die darauf bedacht waren, unbedingt etwas über die Psychotherapie zu lernen. Sie leiteten selbst gleichzeitig Gruppen und waren in der Einzelpsychotherapie tätig. Der Zweck dieses Seminars mit Supervision war, ihr Wissen anhand ständiger Erfahrung zu vertiefen. Abgesehen von gelegentlichen Gästen betrug die Zahl der Teilnehmer fünf bis sieben. Sie trafen mit mir regelmäßig einmal in der Woche zu $2\frac{1}{2}$ bis 3-stündigen Sitzungen zusammen. Sie brachten die Anwesenheitslisten ihrer Gruppen mit und es wurde über zwei bis vier solcher Gruppen berichtet. Die Atmosphäre war locker und gegenseitige Diskussion wurde ermutigt. Diese Gruppe von Assistenten kannte sich gut. Sie waren alle Kollegen, Freunde und in mancher Hinsicht auch Rivalen. Diese Gruppe erlangte Verständnis für den engen Zusammenhang zwischen dem Ansatz des einzelnen Kollegen, der von ihm geschaffenen Atmosphäre, seiner Reaktion auf bestimmte Gesprächsstoffe und andere Menschen und seinen eigenen persönlichen Eigenschaften, die sich in seiner Tätigkeit niederschlugen. Diese Arbeitsgruppe befasste sich mit dem psychodynamischen Prozeß in ausgewogener Weise, ohne daß dieser Punkt zur Haupttätigkeit der Gruppe hochgespielt wurde, wie man das als Abwehr in ähnlichen Gruppen oft festhalten kann. Es wurden vielmehr alle bei der Arbeit auftauchenden Fragen aufgegriffen. Ich möchte abermals betonen, daß alles im richtigen Rahmen und in der richtigen Perspektive bleibt, solange man Zweck und Ziel der Gruppenarbeit klar vor Augen behält.

Zweck dieser Arbeit in der Gruppe war die Förderung des Einzelnen. Ich lernte selber eine Menge aus dieser Anhäufung interessanter, die therapeutische Gruppe und ihren Leiter betreffender Erfahrungen und deren Verwicklungen. Diese Lehrmethode halte ich nicht nur für die Ausbildung von Psychotherapeuten sondern für das Lehren im allgemeinen nützlich. Diese Gruppenart wird häufig zu sehr wie eine therapeutische Gruppe behandelt, was nicht zu ihrem besten gereicht. Die Ursache hierfür liegt beim Leiter (gewöhnlich ein praktizierender Gruppentherapeut), der sich zuwenig seiner Rolle als Lehrer bewußt ist.

Diese kurze Erinnerung an eine Lehrmethode der Psychotherapie, einschließlich der Gruppenpsychotherapie entspricht der Wahrscheinlichkeit, daß wir in Zukunft zunehmend der Aufgabe gegenüberstehen, Ärzte und andere für die Psychotherapie Benötigte kurzfristig ausbilden zu müssen, ohne daß sie sich dem vollständigen Ausbildungsweg des Fachmannes unterziehen können.

Dieses Buch endet, wie es anfing. Es sollte verdeutlichen, daß die Grundsätze, die unsere Tätigkeit in der gruppenanalytischen Psychotherapie bestimmen, in einer Vielzahl von Situationen und Aufgaben im Leben mutatis mutandis wirksam werden.

Nachruf auf S. H. Foulkes (1898–1976)

Am 8. Juli 1976 verstarb in London völlig unerwartet im Alter von 77 Jahren einer der Pioniere der analytischen Gruppenpsychotherapie, der Begründer der Gruppenanalyse S. H. Foulkes während einer Seminarveranstaltung.

S. H. Foulkes wurde 1898 in Karlsruhe geboren. Nach dem Studium der Medizin in Heidelberg, München und Frankfurt spezialisierte er sich ab 1923 auf dem Gebiet der Neurologie bei *Kurt Goldstein* in Frankfurt und in Wien bei *Plötzl* in Psychiatrie. Schon in dieser Zeit interessierten ihn in erster Linie die psychologischen Zusammenhänge, die er hinter den vielfach unerklärlichen psychopathologischen Zustandsbildern vermutete.

In Wien erhielt *S. H. Foulkes* auch sine psychoanalytische Ausbildung: Seine Lehranalytikerin war *Helene Deutsch*, sein Kontrollanalytiker *Hermann Nunberg*.

Während dieser Zeit (1925–1930) kam er mit vielen später bedeutenden Psychoanalytikern des deutschen Sprachraumes in engen Kontakt (*Paul Schilder, Robert Waelder, Heinz Hartmann, Siegfried Bernfeld, Ernst Kris, Erik Homburger Erikson, Anni* und *Wilhelm Reich, Erich Fromm, Frieda Fromm-Reichmann* und natürlich vor allem: mit *Siegmund Freud*).

Nach der Gründung des psychoanalytischen Instituts in Frankfurt im Jahre 1930 durch *Karl Landauer* und *Heinrich Meng* übernahm *S. H. Foulkes* 1931 die Leitung der diesem Institut angegliederten Klinik. Frankfurt war damals die Hochburg der Sozialwissenschaften: Er lernte dort u. a. *Karl Mannheim, Norbert Elias* und den Kreis um *Max Horkheimer* kennen.

Als sich die Situation in Deutschland zuspitzte, emigrierte *S. H. Foulkes* 1933 auf persönliche Einladung von *Ernest Jones* nach London. Er wurde dort Dozent und Lehranalytiker am psychoanalytischen Institut, an dem damals u. a. *Edward Glover, James Strachey, Melanie Klein* und *Anna Freud* lehrten. Nach einiger Zeit kühlte sich jedoch das Verhältnis zwischen *Ernest Jones* und *S. H. Foulkes* merklich ab, als deutlich wurde, daß *Foulkes* – angeregt durch Arbeiten von *Trigant Burrow* – sich zunehmend für die psychische Dynamik in Kleingruppen interessierte.

1941 begann *S. H. Foulkes* in seiner Privatpraxis mit Gruppen zu arbeiten. Als Wehrmachtspsychiater führte er ab 1942 in Northfield, dem damaligen Zentrum für die Ausbildung von Militärpsychiatern, in großem Umfang Gruppenarbeit auf analytischer Basis ein. Dort entwickelte er auch die Idee des Krankenhauses als therapeutischer Gemeinschaft. *Karl Menninger*, der ihn während dieser Zeit besuchte, hat später in den USA diesen Gedanken in die Tat umgesetzt und zu einer weiten Verbreitung verholfen.

Bereits 1944 stellte *Foulkes* seine inzwischen gereiften Ideen einer breiteren Leserschaft vor. Angeregt durch die holistische Betrachtungsweise seines Lehrers *Kurt Goldstein*, durch den engen Kontakt mit Vertretern der Gestaltpsychologie in Frankfurt, und nicht zuletzt durch *Trigant Burrow* entwickelte er seine grundlegenden Ideen zur psychischen Dynamik in Therapiegruppen: Die Teilnehmer übertragen nicht nur individuell auf den Gruppenleiter und versuchen, untereinander und gegenüber dem Therapeuten spezifische Weisen des Verhaltens wieder in Szene zu setzen; sie schaffen darüber hinaus in der Gruppensituation ein jeweils spezifisches Netzwerk von bewußten und unbewußten Beziehungen, an dem auch der Gruppenleiter teilhat. Der Bezugsrahmen der Betrachtung ist nicht mehr in erster Linie die Psychodynamik einzelner auf dem Hintergrund ihrer Biographie, sondern die Beobachtung und Klärung des Beziehungsgefüges, das in der Gruppe konkret entsteht. Nach *Foulkes* wird die Bedeutung des individuellen Verhaltens in der Gruppensituation nur hinreichend einsehbar, wenn es auf dem Hintergrund der Gesamtsituation der Gruppe betrachtet wird. Diese Methode der Analyse und Behandlung, in der das bewußte und unbewußte Geschehen im Hier und Jetzt der Gruppe für die Therapie besondere Bedeutung gewinnt, nannte *Foulkes Gruppenanalyse.*

1948 schrieb *Foulkes* – gedrängt von vielen Kollegen – in der kaum glaublichen Zeit von drei Wochen seine »Introduction to Group Analytic Psychotherapy«. Daran schloß sich 1952 die Gründung der Group Analytik Society in London an, deren Präsident *Foulkes* bis 1970 war. 1957 veröffentlichte er gemeinsam mit *E. J. Anthony* das Buch »Group Psychotherapy – the Psychoanalytik Approach«, das wie viele seiner Arbeiten in mehrere Sprachen übersetzt wurde. In diesem Buch arbeitete er sein zentrales Konzept des »transpersonalen Beziehungsgeflechts in Gruppen« bzw. der »Gruppenmatrix« weiter aus: Er versteht darunter nicht eine Art »psychischen Organismus«, der relativ einheitlich reagiert und quasi als »Person« dem Gruppenleiter gegenübersteht (eine Auffassung, die manche Vertreter aus der *Bionschen* Schule verfechten), sondern vielmehr das Gesamt der aufeinander bezogenen Beiträge der Gruppenmitglieder zu dem jeweils sich einspielenden »Thema« oder dem gemeinsamen Gruppenproblem. In der Gruppenanalyse geht es vor allem darum, das jeweilige – den Teilnehmern weitgehend unbewußte, aus den Kommunikationsprozessen in der Gruppe aber erschließbare – gemeinsame Probleme der Gruppe in eine Sprache zu übersetzen, die alle verstehen. D. h., es geht um die Vergrößerung des Bereiches der in der Gruppe verbal kommunizierbaren, bislang aber unbewußten gemeinsamen Versuche, bestimmte Probleme anzugehen oder abzuwehren.

Foulkes hat sich Zeit seines Lebens als orthodoxer *Freudianer* verstanden. Gerade als solcher aber hat er sich genötigt gesehen, eine Reihe neuer Konzeptionen einzuführen, da die Termini der klassischen psychoanalytischen Zweierkonstellation den spezifischen psychodynamischen Prozessen in Kleingruppen nicht gerecht wurden. Seit 1944 hat *Foulkes* in vier Büchern und etwa 50 Aufsätzen eine differenzierte und vielschichtige Theorie der Gruppe entwickelt, zuletzt in seinem praxisnahen Buch »Group Analytic Psychotherapy: Method and Principles« (1975). Sein vorzeitiger Tod verhinderte, daß er selbst das Fazit seiner Arbeit in einem geplanten systematischen Werk ziehen konnte.

S. H. *Foulkes* ist mit der von ihm erarbeiteten Theorie der Gruppenanalyse nicht nur einer der Pioniere der analytischen Gruppenpsychotherapie gewesen, sondern auch zum Begründer einer originären analytischen Theorie der Kleingruppe (der analytischen Gruppendynamik) geworden.

Im angelsächsischen Bereich war *Foulkes* bereits in den fünfziger Jahren recht bekannt. Die Zahl derer, die sich für seine Gedanken interessierten, wurde bald so groß, daß er 1968 die ausgesprochen praxisnahe Zeitschrift »Group Analysis« gründete, die den unmittelbaren Austausch von Erfahrungen und Konzepten aus dem Bereich der Gruppenanalyse besonders fördert. Bei uns wurden seine Gedanken in nennenswertem Umfang erst durch die 1974 auf Anregung und Unterstützung von *Annelise Heigl-Evers* erschienene Aufsatzsammlung über »Gruppenanalytische Psychotherapie« einem breiteren Leserkreis zugänglich.

Foulkes kam schon früh zu der Überzeugung, daß die Psychoanalyse in ihrer klassischen Form als Methode der Forschung und als Behandlungsmethode in nicht allzuferner Zukunft durch die Gruppenanalyse abgelöst werden wird. Er hat sich damit wissenschaftlich und wissenschaftspolitisch auf eine institutionell recht ungesicherte Position begeben. Vieles in unserer psychotherapeutischen und psychoanalytischen Landschaft deutet darauf hin, daß gruppenanalytische Überlegungen und Arbeitsweisen tatsächlich in Therapie und Forschung zunehmend an Bedeutung gewinnen.

Dieter Sandner

Weiterführende Literatur

Abercrombie, M. L. J. (1969) The anatomy of judgment. London Penguin Books.
Anthony, E. J. (1978) The group-analytic circle and its ambient network. Group Analysis XI/2.
Foulkes, S. H. (1948) Introduction to group-analytic psychotherapy. London, Heinemann Medical Books.
— (1970) Dynamische Prozesse in der gruppenanalytischen Situation. Gruppentherapie und Gruppendynamik 4, 70–81.
— (1972) Oedipus conflict and regression. Intern. Journ. Group Psychotherapy 22, 3–15.
— (1973) Über die Interpretation in der analytischen Gruppentherapie. In: *Ammon, G.* (Hrsg.) Gruppenpsychotherapie. Hamburg, 273–287.
— (1973a) The group as matrix of the individual's mental life. In: *Wolberg, L. R./Schwartz, E. K.* Group Therapy 1973, New York, 211–220.
— (1974) Gruppenanalytische Psychotherapie. München, Kindler (engl. 1964).
— /*Anthony, E. J.* (^{3}1973) Group psychotherapy: the psychoanalytic approach. London, Penguin Books.
— /*Prince, G. S.* (Eds.) (1969) Psychiatry in a changing society. London, Tavistock.
Freud, S. (1900) Die Traumdeutung. Ges. Werke Bd. 2/3.
Grotjahn, M. (1977) Die Sprache des Symbols. München, Kindler. (engl. 1971).
Heigl-Evers, A. (^{2}1978) Konzepte der analytischen Gruppentherapie. Göttingen.
— /*Heigl. F.* (1970) Indication for combined individual and group psychotherapy. Group Analysis, III/3.
Preuss, H. G. (1971) Marital group therapy. Group Analysis IV/2.
— (1973) Ehepaartherapie. München, Kindler.
Sandner, D. (1976) Der Beitrag von *S. H. Foulkes* zur Entwicklung einer analytisch fundierten Gruppendynamik. Gruppenpsychotherapie und Gruppendynamik 10, 203–219.
— (1978) Psychodynamik in Kleingruppen. Theorie des affektiven Geschehens in Selbsterfahrungs- und Therapiegruppen (Selbstanalytischen Gruppen). München, Reinhardt, UTB Bd. 828.
Schindler, W. (1977) Some points of difference concerning psychoanalytic oriented group psychotherapy. Group Analysis, X/3.
Thompson, S./Kahn, J. H. (1970) The group process as a helping technique Oxford, Pergamon.

NEU NEU NEU

KAREN HORNEY im VERLAG DIETMAR KLOTZ

Karen Horney
Unsere inneren Konflikte
Neurosen in unserer Zeit – Entstehung, Entwicklung und Lösung
5. unveränd. Auflage 2007,
214 Seiten, 12,80 €
ISBN 978-3-88074-487-5
Die Autorin zeigt, wie der Therapeut schwere Störungen angeht und wie sich leichte Konflikte weitgehend selbst lösen lassen.

Karen Horney
Neue Wege in der Psychoanalyse
4. unveränd. Auflage 2007,
254 Seiten, 14,80 €
ISBN 978-3-88074-489-9
In dem vorliegenden Buch führen ihre dabei gewonnenen Einsichten zu neuen therapeutischen Möglichkeiten, die in der psychoanalytischen Entwicklung nicht nur von historischer Bedeutung sind, sondern als faszinierende Denkanstöße weiter wirken.

Karen Horney
Neurose und menschliches Wachstum
Das Ringen um Selbstverwirklichung
4. unveränd. Auflage 2007,
432 Seiten, 18,80 €
ISBN 978-3-88074-485-1
Die führende Vertreterin der Neopsychoanalyse interpretiert den neurotischen Prozess als Sonderform der menschlichen Entwicklung, als eine Art Antithese zum gesunden Wachstum, und zeigt Wege, wie die im Menschen liegenden Möglichkeiten des Wachstums und der Selbstverwirklichung sich ungehindert entfalten können.

Karen Horney
Die Psychologie der Frau
3. unveränd. Auflage 2007, 250 Seiten, 14,80 €
ISBN 978-3-88074-488-2
In „Die Psychologie der Frau" bringt Karen Horney ihre fundierten Kenntnisse zum Thema Weiblichkeit aus ihren Erfahrungen als Psychotherapeutin zur Sprache. Frigidität, Monogamie, Mutterschaftsprobleme, weiblicher Masochismus und neurotisches Liebesbedürfnis werden diskutiert.

Karen Horney
Selbstanalyse
6. unveränd. Auflage 2007,
235 Seiten, 13,80 €
ISBN 978-3-88074-486-8
Selbstanalyse – als Weg zur Erforschung des eigenen Unbewussten, zur Selbstheilung bei psychischen Störungen, zur freieren Entfaltung der Persönlichkeit und damit zur Selbstverwirklichung – wie weit sie möglich und erfolgreich ist, wie sie durchgeführt werden kann und wie dabei auftretende Schwierigkeiten zu meistern sind, zeigt Karen Horney in dieser Arbeit verständlich und überzeugend auf.